日本史籍協會編

尊攘堂書類雜記

東京大學出版會發行

尊攘堂書類雜記

緒　言

一尊攘堂書類雜記六卷ハ文久二年五月ヨリ同三年十月ニ至迄及慶應二年正月ヨリ同三年十二月ニ至迄ノ朝廷ノ御沙汰書幕府ノ達書宮家諸侯ノ朝廷及幕府ヘノ建白屆書及時事ニ關スル幾多重要ノ文書ヲ網羅セルモノナリ

一尊攘堂卷物寫一卷ハ張交屛風書狀ノ寫十四通ト卷物寫三通トヲ併セタルモノニシテ皆志士ノ國事ニ關スル翰牘ナリ

一尊攘堂叢書四卷ハ尊攘堂所藏ニ係ル志士ノ遺墨ニ據リ

テ明治二十九年子爵品川彌二郎ガ志士ノ品騰ヲ試ミタルモノ四十餘篇ヲ收ム嘗テ中央新聞ニ連載シタルモノナリ子爵ハ吉田松陰門下ノ俊髦ニシテ少壯國事ニ奔走シ是等ノ志士ト交遊アリ故ニ其月旦ハ維新史研究ノ上ニ價値極メテ大ナルヲ覺ユ併セテ剞劂ニ付スル所以也

大正八年十月

日本史籍協會

尊攘堂雑記書類　目次

巻一

目次

卷二

巻三

卷四

巻五

卷六

尊攘堂卷物寫

尊攘堂張交屛風書狀寫

目次

尊攘堂卷物寫

目次

尊攘堂叢書

目次

巻一

巻二

巻三

卷四

尊攘堂書類雑記

巻一

尊攘堂書類

雑記

文久二壬戌年

○五月朔日松平長門守ゟ被　仰下候

御沙汰書

其許此度通行ニ付暫於京都滞在候様被　思召候義ハ元來其家之儀も元
就被重
朝廷候義も今更　御沙汰も事新ニ候右等御由緒も有之兼々殊ニ　思召
も被爲在候處先達ゐ父大膳大夫戎夷跋扈御國威逡巡之義被相嘆勤　王
之志ヲ主トシ幕府を助け至治之基本を立度議〔趣カ〕意ニゐ柳營と申談候上公
然与公武之御間ニ周旋全く
叡慮之〔被脱カ〕爲向候處を幾重ニも丹誠可有之義家臣永井雅樂委曲之事情内々
言上國忠之段深御滿悅被爲在然ル所雅樂義俄ニ歸府ニ付ゐも未致徹底
御殘念ニ　思召候處幸此節上京ニ付ゐも父朝臣之深意ニ随ひ程克周旋
可有之　御依頼　思食候此段内々可申達との御沙汰之事

但當時浪士蜂起鎮靜之處内々島津和泉ゟ御沙汰被爲在候得共其藩ニ

属し候輩も不少旨ニ付同様取締并方今非常之變何時可生も難計形勢ニ付其砌ハ薩州と力を合セ可有鎮靜之事是又　御沙汰被為在候事

○

一同月五日中山大納言殿ゟ長州家來浦靫負被呼出御渡之書付

一國忠之段御滿足之事

一父朝臣深慮ニ随ふへき事

右ハ長井雅樂を以言上ニ大膳大夫戎夷跋扈御國威逡巡之儀被相嘆候而外藩幕府之政事ニ攙制禁も有之處其儀ゟ抱（拘カ）諸司を説得シ公然と官武之御間ニ周旋候事君臣之名分を正し先年來違敕之廉ヲ以田安大納言上京御尋一々中上周旋可致との事年來御國政關東ゟ御委任ニ被為泥幕府諸有司之存意御斟酌被為在折角之思召をも妨（本ノマヽ）曲被　仰出候（本ノマヽ）

叡慮之御旨徹底不致のミならす都而　公武之御間柄如何之義も出來致

候故此段ハ何事も斷然被　仰出候ハヽ、諸有司も恐入自然ト一致何事も
斷然被　仰出候間主人ハ素より雅樂義
叡慮之被爲向候處ニ隨ひ幾重ニも周旋可致事
一建白之旨未徹底　御殘念ニ被　思召候事
右ハ永井半途ニ而退去ニ相成候ハ至於關東安藤對馬守再出已下事々幕
政不正ニ付而ハ大膳大夫周旋之途も相塞り候ニ付右周旋も辭退之由就
而ハ關東江建白趣意不致徹底候而忠誠も空敷相成　御國体も難相立段
を　御殘念ニ被　思召候事
但永井雅樂差出候建白之儀モ　御國是右樣之御事ニも可有之哉試ニ
書取差出候義ニ而朝儀ハ勿論上列藩より下芻蕘に至迄方等之説有之
候ハヽ、其説ニ隨ひ違ひも無之旨言上候但右建白中　朝庭《マヽ》御所置聊謗
調《マヽ》ニ似寄義も有之　御殘念ニ御辨解可被爲在候併開國航海之義ハ第
一御國中變動不容易義ニ付輕易ニ難被遊

叡慮天下之衆議被　聞召候上之御事ニ可有之旨
御沙汰被爲在候事

一浪士鎭靜之事
乍浪士勤　王之志を以蜂起候を被惱
叡慮候而も無之義申上候迄も無之候得共
叡慮も被爲在關東に被　仰下候も有之然ル處自然暴發才有之候而も
叡慮之處も齟齬候ニ付唯々
朝廷之御所置を鎭靜ニ相待候樣との御事

○

松平肥後守

去ル八日以來御用向可申談候間折々登　城相談可致旨被　仰出之

松平春岳越前少將

以來御用向御談可申候間折々登　城可致旨被　仰出之

田安大納言御事

公方樣御年頃ニも被爲成候ニ付御內願之通御後見　御免被遊以後御政事向御相談も可被遊候間御登　城可被成候先年以來日々被致登　城格別御精勤御滿足ニ被思召候ニ付別段之譯を以被敍正二位旨被　仰出候事

五月九日

右御同人

思召を以御一生之內年金千兩ツヽ被　下之

右御同人

刷毛目上島御茶盆御內々被遣之

松平肥後守

去ル三日於御座間

不容易時節柄ニ付年寄共万端御用向無腹臓申談候様与之　御意ニ候

久世大和守　関宿侍従

京都ゟ被　仰遣候品も有之候付上京御用於御前被　仰付之

右同人

此度上京被　仰付急速之出立ニ付而も彼是物入多ク候段被　聞召別段之　思召を以御内々金五千両拝借被　仰付旨被　仰出之

右於御用部屋ニ紀伊守（申脱カ）渡之

右同人

此度上京被　仰付候儀全ク別段之譯柄も有之誠ニ急速之支度ニ付而も格別之入費相嵩彼是可及難義候間猶亦出格之　思召を以御手許ゟ御内々金五千両被　下旨

右於同席同人（マヽ）渡之

仙石讃岐守　但馬出石

右ハ當月下旬　敕使大原左衛門督參向ニ付御馳走人被　仰付之

御羽織時服十　　久世大和守

金廿枚御馬

右京都御用ニ付御暇被下　　酒井雅樂頭（姫路少將）

御鷹　御馬

御刀一腰　豐後國隊（マヽ）行　代金拾六枚

右京都御警衛御取締被　仰付上京ニ付御暇被下候仍之拜領被　仰付之

○駿府城代ゟ差越候書面寫

昨十一日松平大膳大夫家來之由ニ而三十六人程江戸表ゟ罷下り候趣ニ而當所通行仕候然ル處右之者共何レモ鉢卷致筒袖馬乘袴才著用甚異樣之体ニ而士分以上之樣子ニ御座候所供之者荷物ハ勿論人馬告觸才も無之差掛り飛乘馬銘々差出候樣宿役人ゟ殊之外手荒ニ申談輕尻馬宿駕籠爲差出且又同夜同樣之者貳十人是又同藩之由當所旅籠屋へ止宿翌朝出

立右之内清水港ゟ乘船ニ而罷越候者も有之哉ニ相聞右体氣荒之場合故
名前才逸々承候義も難相成由爰許取締之者共ゟ申出候ニ付其筋〻相達
爲取調候得共寂早出帆通行後ニ而聢与難相分御座候得共先此段不取敢
申上候以上

五月十二日　　　　　　　　土岐下野守

○

酒井雅樂頭

此度在所〻御暇被　仰付候ニ付早々發足致京都〻暫在京候而同所御取
締向之義當分相心得候樣可被致候委細之義ㇵ酒井若狹守へ可被承り合
候事

松平春嶽

以來折々登　城可致旨被　仰出候ニ付而ㇵ朔望其外御礼有之砌登　城
之節ハ平川口ゟ御風呂屋口通　御目見可被　仰付との　御沙汰之事

五月十日

別段御達

朔望其外御礼有之砌登　城之節ハ老中登　城後直ニ登　城ニ而　御目見相濟候ハヽ、是迄之通可被心得候事

○

京都町奉行跡

禁裡附瀧川播磨守跡

禁裏附　瀧川播磨守

御目付　小栗右膳

○閣老連名ニテ所司代へ書翰寫

勅使大原左衛門督去十六日其地發足之處俄ニ持病之胸痛差起屈身難澁ニ付發足暫く延引全快次第發足之義被相頼及言上候處御願之通被　仰出候猶發足日限治定次第可被申聞旨傳奏衆に申聞候ニ付書札被越（本ノマヽ）之至來別及言上候以上

五月廿一日　連名

○酒井若狹守殿　松平春岳

以來折々登　城可被致旨被　仰出候ニ付而も爲手當与年々壹萬俵ツヽ

被下候旨被　仰出之

右於御黑書院黑鷺之御杉戸際老中列座周防守申渡ス

○

上意之趣

近來御政事姑息ニ流レ諸事虚飾を取繕ひ候ゟ士風日ニ輕薄を增　御當家之御家風を失ひ以之外之義殊ニ外國御交際之上も別而御兵備充實無之而も不相成就而も時宜ニ應候御變革簡易之御政度質直之士風復古ニ為し御武威輝候樣被遊度被

思召候間厚相心得一同忠勤可勵候

戌五月廿二日於　御黒書院和泉守殿被仰渡

上意之趣誠ニ恐入難有御儀ニ候何れも厚相心得　思召之行届候樣一途心掛拋身命可被抽忠勤候猶追々被　仰出候品も可有之候間心得違無之樣可被致候

御政事向御改革之義今度被　抑出候就而も大凡寛永以前之振合ニ基格別簡易相成候樣可被致難決義も見込之趣早々取調尤組支配有之向も末々迄不洩樣可被相達候

右之趣向々に可被相觸候

諸組御番衆并與力同心西洋小銃大砲調練之義一同格別出情致候付而も講武所越中島邊才之調練而已ニ而も結（請カ）里野戰之實地ニ薄キ姿ニ付足樣旁組之ものも歩行ニ而頭々ハ馬上ニ而往返隊伍を組武州德丸原邊に罷

越調練可致候尤時宜ニ寄候而も一泊致候而も不苦候間不取締無之樣相
心得諸事講武所奉行大目付申談候樣可致候事
但市中を離候而ハ隊伍能越候樣可致候事
右之通申渡候間得其意御代官衆ヘ申渡可致事
○
大原左衞門督重德
關東へ
敕使被　仰出廿二日京師發足之事
島津和泉久光
右ハ大原左衞門督殿ヘ隨從關東ヘ下向被　仰付
○幕府御沙汰書廿三日於御座之間
脇坂中務大輔龍野侍從
老中再勤被　仰付勤役中年々三万石被下御勝手懸井外國御用掛被　仰

付之

右同日水野和泉守殿御渡書付之寫

御政事向御改革之儀今度被　仰出候就而も大凡寛永以前之振合ニ基キ
格別簡易相成候樣可被致候難決儀も見込之趣早々取調可被申聞候尤組
支配有之向ハ末々迄不洩樣可被相達候
右之趣向々に可被相觸候事

上意之趣

近來御政事向姑息ニ流レ諸事虛飾を取繕ひ候より士風日ニ輕薄を增し
御當家之御家風を取失ひ以之外之儀殊ニ外國御交際之上も別而御兵備
充實ニ無之而も不相成就而も時宜ニ應シ御變革被取行簡易之制度質直
之士風復古致し御武威相輝候樣被遊度　思食ニ而一同厚相心得可勵忠
勤候

御老中ゟ被仰渡候書付寫

只今　上意之趣誠ニ奉恐入候難有御儀ニ而何レモ厚相心得　思食之行屆候樣一途ニ心得抛身命可被抽忠勤候尚又追々被　仰出候品も可有之候間心得違無之樣可被致候

右之通被　仰出候依而相達申候事

戊五月廿三日

久世大和守（老中 關宿侍從）

內藤紀伊守（老中 村上侍從）

右同人

○廿六日御沙汰書寫

當地御用掛　御免

加判列　御免

拜領　御刀（加賀國家次 代金貳拾枚）

加判御免溜詰格被　仰付年來出精相勤候ニ付御手自被下之

○五月三十日於京都　御沙汰書寫

入道准后　從一位鷹司政通公

入道前左大臣　從一位近衛忠熈公

深以　思食關東へ　御沙汰被爲在自今參
朝平常之通被心得不及遠慮旨被　仰出候事

入道前右大臣　從一位鷹司輔熈公

深以　思食關東へ　御沙汰被爲在自今參
内平常之通解愼不及遠慮旨被
仰出候事

獅子王院宮（三品朝彦親王 元青蓮院宮）

深以　思食關東へ　御沙汰被爲在永蟄居被免青蓮院門跡可爲隱居之旨
參
内平常之通可爲被　仰出候事

關白　從一位九條尙忠公

當職氏長者辭之

前左大臣　近衞入道忠熈公

右關白御内意被　仰出候事

○所司代より傳奏衆に被達候書付寫

先般御緣組ハ先例も無之古今莫大之恐悅ニ付一天下別段之大赦被行度思召旨舊冬千種少將岩倉少將を以被　仰上等之取調追々可被下旨兩少將迄被申立置候處右大赦之義も彼是御差支筋も相見へ容易ニハ難被仰出然ル處　思召之御旨も被爲在候ニ付尾張中納言樣始先年御不與之筋も皆悉ク御容許被遊已後都而平常之通被心得候樣別紙之通被　仰出候當地ニ於而も鷹司入道准后殿近衞入道前左大臣殿鷹司入道前右大臣殿獅子王院宮御始先年辭職落飾ナ被　仰出當時御愼中之方々も有之候間

叡慮を以右御愼ナ皆悉御宥免被遊候樣被　思召候右之儀關白殿に可申

上候尤右之外御咎其外御赦免ホ可相成者も可有之追々取調之上可被達候間其段も可申上置候就而も御咎御免ニ相成可然も當地之分ハ御取調可申進旨年寄衆ゟ申來候事

戊五月晦日

○於御黑書院ニ御直御達書寫

近來不容易時勢ニ付今度政事向格別之介變革候間何レも爲國家厚相心得候儀も可申聞樣猶年寄共ゟ可申談候

國持大名、御普《マヽ》代大名　外樣大名　鴈之間詰　菊之間椽頰詰

上意之趣誠ニ以厚　思食國家之御慶事無此上難有事ニ候昇平三百年其流弊綱紀も相弛武備御行屆ニ相成兼候折柄近來外國之事務頻ニ御差湊相成右御取扱振ゟ自然天下之拙情ニ御差響終ニ奉腦《マヽ》叡慮ニ至深く恐入　思召素ヨリ　公武御間柄聊モ御隔意被爲在候御事ニ無之候得共何与ナク御情實御通徹ニ相成兼候故ゟ之義ニ付速ニ　御

上洛万端御直ニ被　仰上度との思食ニ而則御内々被　仰出ニ相成候併
御上洛之儀も寛永已來御廢典ニ相成候御式ニ候得共萬端之取調急速ニ
御行届難相成ニ付暫ク之處年寄共ゟ御猶豫相願候處此度之儀も御舊例
ニ不被爲抱（拘カ）格別御省略御旅行ヰ万端御簡易に被遊候　思召ニ付急々取
調次第被　仰出候甚タ御急キ　思召候事ニ而萬事御誠實之　思召御直
ニ被　仰上候御合體御懇篤之上ニ而從來之弊風御一洗御武威被遊御振
張
皇國を世界第一等之强國ニ被遊候
御偉業を被爲立候上も
天朝之
宸襟を奉安候ハヽ萬民を安堵爲致度与之　思食ニ候得共何レも厚奉得
其意御政事向御變革筋ヰ否見込之義も可有之候得も聊も不憚忌諱國家
之御爲第一ニ相心得心底を盡し可被申上候猶追々被　仰出候儀も可有

之候間飽迄も其意を體し可被抽忠勤候也

六月朔日

右入御後於御白書院御下段中務大輔申達之老中列座

六月二日御沙汰書

久世大和守名代

三浦備後守

美濟〔差添カ〕御先手

小野治郎右衛門

大和守病氣ニ付御役御免再願之趣達

御聽無據義ニ候得ハ御役　御免如前々鴈之間詰被　仰付候

○

松平大膳大夫ゟ閣老板倉周防守殿ヘ届書

私義此度上京仕候も兼々參勤歸國之節京都へ立寄候節ハ振合も有之儀ニ付所司代に致參上　公方樣奉伺御機嫌次ニ鷹司殿有栖川殿間柄之儀ニ付罷越近衞殿一條殿西園寺殿にも由緒御座候間罷越度兼而年始歳暮定例御祝儀進献物仕其外有廉節献上物之振合等も有之候ニ付勤修寺家執奏を以相應之御品禁裏に進献可仕と奉存候右之趣御差圖被成可被下候以上

六月五日　　松平大膳大夫

○六月十日御沙汰書

今巳上刻御表に　出御　御對顏御白書院　大原左衞門督殿

禁裏ゟ　御太刀　御目錄頂戴之

紗綾五卷　御太刀目錄　自分之御礼

右出座高家披露相濟候而御次御襖障子開之御敷居際に　立御御次御襖際に

大原左衛門督家來
堀川典膳
喜多川大膳

右御目見御奏者番披露畢而此節御譜代衆其外之面々御目見相濟而右出
席
一敕錠之趣御直ニ述之右畢而　入御
御表　出御ニ付爲伺　御機嫌御三家方ゟ使者差出於躑躅間謁周防守
敕使
右御對顔相濟候付被出之
銀貳百枚
綿　百把
右歸路之御暇ニ付被遣候
八月十八日
敕使
大原左衛門督殿
○

御職掌御辭退之事去月三十日葉室頭辨殿を以被　仰上置候處被　聞食
候旨被　仰出候御畏悅御安心被成候依ゐ此段申入候以上

六月廿三日　宇鄕玄蕃頭

右も九條殿御門流御親族方へ御廻達之寫

○

所司代　酒井若狹守

名代　森川出羽守

思召有之御役　御免帝鑑之間席被　仰付候

六月晦日

○

一六月晦日　御座間御役替

大坂御城代

所司代　松平伯耆守 宮津

寺社奉行

御城代　松平伊豆守吉田

寺社奉行加役　有馬左兵衛佐丸岡

敕使御返答ニ付表向五半時揃之旨被　仰付之

一明朔日月並出仕無之

○

七月朔日被仰出

上使　脇坂中務大輔

松平豊前守

一橋刑部卿

思召を以一橋家再相續被　仰出領地拾萬石被遣之

於　御座間

一橋刑部卿

今度以

叡慮被　仰進候ニ付御後見被　仰付之

右同斷之旨詰合布衣以上之面々於芙蓉之間老中列座豐前守申渡之若年寄侍座

尾張大納言殿家老
竹腰山城守

水戸中納言殿家老
中山備中守

紀伊中納言殿家老
金森孫右衛門

徳川刑部卿殿御事　思召を以一橋殿再相續被　仰出領知被進之此節御用多ニ付　上使不遣之

○

松平春嶽

叡慮を以　御政事向総裁

右之通被　仰付候事

七月九日　　　　　　　　　　　　　松平修理大夫
　　　　　　　　　　　　　　　　　名代
〇　　　　　　　　　　　　　　　　島津淡路守
御刀　片山
　代金貳拾枚
島津三郎儀用向有之致上京候處浪人共集り不穩様子有之候付奉蒙御
內諭鎮靜骨折候付被下
七月二日
右於芙蓉間豊前守申渡之老中列座
〇
　　　　　　　　　　　　　　　　京都町奉行組與力
　　　　　　　　　　　　　　　　御勘定
　　　　　　　　　　　　　　　　加納繁三郎
　　　　　　　　　　　　　　　　四百石高

富士見御寶藏番頭被　仰付之

○一橋刑部卿殿御家來〻被　仰出候書付之寫

此度一橋家再相續幷御後見之義被　仰出身ニ余り忝奉存候御後見之義も蒙　御內命候砌數度御辭退奉申上候處何分御聞入無之無余儀致御請候改而申迄も無之候得共素ゟ不肖之身を以御大政取扱候義深恐入候事ニ候此上も上下之隔無之天下之御爲御不爲ニ心付候事も有之候ハヽ不寄何事ニ無遠慮存分可申聞候其品ニ寄而ハ衆評之上言上候儀も可有之候扨又當卿之立場ニ而も家老用人共心得方別而大切可有之候殊ニ寄他人ゟ內願筋ニ而賴込候輩も有之間敷とハ難申候得共必請申間敷候但天下之御爲筋ニ候儀有之候ハヽ表立　公邊〻難申立無餘儀賴込候輩抔も可有之歟右も立身等を賴込候与申候事請取候而可然事ニ候得共乍併何樣之儀も長々之內ニハ遂ニ不筋之願を請後日相知レ候時も當人〻沙汰

ニ及候ハ申迄も無之同筋之者も不念与存候へ共倶ニ力を合天下之御爲

可盡忠勤候厚蒙命を候上ハ猶亦

天朝公邊汰厚心得不申候而も不相成吏に候乍併各《右カ》様之處より驚《マヽ》發候義

俗情ニ候得共各様義有之候而も厚奉對

天朝公邊江恐入候次第ニ候得も此上此方之立行ニ付驕ケ間敷事有之節

も無腹臟可申聞候是一身之上ニ而も無之當卿之立場ニ而則天下之御不

爲ニ相成候事ニ而尤大切之儀ニ可有之候就而も末々之者ニ至迄も他江

對し候而も是迄ゟも萬端丁寧ニ致質素節儉ニ而奢ケ間敷事聊も無之様

可致候又此方他出之節も老人幼少之もの抔も往來ニおゐて少々不礼ケ

間敷儀大凡制規短《本ノマヽ》之不崩様人之難義不致候様能々心得可申候條々心得

用人共初末々之者迄も自筆を以申達候事

七月八日

○薩州ゟ公儀へ届書寫

修理大夫并實父三郎儀御府內其他通行之節も於途中異人共妨有之候ハ
ヽ切捨可罷通心得ニ御座候兼而此段御屆申上候以上

戌七月十八日

御附札

屆書之義ニも候得共外國人共之義も各國式法を以往來致候義ニ付互
ニ讓路致成丈勘辨差加へ往來可致事

○文久二戌七月御內々被爲　仰出候御沙汰書之寫

蠻夷渡來以後　皇國之人心不和を生し當時不容易形勢ニ至り深被惱
宸襟候ニ付　皇國之御爲ハ勿論　公武猶々御榮久候樣去ル五月關東
ヘ敕使被差下被　仰出候御趣意茂有之候處猶大樹家も今七月朔日
叡旨御請被申上
御滿足之御事ニ候然ル上も早速事實行もれさるハ無餘義折角被　仰出
於關東も　御請之筋難相立候間右

叡念彌以速ニ被行候樣被遊度　思食候就而も薩州專ら周旋
叡感之御事ニ候於久留米家同樣爲國家抽丹誠周旋之義內々　御依賴
被遊度　御沙汰ニ候依而此段早々　御內達可有之事

戊七月

蠻夷渡來已後　皇國之人心不和を生し候所既ニ去夏以來　帝都ニ
も彼是不穩之義暴說も有之薩州取鎭之後も先靜謐候得共万一京師騷擾
之事有之候而も追々國乱之程難計彼夷族之的筭ニ可陷と深被惱
宸襟候於松平土佐守義自關東兼而大坂御警衞も被申付置候儀此度通行
之由被
聞食候間非常臨時も別儀を以暫滯京有之御警衞　御依賴被安
叡慮度　御內沙汰之事

戊七日

右御書付松平土佐守殿ヘ　御沙汰有之候由之處右同樣松平肥前守殿松

平美濃守殿松平因幡守殿へも　御內沙汰有之候由

○從　御所關東ゟ被　仰進候御書付長州若殿松平長門守殿參府
之節御持下り相成候寫

水戶前中納言爲國家忠節盡力卓越之段深
叡感被爲在候ニ付被贈大納言
宣下猶當中納言儀纉（マヽ）其意爲
皇國之可有丹誠段幕府ゟ被申渡候樣被遊度思食候事

七月

○八月二日於學習院議傳奏松平長門守殿ゟ面會其節關東ゟ御周
旋被　仰含候書付寫

戊午已來官武隨默（陟黜カ）幽閉之輩追々再出ニ相成候樣地下之輩も今以其儘之

分も有之候間赦免可有之樣　思召候三條入道前内府儀爲慰忠被賜右大臣候ニ付ゐも於水戸故中納言殘以出格之儀被贈大納言度　思召候往年來長岡驛才ニゐ横死之者ゟ姑(始カ)其後安島帶刀鵜飼吉左衛門列以下諸國之士於關東死罪且牢死致候者國事ニ死候輩近日ニゐも伏見一擧等ニゐ致死失候者靈魂集以札(礼カ)收葬令子孫祭礼之樣被遊度尤現存之者も夫々舊相復候樣与之

叡慮ニ被爲在候不抱(拘カ)存亡願も是等之輩之姓名向々取調不洩樣早々可被上候其上前條之趣御所置被爲在度

思召候事

八月

右之通於學習院被仰含翌三日長門守殿京師出立參府相成候事

文久二壬戌年八月九日於嵯峨二尊院被

宣下陣行候事

贈　右大臣　故三條前内大臣入道一位實萬公

上卿　廣幡正二位大納言殿

敕使　高辻正三位式部大輔殿

宣命

天皇我詔旨（宣カ）良万止故入道從一位藤原朝臣爾詔倍止敕命乎聞食止宣布食國乃無事乎本止志天人民乃欲（歎カ）憂乎痛美寤毛寐毛心乎盡志夙爾風（マヽ）爾忠乎致志思議奏志仕奉留其志常爾厚久其謀固与利深志寔爾　朕我良佐奈利止宇礼志美給比與呂許比給志間爾此昭計岐國乎去利彼冥岐國爾罷奴然後度年經月多禮止毛悲歎漸漸爾增志叡感益須益爾添布今功勞乎賞志正直乎著牟止所念行須故是以右大臣爾止賜比贈給布

天皇我敕命乎聞食止宣

文久二年八月

右御贈官之儀轉法輪三條從一位前内大臣殿去ル安政六未年五月御落飾被遊御幽閉被爲在候内薨去然ル處此節幽閉之堂上并尾張侯を始幽閉之諸大名追々不殘再出御變改被　仰出候ニ付今度三條殿に　御贈官被仰出候事

○八月十六日御沙汰書寫

久世大和守名代

小倉新左衛門

大和守勤役中不束之儀有之段達　御聽急度可被　仰付之處出格之　思召ヲ以先達而御加增地一万石被　召上隱居被　仰付急度愼可罷在候爲家督嫡子謙吉に五萬八千石被下候

安藤對馬守名代

小野次郎右衛門

對馬守勤役中正〔不カ〕正之取計有之段達　御聴急度も可被　仰付之處出格之
思召を以先達而村替被　仰付候地所其儘被　召上代地追而被下隠居被
仰付愼可罷在候家督無相違妾腹之男子鏻之助へ被下候

銀貳百枚　　勅使
綿　百把　　大原左衛門督重徳殿

右歸洛之御暇ニ付被遣之

○勅諭

今般以　勅使被　仰諭候ニ付一橋刑部卿再出後見越前前中將政事総裁職等之儀大樹御受被申上両人日々登城政事變革之儀盡力相勤候旨　勅使歸京言上有之近代於幕府不都合之事深恐懼之由自今専ラ奉遵　勅意心力誠精ヲ盡　公武御一和上下一致萬民安堵候樣所置有之可奉安　宸襟刑部卿始閣老周旋之旨言上候舊來之流弊急速ニも新政難被行次第モ

有之旨猶被惱　叡慮候得共前文被復正義　朝命ヲ尊崇之志精奮（マヽ）顯之
趣候間暫御猶豫所置方御考察可被爲有之候事

戊八月十四日

○敕問堂上方へ

累年蠻夷跋扈之旨趣被　聞食追々深被惱
宸襟於攘夷之
叡慮ハ先年初發已來至當時聊以不被爲相變候得共各所存獨亦無服（腹カ）臟被
聞食度被尋下候事

戊八月十八日

○八月廿日御沙汰書寫

落飾蟄居
思食被爲在蟄居被
仰出依願辭官落飾

久我前内大臣 正二位建通公
岩倉中將 正四位具視
千種少將 従四位有文

入道被致候事　　一富小路中務大輔

差扣被　仰付　　中務大輔叔父 富小路正三位

中將養父 岩倉從三位

今城家女 少將內侍

思召被爲在御暇被　仰出　　堀川家女 衞門內侍

同右

○同廿一日御沙汰書寫

差扣被　仰出　　議奏 中山大納言 正二位忠能

同　　同 正親町三條大納言 正二位實愛

○　　井伊掃部頭

京都守護被　仰付置候所松平肥後守へ守護被　仰付候內ニ御用御免被

成候旨被　仰出

○

私義爲參勤ニ六月廿八日國許發途七月十二日致大坂著船候處熱氣有之不相勝追々痲疹之症ニ相成旅行難相成療養相加滯坂罷在候段先達而御屆置候處致快氣當月廿三日發坂同廿四日伏見著兼而伺濟之通　公方樣御機嫌所司代江爲相伺今日ニ京都ニ立寄罷越候處坊城大納言ゟ家來壹人可差出之旨申來候ニ付家老山內下總ヲ差出候處

叡慮之御旨御書取を以別紙寫之通被

仰渡候ニ付　御受申上依之京師妙心寺內大通院へ暫滯留罷在候此段不取敢御屆仕候以上

八月廿五日　　松平土佐守

蠻夷渡來以後　皇國之人心不和ヲ生シ候處既ニ去夏以來　帝都ニも彼是不穩之義暴說有之薩州取鎭之後先靜謐候得共萬一京師騷擾有之

候而も追々國乱之程難計彼夷族之胸筭ニ可陷与深被腦　宸襟候猶松平土佐守も自關東兼而大坂御警衛も被申付候義幸此度通行之由被聞食候間非常臨時之別義を以暫ク滯京有之　御依賴被安
叡慮度　御內沙汰之事

別紙

蠻夷渡來以後　皇國之人心不和を生し當時不容易形勢ニ至り深被腦
宸襟候ニ付　皇國之御爲も勿論　公武猶々　御榮久之樣去五月關東ヘ
敕使被差下被　仰出候　御旨趣有之候處於大樹家も今七月朔日
叡旨御受被申上　御滿足之御事ニ候然ル上も早速事實行なられも候而も無詮儀折角之被　仰出猶
叡念彌以速ニ行候樣被　遊度　思食候就而も薩州長州專周旋
叡感之御事ニ候得も於土州も同樣爲國家抽丹誠周旋之義　御依賴被

遊度　御沙汰ニ候事

○閏八月五日御老中水野和泉守殿御渡し御書付

水戸中納言殿

源烈殿御事爲國家忠節盡力卓越之段深
叡感ニ付被進贈從二位大納言候ニ付而も猶又被遺《繼カ》其遺志
皇國之御爲可被在精誠段從京都被仰進候付
叡慮之趣厚被心得猶此上被盡誠忠候樣ニと御意候

○

松平阿波守

以來折々登　城致被心得候儀被申聞候御用筋可致御談旨

○閏八月八日御沙汰

松平肥後守

今度京都守護職在京被　仰付候付而も彼是費も不少義ニ付出格之　思
召を以金三万両拝借被　仰付

右　同　人

今度京都守護職被　仰付候ニ付守護中御役知五万石被下場所之義も追而可相達候

松　平　容　堂

京都より被　仰進候趣も有之候ニ付國家之爲心附候儀も無遠慮可申聞との

上意候

〇

此度御改革被　仰出候ニ付以來駿河加番被差止候ニ付其地加番之面々御小屋ホ其方共ニ引渡歸府候樣相達候就而も交代之者不差遣候間可被得其意尤其地銘々へも爲心得可被達置候以上

閏八月八日

板倉周防守

水野和泉守

松平豊前守
脇坂中務大輔

土岐下野守殿江
甲斐庄喜右衞門殿江

○

修理大夫厄介島津三郎儀近衞家へ參殿候儀も御屆申上候通ニ候然處去
七日同處江參殿致候處暫滯京候樣承知仕候同所屋敷へ滯在其段御屆も
御所司代樣江申上置候處同九日參
內仕候樣　議奏衆御取次を以蒙
御內敕候得共右等之義ハ屹与御規格も可被爲在誠ニ不容易事ニ付
公邊へ奉伺御差圖之上ならてハ參
內難仕趣再應堅御斷申上候所尤之筋ニも候得共公邊之處も傳奏衆ゟ程
能被　仰達可被下候間是非參

內可仕旨强ゐ承知仕御辭退も難仕御請申上是以所司代樣ニ御屆之上參
內仕候處傳奏衆　御庇ニ御誘引不容易蒙
褒敕　御劍壹振議奏中山大納言樣御取次を以拜領仕候ニ付右之趣御屆
可申上旨申越候此段申上候以上

閏八月八日　　松平修理大夫內
　　　　　　　　西　筑右衛門

○

酒井若狹守名代
御先手　田付　主　計

若狹守義　思召有之候ニ付先達ゐ御加增壹萬石被　召上隱居被　仰付
家督之義ハ拾万三千五百八十八石修理大夫ニ被下帝鑑間席被　仰付之

○

私家來長野主膳与申者是迄對　公儀品々不屆之儀相聞候間可被及御吟

味之處格別之譯を以私ゟ被成御任候ニ付急度仕置申付候樣可取計旨去四日以御書附御達之趣致承知候然處右主膳義家政ヲ犯シ品々不届之筋有之去月廿七日於在所斬罪ニ申付候右之御達以前ニ取計候儀ニ御座候得共被仰渡之趣も御座候ニ付此段御屆申達候以上

閏八月十二日　　　井伊掃部頭

○閏八月十五日御黒書院へ　出御　上意之趣左之通

先般申聞候通今變革候ニ就而も參勤交代之儀も相改候條武備充實候樣可心掛尤委細之義も年寄共ゟ可及演説候猶存寄有之候ハヽ無忌憚可申聞候

右御直ニ被　仰出之

方今宇内之形勢一變致し候ニ付外國之交易も御差免ニ相成候ニ付而も全國之御政事一致之上ならてハ難相立筋ニ候處御大礼才相續一新ニ機會ヲ失ひ天下之人心居合兼終ニ時勢如此及切迫候次第深ク

御痛心被遊候ニ付上下擧而心中を盡し　御國威御更張被遊度　思召候
尤環海之　御國海軍を不被興候而も　御國力不相震候ニ付追々御施役（設カ）
可相成候へ共此義ハ被　仰出ニ而可有之候右ニ付而も參勤之年割在府
之日數御改之儀追而被　仰出候依而も常々在國在邑致し領民之撫育も
申迄も無之文を興し武を振ひ富强之術計厚相心掛銘々見込之趣も候ハ
ヽ無伏臟申立候心得ニ可有罷（在脉カ）旨被　仰出之

閏八月十五日

○閏八月十五日御達書寫

方今宇内之形勢致一變候ニ付外國交通も御差免ニ相成候ニ付而も全國
之御政事一致之上ならてハ難相立筋ニ候處御大禮ホ打續一新之機會を
失ひ天下之人心居合兼終ニ時勢如是及切迫ニ候次第深　御痛心被　遊
候ニ付上下擧而心力を盡し　御國威御更張被遊度　思召ニ候尤　御國
環海之海軍を不興候而も御國力不相震候ニ付追々御施設被成候得共此

義も追々被仰出候ニ而可有之候右ニ付而も參勤之年割在府之日數御緩メ之義追々可被　仰出候依而も常々在國在邑致領民を撫育ハ申迄も無之文を興し武を震ひ富强計術厚ク相心懸銘々見込之趣有之候ハ、無伏臓申立候心得ニ可被有之旨被　仰出候

○閏八月廿一日板倉周防守御渡書付寫

大目付ゟ

松平阿波守

溜詰壹人

同格壹人

大廣間席一人

帝鑑之間席一人

同交代寄合壹人

柳之間席壹人

榊原越中守外之者罷出候樣

同交代寄合壹人
鴈之間詰壹人
御奏者番壹人
菊之間緣頰詰壹人
右之面〔々脱カ〕明廿二日四ッ時在府筆頭之者登
城候樣可被達候若病氣差合ニ候ハヽ次順之者登　城候樣可被達候事
閏八月廿一日

尊攘堂書類雑記

巻二

尊攘堂書類

雑記

文久二壬戌年

○蠻夷渡來後　皇國之人心不和を生し當時不容易形勢ニ至り深被爲腦《マヽ》
震《マヽ》襟候ニ付
公武猶々　御榮久之樣　叡慮被爲在此段近衛關白殿別紙之通
御内敕之御書附御渡ニ相成候此段御屆申上候以上
閏八月　藤堂和泉守

別紙

蠻夷渡來以後　皇國人心不和を生し當時不容易形勢ニ至り深被爲腦
宸襟候ニ付　皇國之御爲も勿論
公武猶々　御榮久之樣去五月關東ニ
敕使被差下被　仰出候御旨趣有之候處於大樹家も今七月朔日巳下土州
ニ御達同文言

○

辭　關白　九條前左大臣從一位尙忠

落飾蟄居即日東九條村別殿ゟ退キ蟄居之事

○

轉　左大臣　近衞左大臣從一位家熈

詔關白爲氏長者賜隨身兵仗等聽牛車

閏八月　宣下

○

大目付ゟ

一今度被　仰出候趣も有之候ニ付參勤御暇之割別紙之通可被成下旨被　仰出候就而も在府中時々登　城致御政整筋之理非得失を始存付候義も有之候ハヽ十分ニ申立國郡政治之可否海陸備禦之籌策等相伺或も可申達又も諸大名互ニ談合候樣可致候尤右件々御尋も有之候事

一在府之人數別而割合之通被　仰出候得共御暇中ゟり共前條之事件或も

不得止所用有之出府之義不苦候事

一嫡子之分ハ參府在國在村共勝手次第之事

一定府之面々在所ニ相越候義願次第御暇可被下尤諸御役當り之儀ハ別紙割合ヲ以可被　仰出候事

一此表ニ差置候妻子之義ハ國村ニ引取候義も勝手次第可被致候子弟輩形勢見知候爲在府爲致候義是亦勝手次第候事

一此表屋敷之義留守中家來多人數不及差置參府中旅宿陣屋ホ之心得ニ而可相成丈ケ手輕ニ被致候ハヽ軍備之外惣而無用之調度相省き家來共之儀供先使者ホ旅裝束之儘罷在不苦候事

一國許在所ゟ掛隔候場所御警衛之儀ニ付而も追而被　仰出候品も可有之候事

一年始八朔御太刀馬代參勤家督其外御礼事ホニ付而も献上物も是迄之通ゟるゟく候尤手數相掛り候品ハ品替相願不苦候事

一右之外献上物も都而御免被成候尤格別之御由緒有之献上仕來候分ハ相

伺候樣可被致候事

同日御同人御渡

一今度献上物御免被　仰出候得共初鶴初菱喰初鮭之義も是迄

禁裏ゟ御進献ニも相成候義ニ付右品献上仕來候面々幷林肥後守献上之

兎ハ唯今迄之通り献上候樣被　仰渡候

閏八月

〇參勤割合

當戌年

春中在勤

酒井左衛門尉

岡部筑前守

鳥居丹波守

小笠原幸生《マヽ》丸

夏中同断

秋中同断

冬中同断

松平甲斐守
秋田安房守
本多能登守
堀田攝津守
小笠原大膳大夫
松平光若
井伊兵部少輔
三宅備前守
榊原式部大輔
水野出羽守
松平攝津守

來亥年春中同斷

夏中同斷

本多伊豫守

松平遠江守

大久保加賀守

石川主殿頭

水野日向守

酒井修理大夫

松平與十郎

土岐山城守

稲垣信濃守

酒井大學頭

秋中同斷

堀田鴻之丞
小笠原佐渡守
本多豐後守
西尾鐘之助
内藤勝之丞

冬中同斷

松平和泉守
阿部主計頭
松平山城守
加藤越中守

來々子年
春中同斷

眞田信濃守
本多主膳正

松平佐渡守
松平左衞門尉
小笠原左衞門佐
奧平大膳大夫
戸澤上總介
諏訪因幡守
植村駿河守

夏中同斷

戸田采女正
相馬大膳亮
脇坂淡路守
松平駿河守

秋中同斷

内藤金一郎

松平丹波守

内藤右近將監

松平主殿頭

松平大隅守

保科彈正忠

冬中同斷

右割を以在府之儀ハ三年日大約百日ヲ限可申事

一春中在府之面々も前月十二月參府四月朔日御暇被下夏中在府之面々ハ三月中參府七月朔日御暇被下秋中在府之面々六月中參府十月朔日御暇被下冬中在府之面々も九月中參府十二月廿八日御暇被下候之義と可相心得候

一當年も榊原式部大輔水野出羽守松平攝津守本多伊豫守ハ其儘十二月中

在府致る遙く候其外當時在府之面々ハ近日御暇被　仰出候〔ニ脫カ〕而可有之候事

○

板倉周防守殿御渡御書付寫四通相達候間被得其意御同列中不殘樣無遲滯早々可有通達候答之義ハ從銘々不及挨拶各ゟ松平對馬守へ可被申聞候已上

閏八月廿三日　　大目付

上杉彈正大弼殿　留守居中

有馬中務大輔殿　留守居中

今度諸大名參勤之割御猶豫被　仰出候ニ付而も是迄之割合を以當年參府可致之輩病氣等ニ而延引又ハ旅中之面々ハ其儘在國歸國致不苦候

右之趣万石以上之面々へ可被達候

閏八月廿三日

万石已上之面々勝手次第乗切登　城御免被成候尤　殿中小袴襠高袴才
相用可申候　御城内へ乗切ニ無之迚も無益之人數も相省候様可被致候
右之趣万石以上之面々ニ可被相觸候
正月廿八日　二月廿八日　四月廿八日　五月朔日　七月廿八日
九月朔日
右日限以來月次御礼不被爲請候其外是迄之通ニ候
御謡初　嘉定　玄猪
右御規式以來被指止候
右之趣面々ニ可被相觸候
今度衣服之制度御變革左之通被
仰出候間明廿四日より書面之趣ニ可被心得候
一熨斗目長袴以來総而被廢止事
一正月元日　二日　装束

一同　三日　無官之面々御礼服紗小袖半袴

一同　四日　平服

一同　六日　七日　服紗小袖半袴

一同十一日　御具足御祝服紗小袖半袴

一二月朔日　裝束但御礼席ニ不抱〔拘カ〕面々服紗小袖半袴

一三月三日　服紗小袖半袴

一四月十七日　御參詣之節裝束但殿中ハ服紗小袖半袴

一五月五日　染帷子半袴

一七月七日　染帷子半袴

一九月九日　花色ニ無之服紗小袖半袴

一御神忌且格別重き御法事等之節も是迄之通裝束

一御定式　御參詣之節も諸向共服紗小袖半袴

一敕使　御對顏　御返答之節も是迄之通

装束

但席ニ不抱面々も服紗小袖半袴

一勅使御馳走　御能之節も都而服紗小袖半袴

一御礼衆万石以上以下共都而服紗小袖同袷又染帷子半袴

一月次も別御礼衆之外平服

一平服も以来羽織小袴襠高な袴著用可致候

右之通万石以上以下共不洩様可被相觸候

閏八月廿三日　　大目附

上杉彈正大弼殿 留守居中

有馬中務大輔殿 留守居中

追啓御嫡子方江も可有通達候以上

〇同廿四日板倉周防守殿御渡松平對馬守殿御觸出

大目付へ

今度献上物御免被　仰出候得共初鶴初菱喰初鮭之儀ハ是迄
禁裏へ　御進献ニも相成候義ニ付右献上仕來候面々幷林肥後守ゟ献上
之兎ハ只今迄之通献上候樣可被致候
右之趣万石以上之面々ヘ可被相觸候
万石以上以下乘切登　城御免被成候得共老人才駕籠ニ而登　城致候義
ハ可爲勝手次第候併供連之儀ハ格別省略致召連候樣可被致候
右之趣向々ヘ可被相觸候
足袋之義以來平服ハ品ハ紺相用候而も不苦候
以來夏足袋之義相願候ニ不及勝手次第相用不苦候尤　御前邊且御用召
才之節ハ是迄之通相心得　御前邊才ニ足袋相用候節ハ其時々可申聞候
但御目見以下之者も右ニ准シ夏足袋相用不苦候事
右之趣向々ヘ可被相達候
閏八月

覺

是迄諸屆ォ有之使者差出候節麻上下著用致來候處以來平服ニ而罷出申候尤麻上下著用可致義も前日呼出之節相達候旨可有之候

右之趣向々へ可相達候事

閏八月

○中川修理大夫殿ゟ御達之書寫

一此度　敕使關東ゟ被差下候處

叡慮之件々遵奉相成猶此末有志之諸藩一同志を一ニシテ夷狄掃攘

皇國之御威德相輝

叡慮貫徹候樣有之候中川修理大夫ニ於テハ小川彌右衛門一列當夏以來

罷登島津三郎勤王之忠士隨從致戮力盡候段被　聞食

叡感思召今度歸國之儀申出候趣無據譯ニ付可任其意猶御用之節ハ可抽

忠節候右忠誠之志有之儀且平生政事行屆士風致諭宜敷故ゟ賴敷
叡感　思召候事
閏八月
右御書付傳奏衆ゟ留守居ゟ御渡相成候ニ付爲御礼參殿被致候名前左之
通
中川修理大夫家來
小川彌右衛門
外八人
中川式部家來
宇野關造
外七人

○長州侯建白寫

此度越前総裁職上京猶豫之儀ニ付自關東來書之末文至當之事御請仕時勢難被行義も御斷可申上との意味如何御斟取被成候哉追々被　仰出候

外夷拒絶之次第相係候而之事共ニ候得ハ
叡慮之旨を何レ窺定候而之文意可有之哉勿論至當之事ハ申迄も無之御
請ニ可相成義ニ奉存候得共萬一も時勢難被行とく御答共ニも候得ハ
叡慮尊奉之實事も不相立候天下之大事を所置仕候ニハ時々周防ニ隨候
樣ニ而も迚も御用途ニ相立不申況陵遲之因緣被成維持候義を以勢を製
する之御主意ニ而御所置無之候而ハ竟ニ因循姑息ニ陷り可申候間其段
屹度御答被　仰出度尤總裁職上京之儀ハ新政當分之事ニ候得ハ猶豫之
義　御聞濟被成候而可然哉ニ奉存候　靑蓮院宮樣御事ハ方今之御躬ニ
ハ被爲在候得共當時勢之事ニ付　朝議被成御奏(マヽ)候樣早々
敕命被　仰出度奉存候殿下を奉始御歷々樣御手揃之御事ニハ候得共戊
午以來正議之御持詰ニ而此度御鎭靜御再任ニ迄相成候程之事ニ候得ハ
日々御參　内可被爲在候樣幾重ニも奉願候
一叡慮之御決定ハ戊午已來聊不爲成御動義候處上ハ　神宮之神慮を被

相窺候ハヽ、諸侯之赤心を被　聞食度との　御深衷をハ不奉察破約攘夷
御國是未御疑も被爲在候や与恐多くも是迄
敕文ニ泥ミ自己之見を主張せし者候向と有之候哉ニ候得共大膳大夫父
子ニ於テハ追々被　仰出候
敕諚幷御沙汰書之御旨全く以破約攘夷之
宸斷ニ奉窺　皇國御持堅之御良策出于此外有間敷之考定先達奉伺事六
ヶ條之外方今　官武之間ニおゐて周旋可仕事件も數多有之候へ共幕政
も漸ク新政賞罰黜陟も被行候事ニ付肝要之　御國是
叡慮速ニ致決定外夷振慄國內警戒之御處置第一ニ御急務　官武御合体
之大眼目ニ付此度長門守於關東周旋方西道　敕諚之外六ヶ條之內第一
條を抽張一ニしく
叡慮御決定之旨を精々申諭し盡力之上猶も官武御合躰大眼目難決定義
ニ候得も無致方歸洛及　奏聞此餘も

宸斷を奉待猶愚忠《衷ヵ》之獻言をも可申上与奉存候五ヶ年ニ及候　官武御異
儀之趣根底時著最早列藩決而
敕文ニ泥候儀も有之間敷今更不及會議斷然獨立ニも《マヽ》盡力乍不及
皇國正氣御維持ニ奉補候様仕度父子決心罷在候謹白

九月　　　　松平大膳大夫

松平長門守

〇

松平土佐守義

先達而俄ニ滯留之旨被　仰出候處　御請申上　御滿足被　思食候然處
若年之儀不慮之御沙汰ニ付深心痛之趣被及　聞召無餘儀被思食候間猶
土佐守も出府ニ而尚又厚周旋可有之父容堂年輩之儀ニ候得も　輦轂之
下ニ御警衛殊更可然被　思召候ニ付早々上京父子交代ニ相成候様被
遊度被　思食候此段被　仰出候事

九月四日

先達而及御屆置候通私義儀叡慮暫滯京罷在候處坊城大納言ゟ家來可差出旨申來今日家來山内下総差出候處

叡慮之御趣御書取別紙寫之通被　仰達候ニ付御請申上候且容堂ゟ早々可申達旨申立置候此段御屆仕候以上

九月四日　　松平土佐守

○九月八日御達書之寫

井伊掃部頭

其方領分近江國神崎郡蒲生郡両郡御用ニ付上知被　仰付替知之儀も追而可相達候委細之儀も御勘定奉行可申談候

右同人

京都御守衛被　仰付置候處松平肥後守京都守護職被相勤候内も御用被

成　御免候旨被　仰出候間相達置可申候事

○

今般　神武帝御陵其外御代々山陵御修復之義被　仰出候ニ付關東ゟ被

願立依之　山陵御普請奉行被　仰付候ニ付上京候事

九月

戸田越前守名代家老

○

戸田和三郎

所司代被　仰付上京

牧野備前守

所司代御預り被免歸邑

酒井雅樂頭

○

此度　叡慮之趣被　仰出拜承候旨同氏土佐守ゟ委細及御屆候通り

叡慮之趣拜承仕候ニ付此段御屆仕候已上

九月十三日

松平容堂

○松平豐前守宅江家來呼出被申渡候書付寫

松平容堂

其方上京之儀於京地同氏土佐守へ
御沙汰之趣達御聽候處
叡慮之通可致上京旨被　仰出候

○在府鴈之間席一同ゟ被差出候書付寫

此度御改革被　遊候ニ付而も參勤上年割在府之日數御緩被　仰出重疊
難有奉感戴候然ル處來二月　御上洛被　仰出且外國人も　御膝元ニ接
近仕居申不容易御時節在府之人數余り相減候而も御手薄ニも相成候哉
与情意不安痛心仕候同席共儀も外席共譯違候事故可相成も　御上洛
還御被爲濟候迄之處も是迄之人數被閣候樣奉願度候　還御之上も猶相
伺可仕煩民撫育文武才被　仰出候趣も同席申合可仕候間何卒前件之次
第御聞濟之義偏ニ奉願上候已上

戊九月　　　　　　在府鷹之間席

一同

願之趣尤之筋ニ付書面之通可被心得且妻子共在所ニ差遣候義も兼而相
達置候趣有之候間銘々存寄次第可被致候事

○

勅意　　　　　　　　松平大膳大夫

松平長門守

先年以來被　仰出候攘夷之儀
叡慮御決定之趣御良策出テ《于カ》此他候間敷ニ付斷然獨立可有盡力決心之旨
言上先以
叡慮御符合深以　御滿悦之御事ニ候何卒抽丹誠周旋有之　公武ヲ始
メ万民一和一致ニ而　神州盡力精々速ニ蠻夷拒絶決定候樣幕吏ニ掛合

候都合相成候樣被遊度
叡願被爲在候由可申達
御沙汰被爲在候事

九月

○

蠻夷渡來以後　皇國之人心不和ヲ生シ深被爲腦〻
宸襟候ニ付　公武倚々　御榮久之樣
叡慮被爲在依此度　御內命之趣別紙之通從二位右大臣御內達御座候此
段御屆仕候以上

九月十三日　　　　松平美濃守筑前福岡

○九月十八日薩州家來ゟ伺書

琉球人共持渡候產物類始古來不限何品勝手ニ交易　御免被　仰付被下
度當七月脇坂中務大輔御勤役中奉願置候處今以御沙汰無御座右ニ其節

之書面ニ委細申上候通　皇國江唐物渡來之基本も全琉球尙寧主（王カ）取扱ヲ以是迄致連續候次第殊ニ薩州江致渡來長崎江被差廻候樣相成候譯ニ而有之尙又於横濱等町人百性共ニ迄諸人勝手次第交易　御免許ニ相成居候ニ付テハ別段之義往古仕來之通以來勝手次第交易　御免被　仰付被下度奉願候近來長崎御商法方御差障之趣を以品々被　仰渡候趣も御座候得共琉球江立寄候ニ付旁以彼是甚數拒候而ハ自然人氣ニも差響相靡候樣ニも成立候而も第一　御國威ニも相拘候義ニ付孰レニも古來仕來別段之譯を以出格之御評議被成下當節速ニ　御免被　仰付被下度猶又此段　御內慮伺申上候

九月十八日　　松平修理大夫內

西　筑右衛門

○

大坂御城代被　仰付　松平伊豆守殿

右御下坂ニ付九月十五日上京所司代ゟ御立寄同日伏見表ゟ被罷越候節途中東山巡見之事

○

勅使 三條中納言殿
御附添 姉小路左少將殿
松平土佐守殿

右今般攘夷之儀被 仰出候依而關東下向之事

九月

○九月廿八日松平土佐守家來ゟ老中和泉守宅ヘ差出候書付

私義兼而及御屆置候通滯京罷在候處猶又別紙之通
叡慮之御旨今日坊城大納言ゟ被 仰達候依之近々可致參府奉存候此段
御屆仕候以上

九月廿八日 松平土佐守

此度關東ゟ 勅使被差下候ニ付猶土佐守も同時出府猶又 叡旨貫徹

之義周旋有之樣被遊度被　思食候旨　御沙汰之事

○敕使參向ニ付持參之　敕書松平土佐守にも被相渡候寫

攘夷之義先年來之　叡慮至方今更御變動不被爲在候於柳營追々變革新政を施行し叡慮遵奉ニ相成候旨不斜　叡感被爲在候然ル處天下之人民攘夷ニ一定無之而も人心一致ニも致《マヽ》至且國乱之程も如何与被腦《惱カ》叡慮候間於柳營彌攘夷之決定有之速ニ諸大名に布告ニ及候樣被　思食候尤策略之次第も武將之職掌ニ候間早速ニ盡衆議候而至當之公論ニ決定有之醜夷拒絶期限をも被議　奏聞候樣

御沙汰之事

私上京之儀ニ付此度於京都猶亦別紙之通

御沙汰之趣同氏土佐守より申越候ニ付此段御聞達可被下候以上

九月廿九日　　松平容堂

別啓

松平容堂上京被　仰出候得共

敕使下向之節被　仰出候間出立之所暫ク見合　敕使下向之上差圖次第早々上京可被致候事

○傳奏坊城大納言殿ゟ所司代牧野備前守殿江御達書付

一是迄傳奏御役被仰付候節誓狀有之候所今度御改革彌　公武御一和ニ就而も誓狀ニも及間敷候間已後可被停止御沙汰之旨右之趣老中方江宜被申入旨關白殿被命候依而申入候事

戌十月　　俊克坊城殿

牧野備前守殿

○十月十三日御附武家へ被差越候書付寫

來二月　御上洛之節　御太刀御進献可被遊旨御治定ニ相成候處當地ニ

御拵之模様何分聢与致し候義相分り兼尤衛府之太刀ニ而平常御用ニ相成御振ニ而　御進献被遊度与之御事故凡左之御振ニも可有之哉　御太刀惣金作り十六葉菊唐艸御目貫鳳凰或ハ十六葉菊唐草御鞘梨子地菊唐草又ハ桐ニ鳳凰五三之桐模様

右様之義ニ而御用ニも可相成哉上平常之　御祈之節又ハ何之節与可申様ニ幾通ニも御座候哉御用ニ相成候御模様柄御取計可被下候　上御模様柄計ニ而相分り兼候往復時日を費し御拵御間ニ逢不申候而ハ恐入候間繪圖面御仕立早々模様右様致候哉否之趣私共ゟ御問合可申与之義御老中方ゟ被　仰聞依之此段申上候

十月二日

表御祐筆頭　宮重久右衛門

奥御祐筆頭　樋口喜左衛門

松平伊豆守様

小栗長門守樣

猶以御紋之義十六葉井五三桐与存候へ共相違之義も無御座候哉相伺申候是又繪圖面ニ御仕立早々被仰聞候樣致度候

〇十月十八日松平大膳大夫家來ゟ和泉守殿へ差出候伺書

過ル四日大膳大夫參　内仕奉拜

龍顏　天盃頂戴被　仰付候ニ付爲御礼使者差上御老中樣御同格樣ニ書札差上可然義ニ御座候哉御內慮奉伺候以上

十月十八日

松平大膳大夫內
小幡彥七

書面之通ニ相心得候樣可仕候事

〇

廣橋一位跡役中山大納言ニ被　仰付　御內慮之趣先達而被申越候則言上被申達候ニ付其段中山大納言殿ニ被　仰出候處仍所勞御理ニ付野宮

宰相中將ゟ被　仰出度　御內慮之趣當地ゟ宜申上旨坊城大納言被申聞
持參被致書付寫壹通被越之到來被申趣候趣令承知則言上ニ及候處　御
內慮之通たるへき旨被　仰出候間此段坊城大納言可被達候以上

十月廿日　　　　　　　　　閣老連名

牧野備前守殿

○

別紙之通於　御所傳奏衆御口達有之候ニ付著府之上傳奏屋鋪へ罷越
敕使衆對面致度存候此段申達候以上

十月廿四日

松平相模守

別紙

於關東周旋之義ニ就ゐ馳走所ゟ行向
敕使ゟ面談等可有之

御沙汰候事

別紙

右同人

爲　帝都御警衛可然家來人數才可殘置旨被仰出候事

○松平美濃守殿上京ニ付從　御所出府之義被　仰付依之御請書

左之通

今般攘夷之義被　仰遣候　敕使不日著府ニ付　叡旨委細申述談判可
有之就而も速ニ遵奉之儀与被　思食候得共彼是異論難計候間私ニも早
々出府周旋可仕　思召ニ候間御書付ヲ以御達被成下難有仕合奉畏候
就而も明廿六日當所發足途中差急キ參府仕候心得ニ御座候以上

十月廿五日

松平美濃守留守居
藪　幸三郎

帝都御守衛可然家來人數才可殘置被　仰下候段御別紙御書付を以御達

被下奉畏候且又此節差急出府被仰付候間參　內之義不被仰出候此後
上京仕參　內被　仰出候旨可有之御達候段奉承知難有仕合奉存候以上

十月廿五日

松平美濃守留守居
藪　幸三郎

○

今般中務大輔義歸國之處先般御周旋筋御內願被　仰付夫々付去十三日
上京致一宿候處暫滯在之儀尚又御內沙汰被　仰付暫致滯京候段從京都
申越候此段御屆申上候以上

十月廿五日

有馬中務大輔內
生田記內

○

攘夷之儀今度以　勅使被　仰出候此旨相心得　叡念徹底之樣周旋
猶又報國盡忠可相勵旨　御內々　御沙汰之趣別紙之通二條右大臣殿御

渡御座候且又攘夷之義被　仰出折柄私義通行仕候ニ付暫滯京仕候樣傳
奏坊城大納言殿を以別紙之通御達御座候此段御屆申上候以上

十月廿三日　松平美濃守

別紙

今般以　勅使攘夷之事被　仰出候就而も諸蠻へ漏聞難計
帝都非常之御備無之候而も御不安心之義ニ付御備之義關東ニ被　仰出
候右等之御時節蠻通行ニ付滯京可有之被《本ノマヽ》遊度　思食候事
爲　帝都御守護可然家來人數等可殘置被　仰下候旨昨廿五日傳奏坊城
大納言殿ゟ御書付を以御達御座候此段申上候已上

十月廿六日　松平美濃守

○　松平容堂

追々心付申立候儀も有之御滿足被　思召候御用詰之節も御用部屋ニ

罷出候様被　仰出候

右十月廿七日於西湖間和泉守申渡之

○

中納言ニ被任

徳川刑部卿殿

御使

板倉周防守

井上河内守

戊十一月十一日

○

松平修理大夫

先代薩摩守儀存生中爲國家抽丹誠病死ニおゐて弟三郎才に遺訓之義とも達　叡聞　御感不斜家例も有之候間格別之　叡慮を以被進贈權中納言從三位旨京都より被　仰進候ニ付　叡慮之通被　仰出之

右於御白書院老中圖書頭列座河内守申渡

戊十一月

○

學問所奉行

松平伯耆守

秋月政太郎

寺社奉行次席

○傳奏月番ゟ戸田和三郎殿へ御達書之寫

後醍醐天皇御陵去月十八日辰刻頃ゟ至十九日酉刻鳴動石鳥井瑞籬石花立才朝《マヽ》働破損有之旨希代之儀深恐入　思食候依戸田和三郎奉行之儀ニ候間早々參向取計如舊形修覆可有之被　仰出候事

戊十一月

○

井伊掃部頭

名代 小林大膳

其方父掃部頭儀重キ御役相勤
御幼君御補佐ニ付而も萬事　御委任被遊候處奉對　京都被惱（懾カ）
宸襟候樣之取計致　公武御合躰之方ニも差響天下人心不居合之基を開
キ且賞罰黜陟共私意ニ任セ賄賂私欲之義も不少
上之御明德ヲ汚し不慮之死を遂候ニ至候而も奉欺　上聽候段追々達
御聽重々不屆ニ被　思召候急度も可被　仰付處死後之義ニも有之出格
之御宥免を以其方高之內十万石被　召上候

內藤紀伊守

名代 諏訪庄右衛門

其方義加判之列久々相勤古役之義ニも候得も万事心付可申處勤役中同
列不正之取計致候ニも不心付相過候趣不束之至ニ付急度も可被　仰付
候處格別之　思召を以先年村替被　仰付一万石舊地戻被　仰付溜詰格
御免帝鑑間席被　仰付之

間部下総守

名代　間部熊五郎

其方儀勤役中外夷取扱之義ニ付而も奉對　朝廷不正之取計有之重キ方々ハ不相當之仕向致右も井伊掃部頭之意を受候とも乍申重大之事件輕易ニ相心得　公武之御一和を失ひ天下人心不居合基を開キ候趣追々達御聽御役柄をも不辨次第不束之至ニ付急度も可被　仰付候處格別之思召を以先達而村替被　仰付候一万石被　召上隱居被　仰付急度愼可罷在候

下総守嫡子　間部安房守

名代　間部熊五郎

其方父下総守勤役中外夷取扱之義ニ付而も奉對　朝廷不正之取計有之重キ方々ハ不相當之仕向致候右も故井伊掃部頭之意を受候とも乍申重大之事件輕易ニ心得　公武之御一和を失ひ天下之人心不居合基を開

き候趣追々達　御聽御役柄をも不辨次第不束之至ニ付急度も可被仰付
候處格別之　思召を以先達而村替被　仰付候一万石被　召上隱居急度
愼被　仰付其方ニ爲家督四万石被下之

酒井若狭守

名代 神田若狭守

其方儀養父右京大夫所司代勤役中如何之取計有之先達而隱居被　仰付
御加增被　召上候所一躰　公武之御間柄ニ付實直ニ可取扱處權謀詐術
之行ひ有之趣〔達脱カ〕・御聽御疎隔之場合ニも相當如何之事ニ被　思召候急度
も可被　仰付候處格別之御免を以右京大夫義蟄居被　仰付之

堀田鴻之丞

名代 小倉新左衛門

其方儀〔父脱カ〕・見山勤役中外夷取扱之義ニ付而も品々　叡慮之趣も被爲在候
處重大之事件輕易ニ相心得萬端不行届之及取計候趣追々達　御聽重キ

御役柄不似合之義共不束之至ニ付急度可被　仰付之處格別之　思召を
以見山義蟄居被　仰付之

久世鎌ヽ吉
名代福田甲斐守

其方父大和守儀勤役中不束之筋有之先達而御咎被　仰付候處猶追々達
御聴候も井伊掃部頭横死之義ニ付奉歎　上聴候趣　御・闇（後脱カ）キ取計御政道
も不相立次第且　京都ゟ被仰進候義も有之候處因循遲緩之取計致し
朝廷を不重其上重キ御役義乍相勤賄賂ニ汚レ家事不取締之趣不埒ニ被
思召候依之其方高之内一万石被　召上大和守義永蟄居被　仰付候

安藤鏻之助
名代安藤小膳

其方儀父對馬守勤役中不正之筋有之先達而御咎被　仰付候處猶追々達
御聴候も井伊掃部頭横死之筋奉歎　上聴候義　御後闇き取計　御政道

不相立次第且　京都より被　仰進候義も有之候處因循取計致し　朝廷不重掃部頭死後も其意を請非義を行ひ外國人應接之節不分明之事共有之由相聞其上重キ御役柄乍相勤賄賂ニ汚レ家事不取締之趣不埒被　思召候依之其方高之内二万石被　召上對馬守永之蟄居被　仰付之

御書院番頭
小笠原長門守
名代
水野伊勢守

其方儀京都町奉行勤役中事實不分明之義取計御制度紛乱を生し候段不束之儀ニ付御役御免隱居被　仰付之

御小納戸
小笠原織部
名代
幸原善兵衛

其方儀養父長門守京都町奉行勤役中事實不分明之取計御制度紛乱を生し候段不束之義ニ付御役　御免隱居被　仰付家督無相違其方へ被下候

中奥御小性
藥師寺備中守

名代吉田多右衞門

其方養父隱居靜山勤役中井伊掃部頭相談致し不正之取計有之不束ニ被
思召候依之隱居料五百俵幷其方高之内七百石被　召上之
(原朱)
此分以上十一ヶ條ニ係ル
右井上河内守宅ニおゐて大目付御目付列座河内守申渡之

戊十一月廿三日

周防守殿
兵部少輔殿　御宅
以下八件ニ關ス
(原朱)

松平讃岐守
名代

其方儀養父玄蕃頭儀　思召有之ニ付蟄居被　仰付候

松平伯耆守

名代

其方儀寺社奉行勤役中飯泉喜内初筆一件吟味取計方不束被　思召候急度可被　仰付之處格別之御宥免を以溜詰御免鴈之間詰被　仰付差控可罷在候

松平和泉守

代

其方勤役中飯泉喜内初筆一件吟味取計方之義故井伊掃部頭之意を受御政典を紛乱いたし同人横死之節奉欺　上聽候段御後闇き取計御政道も不被爲立次第御役柄不束之至ニ候依之急度も可被　仰付處格別之　思召を以先年村替被　仰付候一万石舊地戻被　仰付且隱居被　仰付候

代　松平主水正

其方養父和泉守義（前文同斷故略之）家督之義無相違其方へ被下之

代　水野出羽守

其方養父左京大夫義勤役中故井伊掃部頭ニ阿談《諛カ》いたし勤柄不似合之事ニ候依之急度も可被　仰付候處格別之　思召を以差扣

代　脇坂淡路守

名代　水野庄一郎

其方養父攝《マヽ》水義先年勤役中故井伊掃部頭横死之義奉欺　上聽候段御後聞き取計　御政道ニ不《もカ》被爲相立次第御役柄不辨不束之至ニ候急度可被仰付候處格別之御宥免を以攝《マヽ》水義急度愼可罷在候

久貝相模守

代　黒柳浩太郎

其方養父遠江守義大目付勤役中飯泉喜内初筆一件吟味之節立會被　仰付候處不束之次第有之候段達　御聽勤柄別而不似合之事ニ候依之其方高之内二千石被　召上遠江守義差扣被　扣付之

石谷長門守

代

其方儀町奉行勤役中飯泉喜内初筆一件吟味取計方不宜不束ニ被　思召候依之御役　御免隱居被　仰付急度愼可罷在候

○

攘夷被　仰出候ニ付而も當地滯在被　仰出置候得共自國之備海岸之手當も可有之久々在國も無之ニ付而も萬事國内取締相調猶又過日被　仰出候幽閉之輩早々赦免自餘正議一致可盡忠議《マヽ》　思食候間歸國御暇可被下段被　仰出候旨奉畏候重々難有仕合奉存候此段御請奉申上候以上

十一月廿三日　有馬中務大輔

○　三條中納言

姉小路少將

攘夷之事最初ヨリ

叡慮不被爲變候所於關東新政被取計不斜

叡感候就而ハ攘夷期限早々被議諸大名江布告可有之攘夷之義ハ武將之

職掌ニ候間早々

叡慮之儀可議事

戌十一月

○松平肥後守上京ニ付　御所江被差出候書付寫

公武御間柄之儀ニ付私盡力候段　御滿足被思食殊ニ御守衛相勤候事旁

御安心被爲在難有仕合奉存候方今人心兎角異儀相生易候ニ付今度島津

三郎義　御守衛被　仰付候ニ付而も万事申合セ　御警衛可相勤旨
敕書之趣奉畏候依之御請申上候以上
戌十二月　　　　　　　　　松平肥後守

○文久二戌年十二月六日禁中ニ而取締書

一毎月十ヶ日自正午刻出仕申刻限退出之事
一定日於小御所取合廊下一同連席評議之事
一評議之ヶ條銘々書付持參示談一決之儀伺定御用帳ニ可記之事
一評議之條々各無隔意可申合專要候未決著儀後會可盡評議候事
一於外席他人ニ異心別存意不可談話候事
一廉立候儀有之候節小御所ニ　出御可被　聞食候事
一御用之儀他ニ不可漏脱候事
一諸臣國事ニ付所存有之候者先件御用掛之內ニ可申立候一己之了簡を以
猥成取計進退不可有之事

一諸藩輩ニ以私情相押《狎カ》致應復間敷候事
右國事御用被　仰出候上之正邪直名分御改正之趣意深相心得忘却前條
法令且過酒放蕩違背
朝憲無頼之行狀有之候節ハ可被及嚴科
御沙汰ニ候間誠實一致心得違無之樣被　仰出候事
戊十二月

○傳奏御月番ニ中川修理大夫殿參殿雜掌面謁被相伺候書付之寫
私家來當春出居仕居候者共之儀ニ付蒙
御挨拶度奉恐入候早速咎筋差免上京仕候樣申付置候處別紙名前之通昨
十三日著仕候右ニ付私召連御礼奉申上度此段奉伺候已上
十二月十四日　中川修理大夫

十二月十五日坊城中納言殿ニ修理大夫殿入來之節被差出候口上書切

紙之寫

私家來當春出居仕居候者共咎筋差免上京申付置候處一昨十三日著京仕候右ニ付重立候者別紙之通召列爲御礼參上仕候

十二月十五日

此度出京之者名前左ニ内朱点之分三人召連御礼申上候事◎朱点ノ分トアル原書ナシ

中川修理大夫
中川修理大夫内
小原隼太同道
小河彌右衛門
野溝甚四郎
堀　鎌之助
森　玉彥
渡邊彥左衛門
田部龍作
田邊陽一郎

夏目惇平
赤座彌太郎
樋口勝之助
安野藤次郎
福原武三郎
廣瀬友之丞
矢野勘三郎
高崎善右衞門
宇野關造

右

○

今度以　敕使　御沙汰之條々於關東追々可爲尊奉哉左候ハヽ攘夷一決可有之就而も諸大名策略ヲモ可被　聞食其上　朝廷御所置可被爲有儀

皇國御安危實以不容易御時節專勸懲　思食精々可被盡衆議ニ付今度有
志人々御用掛被　仰付候間諸臣爲報國所存有之候ハヽ右御用掛之內可
申立候一己之了簡を以猥成取計進退才不有之候違制之輩屹度可被及
御沙汰心得違無之樣被　仰出候事
前條不容易御時節正邪曲直名聞御改正之　御趣意深相心得不法之行狀
過酒乱行才屹度可愼候每々嚴重制も有之儀ニ候得共猶亦被　仰出候事

近衞關白前左大臣忠熙
一條左大臣忠香
二條右大臣齊敬
德大寺內大臣
青蓮院二品宮朝彦親王
近衞左大將
一條大納言
廣幡大納言
三條西中納言
庭田中納言
德大寺中納言實則
橋本宰相中將
大原左衞門督重德
柳原右衞門督

長谷正三位　河鰭少將
裏辻侍從　橋本侍從
萬里小路權右中辨　勘ヶ由小路中務少輔
傳奏　坊城大納言俊克　同上　野宮宰相中將定功
議奏　中山大納言忠能　同上　正親町三條大納言實愛
同　飛鳥井中納言雅典　同上　三條中納言實美
同　阿野宰相中將

右御用掛被　仰出候事　十二月

○文久二戌年十二月廿四日武傳披露

水戸中納言父之遺意繼述有之先達ゐ被　仰出候通之儀ニゐ來春將軍上洛之節隨從上京有之候樣且同家臣武田修理始正義之輩も戊(午脱カ)以來忠誠兼ゐ達
叡聞候間中納言上京之節右忠誠之輩各召具尙又遺志繼述之趣意輔翼有

之候様内々　御沙汰之旨被　仰出候段關白殿被命候趣被　仰下奉畏入
候則　御沙汰之趣中納言ニ相達候様可被（脱字カ）依之申進候以上

十二月十七日

井上河内守

板倉周防守

水野和泉守

松平豊前守

松平春岳

坊城大納言殿

野宮宰相中將殿

尊攘堂書類雜記二

頁

尊攘堂書類雑記

卷三

尊攘堂書類

文久三亥年

雑記

○

今般私儀奉蒙　御内命上京仕
輦下之形勢詳ニ觀察仕候處
皇國之御危急旦夕ニ迫り候趣顯然与相見愚魯之身を顧りミス　公武之
御重職方ゟ存意十分献言仕候得共迚茂御採用ニ相成候御模様無之慷慨
歎息之外無之就而も無用之者永々滯京仕候而も却而　公武之御爲ニ不
相成讒言口紛々沸騰仕終ニハ於　御目前ニ騒乱相生候ハ案中と奉存
候且攘夷御決議之上も國元之義三面も海岸寸地茂醜虜ニ掠奪不被致候
様防戰之用意嚴重ニ不申附候而も
御國威ヲ貶候場ニ相當別而恐入奉存候間不得止事明日發足仕候急速之
儀御疑ヒも可有之候得共右申上候外所存無之候間是等之趣不惡御聞取
被成下度奉願候以上

亥四月　島津三郎

此節攘夷拒絕之御嚴令承知仕候ニ付夷船一艘ニ而も領内ゟ致碇船候へハ不及應接加誅戮候心得ニ御座候且依時宜而ハ爲夷賊征罰軍艦差出候義も可有之候兼而御聞置可被下候樣可申上旨被申渡候ニ付此段申上候

亥四月　島津三郎家來

右書付島津三郎京都出立掛家來ヲ以傳奏御月番ゟ差出置候書付之寫

〇四月四日御老中松平豐前守殿御役宅へ御呼出被達候御書附之寫

一兼而被　仰出候通異國軍艦渡來不容易折柄ニ付市中其外動騷ニ乘シ惡徒共徘徊可致乱妨も難計依之其方へ取締方被　仰付候間銘々人數差出晝夜不限御府内見廻狼藉之者見掛次第無用捨召捕時宜寄打果シ候而も不苦候尤委細之義ハ町奉行へ可申談候

酒井繁之丞　大久保加賀守　松平右京亮　相馬大膳亮へも同樣申渡候間可被談候事

右御書付豊後守殿宅ニ而阿部播磨守殿ゟ被申渡外四人ゟ被達候

過日従京都關東ゟ召下し相成候浪士夫々屋鋪被下候所此節處々ニ而乱妨狼藉致候ニ付大名方へ取締之義被仰付

右浪士屋鋪御固井市中見廻被　仰付候御人數書

白河　阿部播磨守殿　人數千貳百人

庄内　酒井繁之丞殿　同　千五百人

小田原　大久保加賀守殿　同　千二百人

高崎　松平右京亮殿　同　七百人

中村　相馬大膳亮殿　同　七百人

平戸　松浦肥前守殿　同　八百人

但爲加勢別段被　仰付候よし

右之通御人數之義不殘甲冑之上へ單物著ゟもきヲ致候由

〇

今度石清水社　行幸ヲ攘夷之御祈誓之
思食ニ而全萬民之憂を被爲　救候　御趣意ニ被爲　在候間　通御之御
途中下々傷損ニ相成候而も被惱　宸襟候間精々質素ニ相心得可申候
無據儀も格別ニ候得共決シ而取繕費用相立候儀無之樣可致候自然嚴重
虛錺ニ相立候而も　叡慮貫徹ニも不相成折角御仁愛之思召ニも相背
候間此旨屹度相心得可申樣無漏脫可被申渡候淀城下ニおゐて同樣可申渡旨
稻葉長門守ニも可被相達候事

四月

右も傳奏坊城大納言殿ヲ以御用掛夫々ニ　被仰出候書付寫

來十一日　石清水社　行幸被爲在候ニ付御用掛幷供奉被　仰出候　公
武方左之通

御用掛

日野大納言殿　　　一會傳奏　正親町大納言殿

德大寺中納言殿
三條中納言殿
橋本宰相中將殿
阿野宰相中將殿
万里小路權右中辨殿

供奉先陣

一條左大臣殿
葉室頭右大辨殿
冷泉中納言殿
大炊御門大納言殿
河鰭少將殿
德大寺中納言殿
近衞大納言兼左大將殿

奉行職事 淸閑寺頭右中辨殿
武傳奏先著 坊城大納言殿
同 野宮宰相中將殿
議奏先著 飛鳥井中納言殿
議奏供奉 三條中納言殿

日野大納言殿
德大寺內大臣兼右大將殿
舟橋少納言殿
庭田中納言殿
廣幡大納言殿
三條西少將殿
橋本宰相中將殿

坊城右少辨殿

供奉後陣

鷹司關白前右大臣殿

中御門頭左中辨殿

滋野井中將殿

梅溪中將殿

正親町少將殿

姉小路少將殿

錦小路右馬頭殿

藤島新藏人殿

武家前列

上杉彈正大弼殿

宗對馬守殿

六條宰相中將殿

櫛笥老中將殿

松木中將殿

東園中將殿

東久世少將殿

四條侍從殿

細川源藏人殿

松平長門守殿

松平紀伊守殿

松平備前守殿

同後列

將軍內大臣家茂公

松平讃岐守殿

列外御先著

有栖川宮幟仁親王

近衛前關白左大臣殿

三室戸新三位殿

石野三位殿

四辻少將殿

石山右兵衛權佐殿

万里小路左少辨殿

片倉小十郎殿

一橋中納言殿

鷹司大閤准三后政通公

列外供奉

直垂著用

水戸 松平余四丸殿

土佐 山之內兵之助殿

會津家老 横山主税

社頭御警衛

豐岡大藏卿殿
山科少將殿
澤主水正殿
非藏人廿人
御列奉行廿人
近衛左大將殿
德大寺右大將殿
櫛笥中將殿

上杉彈正大弼殿
細川越中守殿
禁裏内侍所守護
松平肥後守殿
牧野備前守殿
禁裏九門御守衛
稻葉長門守殿
本多主膳正殿
青山因幡守殿
永井飛驒守殿
尾張三十人
因州三十人
會津二十人

滋野井中將殿　　　　　阿州二十人
松木中將殿　　　　　筑前二十人
海溪中將殿　　　　　藤堂二十人
東園中將殿　　　　　雲州廿人
河鰭少將殿　　　　　藝州十人
三條西少將殿　　　　長州十人
正親町少將殿　　　　肥後十人
東久世少將殿　　　　秋田十人
姉小路少將殿　　　　土佐十人

來ル十一日　石淸水社　行幸之節右之通爲加員隨身書面之通人數夫々
自諸藩可被差出尤可爲士分事　但衣躰布衣帶大小刀右烏帽子布衣ハ
禁中ゟ被渡傳奏月番ゟ候事

石清水　行幸ニ付途中口々并要所嚴重警衛被　仰出候事
尾州　紀州　水戸　長州　土州
藝州　仙臺　對州　備前　筑州
秋田　藤堂　筑後　南部　高松
右之内當時主人滯京無之向も有之候得共詰合人數ニ而可相勤旨被　仰出候事

來ル十一日　石清水社江　行幸御道筋建礼門より　出御堺町通南三條通西江油小路通稻荷旅所ニ而御小休所夫ゟ順路城南宮東之鳥居ゟ入御同所　御小休所　出御西江鳥羽街道順路横大路飛鳥方之社旅所　御小休所夫ゟ順路淀宿淀姫社旅所　御小休所夫ゟ順路淀大橋堤通神幸道八幡下院江　著御　還幸本路之通候事
右之通被　仰出十一日朝辰之刻

出御被遊翌十二日申刻　還御被遊候事

但御列書別紙ニ有之

右　行幸ニ付大樹公供奉之儀被　仰出候處御處勞ニ付十日夜ニ相成御斷被仰出御延引ニ相成然ル處十一日無滯　石清水社江　著御被遊候所一橋中納言殿卽刻　石清水旅宿退出被致歸京相成翌十二日未明ゟ途中迄御出迎供奉相成候事

石清水社神前ニおゐて　御祈願被爲在候而後於　御神前大樹公名代一橋中納言殿江攘夷　御祈被遊候御太刀　御旗　白羽之御矢等直々　賜候思食ニ被爲在候處一橋侯退出歸京被致候ニ付無余儀其節供奉ニ相成候諸侯江被　仰出候ニ付供奉相成候諸侯一同御連判之上松平長門守殿江賜候由ニ承り候

石清水社江　行幸ニ付大將中小將之堂上江諸藩ゟ爲加員隨身相勤候節著用之衣躰烏帽子布衣才其儘銘々へ被　下置候旨被　仰出候事

尾張大納言口上

石清水社　行幸之節近衛左大將殿ニ爲加員隨身相勤候家來共苦勞太儀ニ被　思召候旨ニ而著用之品去月十三日被下置難有仕合奉存候依之御礼被申上候以上

五月朔日

○

水戸中納言殿

四月十五日

豐前守殿御渡

爲關東守衞下向被　仰付候ニ付防禦之儀大樹目代之心得ヲ以指揮可有之旨先祖已來格別勤　王之家柄先代之遺志致繼述闔藩一致盡力防戰可奏夷狄掃攘之成功樣

御沙汰之事

右之通於京都被　仰付候ニ付爲心得万石以上以下之面々ヽ可被達候

亥四月

○亥四月十四日豊前守殿北角十郎兵衞ヲ以御渡

御勘定奉行ヽ

淺野伊賀守

大久保雄之助

神奈川表之義此節柄之義ニ付彼我御警衞見込之通取計可申候右ニ付御警衞筋差向候御入用筋も伺不及手限ニ取計候樣可被渡候

右之通相達候間可被心得候

四月

○亥四月十四日豊前守殿御渡

三奉行ヽ

水戸中納言殿

此度御滯京被
仰出候ニ付爲關東御守衞御下向且
御所被　仰出義有之候事故外夷御所置振之義　御委任被成候間曲直を
明りニし名義を正し
御國威相立候樣御取計可有之旨被
仰出候右ニ付而も尾張大納言殿并老中ニも御相談有之候樣被
仰出候事

四月

右之通被　仰出候間可被得其意候

四月十七日　　酒井繁之丞

○

新徵組之義其方御委任被遊候間諸事取締方其外共可被心得候尤鵜殿鳩翁松平上総介中條金之助可談候

同　　人

新徵組御委任被成候ニ付御府内晝夜廻りも御免被成候

同　　人

先達而御府内非常廻り被　仰付候ニ付而も家來共一同氣込も宜殊ニ一昨日猶又別段之御用筋被　仰付候處厚相心得武威を張晝夜精力を盡し万端御都合も宜畢竟常々申付方行屆候故之義ニ付追而御沙汰之品も可有之候得共先此段申達候

大久保加賀守

阿部播磨守

松平右京亮

右同文言

相馬大膳亮

松浦肥前守

一昨日も別段之御用筋被　仰付候所厚相心得家來一同氣込ミも宜武威を張晝夜精勤を盡し万端御都合茂宜畢竟常々申付方行届候義ニ付追而御沙汰之品も可有之候へ共先此段申達候

右於豊前守宅銘々家來呼出し書付相渡ス

四月十七日

○封廻狀

濵士　武中仁之丞　二十八

一ト通尋之上本堂内膳家來ニ預ケ

同　照山儀右衛門　三十

同断松平兵部家來ゟ預ケ

同断本堂内膳家來ゟ預ケ

同断松平兵部家來ゟ預ケ

同　津川和三郎　三十

同　津川弥四郎　四十四

植村原十郎知行所
下総國相馬郡
長中村
名主
喜十郎　五十五

松平陸奥守領分
常州河内郡瀧崎村
大庄屋ニ而足輕上席並
松野弥十郎　四十七

同人弟
同　松野國之助　二十一

右瀧ヶ崎村
名主總代
清三郎　七十

元角力取之由
荒浪留吉　四十九

右瀧ヶ崎村
〆り役手先村役兼
友次郎　四十

同村宗米町
芳菱居酒渡世
倉島屋
清助　六十二

煩ニ付代
啓吉　五十四

松平陸奥守
陣屋詰足輕町横目付
筆川平藏　三十九

同役

坂本文右衛門　四十七

足輕上席並

杉野新四郎　二十八

右津川彌四郎

妻之由申立候

ゐ祢　三十八

一ト通尋之上差返ス

松平陸奥守領分

常州信太郡若葉村

名主

三郎右衛門　四十

一ト通尋之上中條金之助家來ニ預ケ遣ス

右於井上信濃守御役宅御目付酒井錄四郎立合信濃守申渡之

亥四月十八日

○
一今日淺野備前守殿御役替被
仰付候ニ付爲相知候
一今日佐々木飛驒守殿町奉行被
仰付候此旨市中不殘早々可相觸候
亥四月十六日

廿一日大樹公　石清水社ゟ御參詣被　仰出橋本宿より御乘船大坂御城
入　御被遊候事

御供御老中　板倉周防守
二條御城御留守　水野和泉守

石清水社ゟ御奉納

御太刀　一腰

黄金　一枚

白銀　拾枚　瀧本坊へ

大樹公御滯坂ニ付近海爲御覽置被爲成候ニ付海陸御道順書
來廿八日大手御門ゟ右ニ上本町通櫻町左ニ谷町筋右ニ四天王寺西門ゟ境内御通抜一心寺前通り合法辻左り今宮通り天下茶屋小兵衞方御小休夫ゟ住吉境内御通り抜泉州左海《マヽ》奉行役宅御晝小休夫ゟ炮臺御覽濱御役所波戸場ゟ御端船ニ被爲召順動丸蒸氣船御乗移泉州沖手ゟ池之前炮臺御覽友ヶ島沖手ゟ御通船紀州加田浦御上陸同州大川又も泉州岸和田邊ニゐ御碇泊翌日淡州松ヶ崎御上陸炮臺御覽夫ゟ播州地方御通船安治川目印山御上陸被爲在堤通右ニ淨正橋御渡り西へ高島川南川岸通大原橋御渡菅原町南ニ天神橋御渡松屋町筋左ニ梶《マヽ》町通御定番屋鋪前大手御門

入御

右之通伺相濟申候樣被申達候事

亥四月廿五日

御供

松平備前守

水戸余四丸

板倉周防守

大樹公御滯坂ニ付大坂町人共ヘ金子壹万両被下置候事

大樹公大坂御滯城之處從　御所被爲召候ニ付五月十日大坂御城御發途ニ而牧方宿御泊り十一日御歸京二條御城入御被遊候事

但途中東本願寺ヘ被爲成候事

○

松平甲斐守

阿部主計頭

右ハ城州八幡橋本邊御警衞是迄松平出羽守ニ被　仰付置候處此度被免

代リ被　仰付候事

右之通夫々相達候間此段申入候以上

四月廿五日

酒井飛驒守

松前伊豆守

四月廿八日　御沙汰書

若年寄

寺社奉行

○

本月十一日　石淸水八幡之社ニ

行幸無御滯被爲濟翌十二日

還幸之段相伺恐悦至極奉存候其節德大寺内大臣右大將殿爲加員隨身下官家僕共被召具且著用等
賜之段重疊畏入奉存候右御礼貴卿方迄奉呈愚札候宜執
奏希入奉存候誠恐誠惶謹言
　四月廿四日　　　　　　　　　慶　德
　　坊城大納言殿
　　野宮宰相中將殿
右も傳奏方へ因州侯ゟ被差越候書付之寫
　○市中御觸書之寫
攘夷之義五月十日可爲拒絶段御達ニ相成候間銘々右之以心得を自國海岸防禦筋弥以嚴重相備襲來候節も攘夷致候樣可被致候
　四月
右之通被　仰出候間山城國中へ可相觸もの也

○四月廿四日松平豊前守殿御渡書付寫

攝海も樞要之地ニ付形勢爲御覽置去廿一日大坂表江被爲成候旨被　仰出候其節　石清水社江御參詣可被遊旨被　仰出候

右之通去ル十九日於京地被　仰出候間其段爲心得向々江可相達候

○

就攘夷御決定ニ夷艦攝海へ渡來及戰爭候義難計左候時も米穀運路隔絕顯然ニ付人民飢餓之處救助之爲海路開通可有之御沙汰之折柄江州湖水流末勢多橋ゟ城州宇治橋迄堀割廻船之義本多主膳正厚勘考有之趣ニ付過日老中申渡候由弥早々工役ニ取掛不日成功候樣盡力可有之　御沙汰之事

亥四月

本多主膳正　膳所

粟田口ゟ北白川口迄御警衛兼而被　仰付置候處逢坂山邊御警衛も被

仰付候ニ付諸事嚴重可被申付候尤勤方ᅟ委細之義も松平肥後守牧野備
前守ヘ可承合候且別紙之面々口々御警衛被　仰付候間爲心得之相達候

山崎邊　松平甲斐守郡山

八幡邊　阿部主計頭福山

牧方邊　永井飛驒守高槻

　但是迄朱雀口御固被免

淀街道　洞ヶ峠　稻葉長門守淀

淀八幡之間

　但是迄伏見街道竹田街道

御固被免

竹田街道伏見街道　加藤越中守水口

伏見街道宇治街道　戸田釆女正大垣

鷹ヶ峰邊長坂邊　青山因幡守篠山

下加茂口ゟ大原邊　仙石讃岐守出石
朱雀口　織田山城守柏原
老之坂邊　九鬼大隅守綾部
右之通口々御警衛被　仰付候事
四月廿五日

○

已來京都御警衛被　仰出候ニ付割合之通無懈怠守衛之心懸ヶ可有之専要候事

四月ゟ六月中
米澤　上杉彈正大弼
藝州　松平紀伊守
中津　奥平大膳大夫

七月ゟ九月中
因州　松平相模守
岡山　松平備前守

大垣　戸田采女正
盛岡　南部美濃守
二本松　丹羽左京大夫
柳川　立花飛驒守

十月ゟ十二月中

右之通相達候ニ付此段申進候也

戌四月

亥四月廿四日

大目付
御目付　江

今般拾万石以上之面々京都爲御警衛在京被仰付候間當亥年之義も別紙之割合ニ相心得國邑より出京御守衛向嚴重可被取計候尤交代之積り可被心得候

右之趣拾万石已上之面々に可被相觸候

○京都御警衛

四月より
六月迄

七月より
九月迄

十月ゟ
十二月迄

○

上杉彈正大弼
松平紀伊守
奥平大膳大夫

安藝守名代

加賀中納言
南部美濃守
松平備前守

立花飛驒守
丹羽左京大夫
戸田采女正

同日御同人御渡

大目付
御目付江

攝海之樞要之地ニ付形勢爲 御覽去廿一日大坂表江被爲 成旨被
仰出其節 石淸水社江御參詣可被遊旨被 仰出候
右之通去十九日於京地被 仰出候段向々江可被相達候

○

四月廿四日

鵜殿鳩翁
松平上總介
中條金之助

今度浪士之內人物宜もの相撰新徵組ト唱替酒井繁之丞江御委任被
仰付候間得其意繁之丞申《マヽ》談可相談候尤浪士取扱之義以來新徵組取扱可

被相心得候

〇

加判之列上席

太口道淳

右今廿七日於

御前被　仰付之

〇

今般　公方様　御上洛被遊候ニ付洛中町人共ゟ爲御祝義御金被下置候

事

一銀五千貫目也　但此金六万三千兩

人數四萬八千七百八人

洛中軒別　但洛外も無之

内金貳千四百四兩貳分ト永拾六貫六百四十五文三七一四九三〇四

右も上京下一條但組合拾四組町數合五十七町分

人數合千八百三十貳人但家持借家裏借家名前主之分
壹人ニ付金壹両一分壹朱ト永九文ッヽ割渡し候事
右拾四組當番大行事
間之町三丁組夷町年寄
庄　助
右御金被下候節四月九日上京年寄大年番町御奉行所御役所ゟ被召出御渡シ相成四月廿八日大年番ゟ組町大行事ゟ割賦ニ相成候事
一一橋中納言殿御上京ニ付爲御祝儀御旅宿東六條本願寺境内不殘壹軒分金貳朱ッヽ被下候事
一公方樣御下坂被遊候ニ付大坂町人共へ爲御祝儀御金一万両被下置候事
○
魯佛英和米葡孛之國々先年より和親交易願出條約取結候得共右も其節之義

朝廷　伺濟を不相待取計候義其儘仕來候處昨年從
朝廷和親交易拒絶之　詔有之是迄取計方不宜役人とても夫々嚴罰相加
候間其方共長崎箱舘横濱三港商舘凡三十日中ニ引拂壹人も不殘歸國可
致若於違乱ハ可及一戰候條得其意可申事
右之通り候得とも第一御留守中与申殊ニ和蘭をも同樣之御所置ニ相成
候義も　御主意柄難相分候ニ付右之御意旨尾張大納言殿急々上京御伺
相成候間夫迄之處ハ是迄之通穩便相心得可申事
右河内守殿御列座豐前守殿被　仰渡候

豐前守殿御渡

攝海形勢爲　御覽置去廿一日曉七ツ半時御供揃ニ而二條　御城　出御
石清水社ヘ　御參詣夫より淀川通り　御乘船ニ而大坂表ヘ被爲成候旨
注進有之
右向々ヘ可被達候

四月廿六日

〇

非常之節増上寺　尊影尊牌新田大光寺江御立退ニ付御供米其外追々方丈川岸ゟ竪川通り運送相成候ニ付武州橘樹郡下平間村平次郎所持天神丸三社丸右貳艘ニ而相廻り候積尤朱　御紋付船印相用船頭にも目下ヽ法皮著用爲致通舟有之候間差支無之樣可致事

右ニ從町御奉行所被仰渡候間船渡世之ものハ不及申河岸附町々之もの共江不洩樣申聞且右米船口御差支不相成樣精々心附可申候

四月廿六日

名主

右之通被仰渡候間爲心得相達置申候事

四月廿八日

用場

當節堂上御役人

傳奏

議奏

御親兵御用掛

國事御用掛

飛鳥井中納言殿
野宮宰相中將殿
廣幡大納言殿
德大寺中納言殿
三條中納言殿
長谷三位殿

三條中納言殿
豐岡大藏卿殿
正親町少將殿
東久世少將殿

三條西中納言殿

六條宰相中將殿

倉橋治部卿殿

河鰭少將殿

橋本少將殿

万里小路右中辨殿

勘解由小路中務少輔殿

姉小路駿河守

畑肥前守

國事參政

豐岡大藏卿殿

東久世少將殿

烏丸侍從殿

國事寄人

国事掛非蔵人。

正親町大納言殿

滋野井中将殿

東園中将殿

壬生修理権大夫殿

四条侍従殿

錦小路右馬頭殿

沢　主水正殿

鴨脚和泉

同　加賀

松尾但馬

同　伯耆

中川対馬

國事詰衆

岡本攝津守
速水左衛門尉
同　木工大允
松波大學大允
三上河內介
藤木信濃介
出雲寺大和守
和學者

右

○

一四月廿九日於御城御老中松平豐前守殿被申渡候條大目付酒井但馬守殿被演之候書付之寫

魯佛英蘭墨葡孛國々先年ゟ和親交易願出條約を取結候得共右ハ其節之役人共

朝廷ニ伺濟をも不相待して取計候儀を其儘ニ仕來候處明計《マヽ》従　天廷シゐ外國和親交易拒絶之趣有之ニ付是迄取計方不宜役人共夫々嚴罪相加ハ候間其方共も長崎箱館横濱才三港商館凡三十日之内ニ引拂壹人も不殘歸國可致候若違背有之ハ可及一戰條得其意可申事右之通ニ候得共第一

御留守中ゟ申殊ニ和蘭同樣之御所置ニ相成候ゐハ御趣意柄も不相分候付右一之趣意此度尾張大納言殿急々御上京御伺ニ相成候間夫迄ハ是迄之通穩便ニ相心得候事

四月

○松平修理大夫殿ゟ被差出候書付之寫

一今般英國軍艦渡來以書翰申上候趣修理大夫被致承知右ハ去秋東海道生

麥於繩手ニ一門島津三郎異人無礼之所業有之候ニ付難捨置及殺害候義を英人心附候旨ニ而三郎一類之首級刎其上多分之金子申請度御所置無之ニおゐてハ兵端を開可申と申立候由對　公邊ニ修理大夫深奉恐入候依之三郎儀先愼罷在候處三郎申立候儀も異人共任望我等首級を相渡公邊御安堵ニ可相成儀ニ候得も早々出府致精々異人与立合戰爭之上首級爲取可申此度之義も國家之重事ニ候間厚御評議被成下急速ニ御差圖御座候樣仕度奉存候以上

文久三亥年

五月

松平修理大夫家來
島津將監
二階堂兵部
猪飼順之助

○

青山大藏大輔
脇坂淡路守

朽木近江守　　三浦備後守
小出主税　　丹羽長門守
一柳土佐守　　小笠原幸松丸
建部三次郎　　高木主水正
永井信濃守　　柳生但馬守

外夷拒絶被　仰出期限以後夷船攝海邊ゟ渡來可致も難計候ニ付此度海岸　御巡見防禦筋手厚ニ被　仰付候事ニ就而も畿内近國於諸家別而武門之職を勵ミ勤　王之義を盡し候時と候間急々大坂表ゟ人數出張之儀於江戸相達ニ而可有之候然ル處右之內ニも江戸表ニ而御門番其外夫々御役當被　仰付候面々も有之候間攝海御警衛与し而人數出被　仰付候上も御門番其外御役當都而　御免代り被　仰付候得共御用柄ニ寄り代り之者參府之上交代致し其上ニ而人數差出候樣ニ而も時日も移り急場之御間ニ合兼可申候時勢切迫之折柄ニ付二重之御役當ニ相成難義可有

之候得共暫時之事ニ付別紙割合之通半減ハ此節ゟ在所表ニ備置於江府攝海ニ人數出之儀相達次第直樣大坂表ニ差出於殘人數も交代等相濟候上可成丈差急指出候樣可被致候且又江戸表ニ而御役當り無之面々ニも別紙人數割之通聊無遲滯可被差出候
右之趣爲心得早々可被達候事
五月

非常之節攝海人數出之面々人數銃器等割合左之通
壹萬石ニ付
人數　四拾人程
士分　七人
足輕　三拾人程
小者勝手次第

大炮五六百目以上　一門
小銃　廿挺程
右之通於江戸又々被相達候旨年寄共ゟ申越候ニ付此段爲御心得貴卿方迄申進候
五月十二日
○
八條宰相中將殿學習院傳奏被仰付候事
五月十二日
○
和宮御方ニ爲御使橋本宰相中將殿來ル廿三日出立下向被　仰出候事
五月十二日
○傳奏御月番より所司代ニ御達書之寫

此度攘夷期限御決定ニ付何時兵端相開候事も難計實以切迫之折柄ニ而先達而被　仰出候御守衛兵士早々可差出候尤規則之義も各藩相揃候上追々可被　仰出候得共先伍長一人ニ隊長一人ツヽ之振合を以粗長《本ノマヽ》五長相定但十万石ニ乗馬貳疋ツヽ大砲壹挺小銃三挺ツヽ用意可有之候事

五月

○

非常相圖之義も濱御庭ニおゐて火箭十發打發候ハヽ非常与相心得御曲輪内失火之節之通太皷鐘打交町半鐘才打候筈ニ付火之元才取締置銘々小具足著込火事具才勝手次第著用詰場々々ニ出張可被致候

右之趣万石已上以下之面々へ早々可被相觸候事

亥五月

右之通被　仰渡候間火箭見掛次第市中ニおゐても御曲輪内出火之通町半鐘打可申候此段町々ニ可觸知をの也

亥五月

右之通従町御奉行所被　仰出候間町中不洩様入念早々可相觸候

亥五月十三日　町年寄

役所

五月十四日　御沙汰書

太田備中守

加判之列再職被　仰付候處追々老年耳遠罷成候ニ付御役　御免相願候

未間も無之義ニ付御留も可被遊候處內願之趣無據　御免被成候

右於奥相濟

右之趣詰合布衣以上之面々於芙蓉間老中列座河內守演達之若年寄中侍

座

大目附ゟ

尾張前大納言御事
公方樣御登　京御滯在中御政事向補翼被在之候樣
叡慮を以被　仰出之
右之通於　京都被　仰出候間向々へ可被相觸候
右之通御書付出候間可得其意候

○

五月十六日尾張前大納言殿江攘夷拒絕之御尋ニ付
一昨夜蒙　仰候去十日蠻夷拒絕振寂早日數も相立候儀ニ付關東より急使を以逐一可申越筈之處何等之義も不申達候ニ付御不審相立御沙汰を以御尋問被成下候趣謹而奉畏候大樹初江も申聞候處先以一同奉恐入候乍憚　御沙汰之如く職掌ニ取深心配仕候ニ付其已來取頻攘夷運ひ節々彼地江尋問申遣兎も角も早速此表江申越候樣再三申遣候儀ニ候處未タ何等之否無之不審ニ存取居猶更急使を以催促ニ及候義ニも候得共旣ニ

宸襟をも被惱等閑之段蒙
仰候而も大樹之職掌ニ取片時も難安次第ニ御座候間大樹自身驅向速ニ
拒絶取計候ゟ外ニ致方無之候間幕府東歸蒙　命を候樣仕度候事
五月十八日　　　　尾張前大納言

○

大樹上洛前滯京十日与被　仰出上洛參　內仕候處度々御使等被下就中
加茂　　行幸供奉之節も蒙別段之寵命過感戴之至情速ニ東下致候ニ不
忍勿論其頃英船渡來不穩形勢ニハ候へ共攘夷之義大樹留守中ニ而も可
行向存候間旁今暫滯京致攘夷之義も水戶中納言差遣度奉仰願候所關東
人心只管大樹之東歸を渴望致し居士氣一定難成掃攘行屆兼候段老中ゟ
追々申越尾張大納言ゟも同樣之義急飛を以申越候次第ニ而關東之形勢
大樹東下不仕候而も內地之人心渙（本ノマヽ）散致攘夷難仕勢ニ相成居候故不得已
期限延引相成候事

一橋歸府拒絕應接振如何哉之事當時歸府之上拒絕應接振之事ハ其期ニ銘々言葉之順序ニ有之候得共大意も一時和親交易取結候處元來　奏聞を不經開港之事故闔國人心不居合之廉を以斷然拒絕ニ及應接候事

〇長州侯ゟ傳奏御月番に被差出候書付

當月十日夜亞墨利加國蒸氣船一艘上筋ゟ颿來長門國豐浦郡府中ニ令碇泊候處宰相所持之軍艦貳艘家來之者乘組不圖致出會候付大砲打懸候處何處迯去候哉暗夜之事ニ付行方不相分段同國同郡赤馬關出張之家來より注進候（段脫カ）此屆申上候樣宰相申附越候事

五月十八日

松平大膳大夫內

佐世彥七

〇一橋中納言殿ゟ被差出候書付寫

此度攘夷之　聖旨を奉東歸仕候も全勝算之譯ニ而無御座候　綸言如汗幕意又不可背故ニ而只々關東有司与討死可仕心底ニ御座候處閣老井大小之有志同心仕候者壹人茂無之臣之胸中禍心を包藏仕候由橫議を生し

衆心不服ニ而嫌疑ニ相艱ミ　敕旨貫徹仕候事中々以不相成候抑關東有司之情實并宇内之形勢不相察短才無智之身を以テ重大之攘夷奉命候段不堪恐懼之至奉對　天朝誠ニ以奉恐入候且幕意ニ背候段重々不相濟候義ニ御座候依之謹テ罪ヲ閤（闕カ）下ニ奉待候出格之御垂憐を以テ當職御免相成候樣　天邊之御内奏伏而奉願候誠惶誠恐頓首々々

五月十四日　慶喜

殿下

○

暑氣之砌ニ候處先以彌御清安被爲渡奉恐悅候滯京中も彼是御配意被成下忝奉存候此節も嘸々御多用奉遠察候私義も無滯八日歸府仕候乍憚御安意願候然も別紙御願何卒御聞濟伏而奉願候委細も備前守余四丸迄申遣し置候得も同人より御承知被遊候樣奉願候此段御願迄如此候誠惶々々頓首

五月十四日　　　　　　　　　　　　慶　　喜

殿　下

○姉小路少將殿退出之途中狼藉之者有之ニ付御屆

昨夜亥刻比退出掛ヶ朔平門東之邊ニ而武士躰之者三人計白刄を以不慮ニ及狼藉手傷爲相負迯去候ニ付直ニ歸宅療養仕候其節切付候刀奪取置候依此段御屆申入候夫々急々御通達嚴重御吟味之義賴入候也

五月廿一日　　　　　　　　　　　　公　　知

坊城大納言殿

野宮宰相中將殿

傳奏御月番ゟ所司代牧野備前守殿江御達書

昨夜於朔平門邊ニ姉小路少將及傷之義有之甚以不容易候間九口門今晩ヨリ固之義尤人數之義モ相應勘考可有之旨被　仰出候事

尤晝夜折々見廻可申事

五月廿一日

右之通被　仰出候ニ付　禁中南門始九口門夫々番所取建人數差出嚴重御固メ相成候尤過日御達相成候通非常出火才之節參集之諸藩出張之事

姉小路殿ヨリ御屆書寫

去ル廿日夜亥刻比退去掛不慮之儀有之早速歸宅后大町周防守杉山出雲守安藤精軒近藤愿吉田中亭海野貞次等診察候處三ヶ所手疵面部鼻之下一ヶ所長貳寸五分計目後頭左耳ニ掛一ヶ所長サ五寸計斜ニ深サ四寸頭蓋骨些缺損胸部左軟骨一ヶ所長六寸計深三寸計脉微細ニ付衆醫示談廿硝石精硇砂發揮精等相用連而半身浴縫合術相行針數二十八時尙亦周防守家傳養榮湯相用候得共深手急所之義養生不相叶候間此段御屆申入候宜賴入候也

五月廿三日

上杉彈正大弼 米澤
松平紀伊守 藝州
吉川監物 岩國

姉小路少將及傷之義不容易候ニ付探索之儀被　仰付候事

傳奏御月番へ所司代ゟ被差出候書付寫
償金之事去ル九日於横濱表小笠原圖書頭獨斷償金差遣候旨老中共以書狀申越候ニ付此段貴卿方迄申進候事
五月廿一日

所司代
牧野備前守

姉小路家々來
吉村左京

主人於路頭横難之節拋身命盡忠節之條神妙之至被爲有

御感候旨關白殿被命候事
五月
右之通被　仰出白銀五枚被下之旨三條殿ゟ姉小路殿雜掌御扣御渡相成候事
○
別段姉小路殿ゟ太刀一腰貳人扶持被下用人格被申付
吉川監物
右長門宰相父子爲名代上京警衞被　仰付置候處此度非常之義ニ付堺町門長州家警衞被　仰付候條監物同勢之義も長州家同勢と相加爲致出張候樣被　仰付候事
○
神宮御警衞之義昨年蒙
仰候以來彼是周旋專盡力追々實備可被整旨被　聞食　御滿足被　思召

候旨猶乍此上嚴整有之度　御沙汰之趣重キ蒙　敕命冥加至極難有奉存
候右御禮可被申上使者爲差上候間宜　御奏達之儀奉願候
五月　藤堂和泉守

○

宣旨
故右近衞少將藤原公知朝臣爲　皇國忠誠苦心依
叡感不斜被垂愛憐宜贈　賜參議左近衞權中將
藏人權辨兼右衞門佐藤博房奉
文久三年五月廿五日

○

一橋本宰相中將殿關東下向被　仰出候處被爲在　思召御延引被　仰出
候事
五月廿四日

細川越中守家來
松平土佐守家來

右ハ姉小路殿退出掛途中不容易儀ニ付探索被　仰付候事

○

贈參議左近衛權中將姉小路中將
爲　皇國忠誠苦心依
叡感不斜被垂愛憐被　賜贈
五月廿五日

一廿日夜姉小路殿途中不容易儀有之候ニ付今般傳奏兩役方ヘ御警衛隨從被　仰付候諸侯藩士左之通り

傳奏　坊城大納言殿　因州　小出
野宮宰相中將殿　中川

議奏　廣幡大納言殿　水戸　仙臺
　飛鳥井中納言殿　上杉
　德大寺中納言殿　土佐　藝州
　三條中納言殿　土佐
　長谷三位殿　因州
國事　豐岡大藏卿殿　細川
　東久世少將殿　對州

右

右ニ爲　敕使伊勢へ參向被
仰出來六月三日御發足之事　河鰭少將

一京都御警衛三月詰當七月ゟ九月中加賀中納言殿被　仰付候處來子年御
操替代松平相模守殿ニ被

仰付候事

廿七日

○

東洞院蛸薬師上ル町

薩州藩

田中新兵衛

田中雄平

仁禮源之丞

外ニ小者太郎

右ハ御不審之義有之今朝召捕ニ相成仍之一柳兵部少輔殿學習院江御招

傳議御両役御立會ニ而狼藉者吟味被　仰付三寶院御里坊へ召捕之者引

立糺問有之候事

五月廿六日

○

松平修理大夫家來
島津内藏無足人
田中雄平

右ハ今廿六日御引渡御座候者之内ニ御座候處永〔主カ〕水正御役所ニおゐて爲
相扣置候内今暮前時分自分帶居候脇差を以腹幷首筋ホへ疵を付候ニ付
番之者共右脇差奪取早速醫師呼寄疵口爲縫療治爲致候得共深手ニ而療
養不相叶相果申候間組之者檢使爲致候上死骸鹽詰申付尤番之者爲相愼
置其段牧野備前守殿ニ申上……………………私共不行屆之段
奉恐入奉存候依而差扣可仕哉此段奉伺候以上

五月廿七日

永井主水正
瀧川播磨守

坊城大納言殿

御雜掌中

野宮宰相中將殿

御雜掌中

○

宗　對馬守

攘夷決定ニ就ゐも其藩之義洋海孤立兵粮闕乏之國柄手當方申立及其沙汰候上も速ニ歸國實備相整　御國威海外ニ輝候樣可抽忠誠候事

五月廿七日

○

南御門前　松平紀伊守

建春門前　上杉彈正大弼

朔平門前　奥平大膳大夫

猿ヶ辻南角之邊　一柳兵部少輔

右之御場所御守衛可致旨　御沙汰ニ付則夫々相達候仍爲御心得申入候
事

五月廿七日　松平肥後守

傳奏御兩名

○

二階町之邊　松平左京大夫

新在家御門　牧野備前守

右御警衛被　仰出候事

○

宗對馬守

細川大和守

右御暇被下參　内被　仰出候事

五月廿八日

○

豊岡大藏卿殿
正親町少將殿
東久世少將殿
松平肥後守殿
上杉彈正大弼殿

右ハ姉小路殿一件御吟味筋御用掛被　仰付候事

廿九日

○

松平修理大夫

右姉小路殿一件ニ付乾御門御警衛被免跡代り松平出羽守殿ゟ被
仰付候事

五月廿九日

○

五月廿八日於二條城　御沙汰書老中列座若年寄侍座

宗　對馬守

攘夷期限被　仰出鎖港之及談判候ニ付而も外夷朝鮮國ヘ渡來矢倉を設候聞も在之候處同國之義も年來之御信義も有之候間爲援助出張外夷之策を破り時宜ニ寄り兵威を以服臣可爲致候處元來兵食欠乏之國柄ニ付粮米才之儀厚ク申立之趣尤之次第ニも相聞候間願之通粮米爲御手當米三萬石宛年々三ケ度ニ割合被下候間守戰之實備相立國力を盡御國威海外ニ輝候樣可被致候萬一其效無之節も改而御所置之品も可有之候間其旨可相心得候且又器械軍艦御貸渡之義も御聞届ニ相成候得共當時御數少之事故御都合次第追而可相達候猶亦惣而國中取締向之義願之通追々從　公儀御差圖モ可有之候得共松平大膳大夫ヘも厚申談可被取計候

五月

尊攘堂書類雜記

卷四

尊攘堂書類

雑記

文久三亥年

○

上杉彈正大弼

先祖以來勤　王忠節之舊家士風敦厚之聞有之候間先達賜暇候得共追々形勢不容易候就而も御用被爲在候間滯京被　仰出候事

八月

毛利讚岐守

右も今般　敕使被差向候ニ付長門宰相同少將幷毛利左京亮等爲名代上京則御礼被申上候ニ就參　內被
仰出候事

但賜　天盃

八月七日

毛利左京亮

禁裏御所い献上

御太刀　御馬代黄金壹枚

右ゟ従　御所別段段（マヽ）　監察使被差遣候爲御礼之献上物有之候得共其外ゟ献上物無之口上ニ而御礼被申上候事

稲葉長門守

分部若狭守

參　内被　仰出賜　天盃候事

八月七日

八月十三日於　宮中御沙汰

爲今度攘夷　御祈願大和國ヘ　行幸

神武帝　山陵　春日社等ヘ　御拝被爲在暫く　御逗留　御親征軍議被爲在其上　神宮ヘ　行幸被爲　在候旨被　仰出候事

八月十三日

滋野井侍従
西四辻大夫

右先達ゟ差扣被　仰付置候處今十三日被　免候事

松平相模守
上杉彈正大弼
松平淡路守
松平備前守
松平伊勢守
分部若狹守
松浦豐後守

所司代　稻葉長門守

古參　內被　仰出候事

八月十三日

○　東園中將

四條侍從

右爲監察使紀州表并明石表夫ゟ淡路島等江下向被　仰出過日御發途相成候處紀州加田之浦ゟ軍艦御乘船ニ而泉州岸和田江御上陸炮臺御一覽夫ゟ十三日伏見驛御一泊翌十四日歸京相成候事

○　錦小路右馬頭

右爲　敕使來廿日京師發足ニ而小倉表江參向被　仰出候事

八月十四日

○八月十九日幕府江御沙汰書寫

去六月廿九日攘夷期限等之義不都合之次第非一候ニ付以小栗長門守（禁裏御附武家）を御沙汰之處數日否之御答不申上候ニ付幸七月廿四日松平（伊豫松山）式部大輔出府之便同　天氣登京之砌前件御催促被　仰付候處今以因循相過如何之儀思召候迅速可奨攘夷之成功嚴重　御沙汰之事

八月

○御老中井上河内守殿御達書付

今度上方筋不容易事變有之人心動搖之折柄右殘黨も勿論其余心得違之者有之此上如何樣之事變ヲ企可申も難計候間萬一之節銘々領分ハ勿論他領共申合相互ニ應援致し且又最寄御領其外寺社御少領所ホ警衛向手薄之場所ハ不待差圖時宜次第出勢致取締方手拔無之樣兼而心掛候樣可被致候

右之趣中國九州領分有之万石以上之面々へ可相觸候

八月

中山大納言嫡子之由浪士相交り六十人計具足著用拔乃鎗長刀を携河州狹山北條相模守陣屋其外ニ而　敕命与僞武具馬具借受候由申聞候間右於領主夫々嚴重ニ致手配右樣乱妨之者見懸次第早速召捕月番老中に可被申聞候

右之趣万石以上之面々に不洩樣可被相觸候

八月

〇

去ル十五日傳奏野宮宰相中將殿に家來之者被　召呼今度和州勢州等行幸ニ付御用有之候間拙者義早々上京可仕旨　御沙汰之趣以御書取被仰渡候ニ付同十八日致上京候折柄　御所邊物騷敷風聞有之候ニ付松平肥後守殿に伺之上參　內致し候處今出川御門御手薄ニ付相固候樣

被　仰渡候依之早速先手人數差出相固メ申候拙者ハ手元之人數召連參
内之儘同夜不寐之勤仕被　仰渡候且翌十九日ゟ學習院ニ相詰罷在
御所向御警衞相勤候樣被　仰付候此段以使者御案内申入候

八月廿二日　　本多主膳正使者

高岡　紀

松平肥後守

在京ニ付

名代家老

田中土佐

御刀　筑前國興行
御脇差　備前國守重

此度於京都不容易事變之處精々盡力鎭靜方行届滿足ニ候依之差料遣之
猶此上共國家之爲盡力可有事

八月廿五日

河内守殿御渡八月廿七日

大目付　小〔御カ〕目付ゟ

今度上方筋不容易事變有之人心動搖之折柄右殘黨も勿論其余心得違之者有之此上何樣之事變を企事も難計候間万一之節銘々領分之固も勿論他領共申合相互ニ應援いたし是又㝡寄御領所其外寺領社領等警衛向手薄之場所も差圖ヲ不待時宜次第出勢致取鎮方手抜無之樣兼而心掛候樣可被致候

右之趣中國九州ニ領分有之万石領〔以上カ〕之面々ゟ可被相觸候

八月

河内守殿御渡

中山大納言嫡子之由浪士相交六拾人計具足著用抜身鎗長刀携河州狹山

北條相模守陣屋其外ニ而　勅命ヲ偽武具馬具才借請候由相聞候於領分〔主カ〕
而も夫々厳重ニ手配いたし右様乱妨之者見掛次第早速召捕月番老中可
被〔申脱カ〕聞時宜ニ寄候ハヽ切捨いたし候共不苦候
右之通万石以上之面々不洩様早々可被相觸候

○因幡守殿御渡

内海御警衛御殿山下御臺場松平阿波守ヘ御預ケ被　仰付置候處神奈川
宿御警衛被　仰付候ニ付御免被成候間右場所ヘ水戸殿人數御差出厳重
御守衛有之様可被成候

一非常御警衛として鈴ケ森邊ゟ六合川邊迄御固人數水戸殿ゟ御差出可被
成候御場所引渡之義も大目付へ御聞合可被成候

非常爲御警衛

神奈川　松平阿波守
　　　　内藤長壽麻呂

羽根田邊

品川宿

赤羽根

宮增道玄坂

邊ゟ駒場野

代々木邊ゟ

新宿

永代橋

新大橋

間部下総守

松平能登守

牧野内膳正

本多豊後守

奥平大膳大夫

松平大和守

伊達遠江守

伊達若狹守

稻葉右京亮

松平爲五郎

松平佐渡守

松前伊豆守

水野肥前守

兩國橋
佃島
東橋
中川口
市川渡
下板橋

內藤金一郎
堀田三四郎
井上筑後守
細川大和守
毛利伊勢守
片桐主膳正
津輕式部少輔
岩城左京大夫
牧野錠吉
織田兵部少輔
安藤利三郎
森川內膳正
松平飛驒守

織田信濃守
柳澤新三郎
松平助十郎
酒井石見守

飛鳥山邊

千住

○

因幡守殿御渡

大久保加賀守
戸澤上総介

京都表不穩形勢相聞候ニ付爲御警衛被差遣候間其心得を以用意致支度出來次第急速出立可被致候尤近々御暇被下候事可有之候

永井主水正
瀧川播磨守

鎖港之義近々御取懸り相成候ニ付而も攝海之儀も　帝都近ニも有之御不安心ニ被　思食候ニ付尾張大納言殿早々御登坂相成攝海帝都近傍之場御警衛御指揮有之樣被　仰出御人數之儀も追々被召登不取敢御入城有之候樣前大納言殿江被　仰出候旨年寄衆ゟ申來候間爲心得相達候以上

八月廿八日　　　　有栖川帥宮御方

○

爲攘夷別　勅關東へ下向被仰出候事

九月五日　　　　大原前左衛門督殿

右同樣副使被　仰出候事

但依所勞御理被　仰上候事

○

土佐
山内兵之助

加州家老
本田播磨守

右參　内被　仰出其節拜領物被　仰出候事

御末廣　白羽二重五疋ッヽ

○從　御所御親兵諸藩御達書寫

爲御守衛諸藩應石高强幹忠勇選士貢献之儀御沙汰ニ付先頃以來追々貢献深　御滿足ニ被　思食候然ル處當節富國强兵武備充實專要之折柄ニ而各藩右選士貢献候而も自然費用嵩疲弊之一端ニも相成候而も御不本意ニ被　思食候間御殘念ニも被　思食候得共各被差送〔返カ〕候旨被　仰出候

事

但人數之儀も屋鋪ニ差置非常御警衛可有之御守衛之名目ニ而も無之候事

九月七日

右之通親兵一列江相達候樣松平肥後守へ傳奏衆ゟ被差越候書付寫相達候被得其意同席江も早々可被相達候

昨夜所司代稻葉長門守殿ゟ御呼出ニ而公用人田崎雄策を以右御書付御達御座候間爲御心得申入候

○

一九月六日被　仰出候何も弓銕炮鑓其外武器具足類所持

今出川寺町ゟ八條殿町角迄　松平三河守

八條殿町角ゟ室町迄　松平備前守

室町南ゟ上長者町迄　尾州家

丸太町ゟ東洞院迄
東洞院ゟ境町迄
境町ゟ寺町迄
寺町丸太町北ゟ廣小路迄
廣小路北ゟ今出川迄
上長者町ゟ丸太町迄
鞍馬口
今出川
丸太町口
三條大橋西詰
五條橋西詰
堀川寺之內
同三條

松平相模守
上杉家
雲州家
松平淡路守
土州家代 山內兵之助
水戶侍從
仙臺家
有馬家
加藤出羽守
薩州家
加藤越中守
藤堂大學頭
加州家

同中立賣　松平美濃守
新町頭　細川家代 永岡内膳
下立賣通り御前通　關備中守
千本通三條　因州分家 松平爲五郎
三條烏丸　紀州家
千本四條　分部若狹守
千本二條　藝州家
右之通被　仰渡七日朝ゟ嚴重御警衛

○

此度有栖川帥宮樣爲監察使關東江御下向ニ付私共隨從仕其上攘夷之
叡慮徹底仕候樣周旋可致旨被　仰付難有仕合奉存候然ル處此義も當春
水戸中納言大樹爲目代下向引續一橋中納言東歸相共ニ盡力仕候處事情
更ニ被行不申其後於大樹茂　朝意遵奉歸府被致候へ共今以實効相顯

不申痛心之至ニ御座候且方今關東之事情洞察仕候處因循之說盛ニ被行迚も攘夷之儀難計勢ニ御座候乍併此度之監察使も是迄無類高貴之御方御參向之事故（脫アルカ）・無之候ハヽ不肖之微臣才百萬周旋仕候共無功之義も顯然ニ而　皇國寸分之御補益ニも相成不申樣奉存候其上水戸一橋等も兄弟之義嫌疑も有之候間此段深御斟酌被爲成下今般之重任御看仕候ニ相當恐懼無此上奉存候間聊愚衷奉申上候抑當今外患差競居攝海可守第一ハ明石加田鑒要之關門ニ御座候繼而備前讃岐之間海路相迫り島々散布實ニ可賴之地ニ有之仍而鹽飽島之內可然上地持場被　仰付候ハヽ地理見聞之上國力を盡し礮臺造築仕通船之夷賊防禦仕以是替ニ今日之罪を贖申度右之趣備前守始家來一同伏而奉懇願候以上

九月　　　　松平備前守

○傳奏衆ゟ所司代に被達候書件寫

元來御守衞被差返候儀も富國强兵武備充實之折柄費用御厭被下難有

思食より被　仰出候儀ニ候得共自然主人在京無之者又屋鋪無之族を勝
手ニ在所へ引取候樣尤御用有之候節も被　召寄候筈
御沙汰之事
九月十一日
右之通被　仰出候間爲心得相達候
○
文久三亥年九月十五日遠江守殿御渡
大目付
御目付へ相達候書付
先達而以來一揆蜂起之義ニ付不被爲安
宸襟過日討手之儀被　仰出候得共捷報無之猶豫之形ニ相見彌以被惱
叡慮候策略之次第も可有之候得共嚴重申付寸刻も早々打取鎭靜有之候
樣昨今再度以野宮宰相中將被　仰出候間急々退治被達　奏聞候事
九月十六日

右之通於　京都紀伊殿藤堂和泉守井伊掃部頭松平甲斐守ゟ松平肥後守
ゟ相達候趣達　御聽候處速ニ打取奉安
叡慮候樣嚴重之所置可有之旨被　仰出候段相達候間右之趣爲心得向々
ゟ可被達候事
九月
右之通大目付御目付ゟ相達候事
九月十六日
爲御守衞諸藩應石高强幹忠勇選士貢献之儀御沙汰ニ付先頃已來追々貢
献深　御滿足　思召候然ル處當節富國强兵武備充實專要之折柄各藩選
士貢献候而も自然費用相嵩疲勞之一端ニも相成候而も　御不本意ニ
思召候間御殘念ニも　思食候得共各被　差返候旨被　仰出候事
但人數屋敷差置非常御警衞可有之尤御守衞名目ニも無之候事
右之通於　京都被　仰出候間万石以上之面々ゟ可相達候

九月

右之通大目付御目付ゟ相達候事

九月十六日

○九月十四日江戸市中觸書之寫

今十四日横濱鎖港之應接有之候ニ付自然兵端を開候場合可到哉も難計候段相觸候ニ付ゐも海岸最寄も勿論其餘之町々共女子老人病者之類在方身寄其外へ立退候樣勝手次第之義ニ付其段篤与申聞候尤猥ニ動搖不致樣男子之義も相殘火之元其外取締向嚴重ニ心得尤其期ニ臨ミ不覺悟之儀無之樣可致候

九月

松平壹岐守

過日以來滯京御守衛勤仕深

御滿足　思食候今度賜暇候間早々出府鎖港之義周旋可有之被　仰出候

事

九月

○九月廿一日周防守殿被　仰渡寫

上使　井　伊　掃　部　頭

副使　松　平　肥　前　守

差添　立　花　大　膳　大　夫

右ハ松平大膳大夫達　勅背台命　上使ニハ對シ不屆有之候ニ付長州ニ相越相糺父子之者召連可相歸異儀ニおよひ候ハヽ討捕候樣兼而隣國諸侯ニも御下知有之候間委細之義ハ松平肥前守ニハ可申談候事

細川有馬黑田藝州備前因州外壹頭七頭ニハ御下知有之候事

一拾万石以上之諸藩石高ニ應爲　御親兵人數被差登候處此度被免候ニ付是迄出京罷在候御守衞相勤候藩々へ從　禁裏御所御金被下置候割合

左之通

金千疋ツヽ隊長へ金貳両ツヽ伍長へ

金壹両貳分ツヽ戰士へ

合金千八百両之是ハ傳奏御月番飛鳥井殿亭へ御守衛御用掛罷越夫々留

守居又も隊長之向御呼出し被相渡候事

九月廿三日

戸澤上総介

二階町御警衛京極佐渡守被免代り被　仰付候事

關白左大臣鷹司殿

差扣被免候旨被　仰出候事

牧野備前守

老中加判列被　仰付候事

九月廿四日

二條右大臣殿

關白御内意被　仰出候事

九月廿五日

○

前澤少將

久々滯京精勤　叡感被爲　在候依之格別之以　思召左近衞權中將推

任被　宣下候事

九月廿二日

傳奏衆ゟ附武家へ御達ニ付三口御門番〻達書之寫

細川越中守
弟
長岡澄之助

長岡良之助

朝廷御守衞被　仰付置候ニ付當番之節一條殿西園寺家之內相扣居自然非常之義差起候ハヽ六條本陣ゟ人數操出し候筈ニ付左之三口御門方角便利ニ付越中守手之人數晝夜何時ニ不限出入無差支樣越中守家來共申立候段被　仰渡候事

亥九月

三口御門番〻可相達候

寺町御門

蛤御門

中立賣御門

明廿一日於飛鳥井殿亭口　宣御渡之旨稻葉長門守ゟ相達承知仕候然ル處頭痛氣ニ付名代番頭山田求馬を以頂戴可仕候此段御屆申上候以上

九月廿日

松平下総守留守居
平　野　俊　吾

謹言上奉候此度一橋中納言以書翰申越候條去ル十四日ゟ橫濱鎖港談判ニ取掛候儀相違無御座候間聊被爲安　宸襟被下度奉存候依之不取敢奏聞仕候誠惶謹言

九月廿七日

會　津　中　將

久世　桂川

右御警衛京極佐渡守長岡內膳へ申付候此段貴卿方迄爲御心得申入置候事

會津中將

九月廿七日

飛鳥井中納言殿

野宮宰相中將殿

○

謹而奉言上候方今列侯已下藩士ニ至候迄尊王攘夷を基本と致候得共或ハ強悍或ハ寛柔ニ僻候ゟ物議矛盾遂ニ國内煽乱ヲ釀候ニ至候依而横濱ヲ鎖シ目前之患も無之人心一和仕候半右ニ付年來被惱　叡慮候ゟ此節關東ニ而右之所置取掛候處萬一今日ニ至り廢開致候而ハ益醜虜之侮りを受候而已不成迚も闔國鎮靜難相成哉奉存候間乍不及幕府を奬誘シ鎖港之成功を遂候様仕度何卒過日奉献言候通　帥宮様御東下之義ハ暫御猶豫被成下且過激之輩心得違疎暴之所業無之様更ニ列藩へ被　仰出攘夷策略之義ハ都而幕府へ御委任被遊鎖港談判之上大樹上洛誠實ニ御國内一致一力ニ相成候上ハ奉安

宸憂下ハ億兆安堵仕候樣奉懇願候誠恐誠惶頓首敬白

十月　前大納言慶勝上

右ハ十月二日尾張前大納言殿紀伊中納言殿會津中將殿ヘ參　內有之

右書付傳奏衆ヘ被差出則御落手ニ相成候末　帥宮御東下暫時延引被

仰

○

當今在京諸侯尾張前大納言　紀伊中納言　水戸侍從余四丸　松平肥後守會津　松平相模守因州　松平備前守岡山　松平淡路守阿波　戸田釆女正大垣　松平紀伊守藝州　松平爲五郎　松平下總守忍　阿部播磨守白川　戸澤上總介新庄　分部若狹守大溝　京極佐渡守丸龜　加藤出羽守大洲　織田山城守柏原　加藤越中守水口　本多主膳正膳所　松平伊勢守鳥取分家　松平壹岐守松山分家　池田昇丸備前分家　藤堂大學頭津　細川良之助肥後　關備前守

成瀬隼人正尾州重臣　水野大炊頭紀州重臣　本多播磨守加州重臣　長岡内膳肥後重臣　蜂須賀大和阿波重臣　荒尾但馬因州重臣　島津和泉薩州分家　十月三日上京

依願建春門前守衞被　仰出尾張前大納言慶勝十月朔日

○傳奏衆ゟ所司代江御沙汰書寫

今般於關東鎖港及談判候旨言上有之候間攘夷之義總而揮輕奉暴發之輩無之様諸藩家來夫々江可被示聞候事

今度被　仰渡候義有之大樹上洛被仰出留守中自然横濱鎖港談判相弛候而も不宜被　思召候間可然者江委任鎖港之成功有之候様被仰出候事

過日横濱鎖港取掛り候旨言上委細被　聞食度旨一橋中納言可有上京被仰出候得猶亦　大樹ニも尋被

仰渡ニ付引續早々上洛有之樣被遊度
御沙汰候事尤過日　御沙汰之通一橋中納言ニも可有上京之事
十月十四日

○

先達中御築地內不穩趣右京大夫奉承知急速上京可奉伺　天氣心底御
座候處先日以使者申上候通病氣出來不出來有之何分發足相成兼不本意
之段殘念至極奉存候依之一ト先一門家老戶村十太夫を以奉伺候然ハ其
外家來共爲差登候義此程御屆申上候通段々國許出足仕八日一同御當地
到著仕候間御警衞之人數は被差加被下候ハヽ難有仕合奉存候右京大夫
義猶又精々療養相盡快氣次第早速上京可仕奉存候此段申上候樣申付越
候已上

十月十九日　佐竹右京大夫內

戶村十太夫

○

一十月十日但馬生野銀山眞言宗遠王寺と申寺ニ浪士貳人罷越申立候ハ藝州浪士ニ而四十人計集り候ニ付寺内借用致度旨申入翌十一日浪士躰之者凡四十人計罷越直様甲冑を著銀山御役所江押掛御代官所へ罷越候處御代官川上猪太郎此節御支配備中倉敷へ検見出張中ニ而手代元〆才四人計殘有之暫日延之義申聞候得共不致承知四人之役人を追出し御役所を請取御金藏才奪取候由夫ゟ村々役人ニ申付五百三石ツヽ白米ニ致し持參可致旨申聞夫々支度致候趣同十二日銀山領村々江具足著用之浪士相交り人數催促歩行候ニ付村々ゟ百姓早鐘太皷才ニ而寄集候勢揃致し候由道具ハ竹鎗鳶口其外在來之武器所持ニ而罷越候同十三日集候人數凡四五百人と申由ニ有之

十二日但馬山口村ニ而浪士七人具足を著早追駕籠ニ而一挺貳三十人計大急キニ而村々人數催促致し追々同所竹田邊ニ罷越候由銀山役人拔身

鎗ニ而同所奥物之部村へ罷越候由右竹田村邊ゟ奥向も多人數集り候ニ付通難相成候浪士方之人數何程共聢与不相分候へ共凡百四五十人計も有之候

右ハ丹州篠山ゟ探索書之寫

昨夜仙石讃岐守家來之者罷越八月中脱走致し候故澤主水正事姉小路五郎丸と改名致し京師へ內願之筋有之罷登候趣ニ而十一日夕同勢三拾人程但馬國代官支配所生野陣內借受度旨申出同所川上猪太郎義檢見留守中ニ有之殊ニ差拒候ハヽ暴發之趣申聞不得止陣內丈ヶ明渡申候依之人數操出し方有之候様致度讃岐守申出候ニ付讃岐守三番手迄人數差出候旨申越候此段御屆申上候以上

十月

十月十五日松平肥後守殿ゟ御達書付寫

脇坂淡路守

但馬國生野銀山邊ニ去ル八月十八日脱走致候元澤主水正事姉小路五郎丸与改名致京都ニ内願有之罷上候趣ニ而去十一日夕同勢三十人程生野御代官陣屋借受度申出折節川上猪太郎檢見留守中ニ有之殊ニ差拒候ハヽ暴發致候趣申聞不容易勢ニ付仙石讃岐守三番手人數差出候趣申越候處此上乱妨之所行ニ及候も難量都合次第人數差出候樣可申合旨讃岐守ニ申含置候同人ニ一左右人數差出候樣心掛可置候尤酒井雅樂頭松平伯耆守青山因幡守織田山城守京極飛驒守朽木近江守同樣相達候事

○

當今不容易御時節私義上京仕候樣再三之
勅命奉承知恐懼至極奉存候上京之上猶亦御當地之形勢四方之情態熟察仕候處誠以重大之御場合と奉存候ニ付聊愚存之趣奉言上候抑　皇國内外御危急之時節ニ當り萬民之困苦ヲ見ルニ忍玉ハヽ忝モ未曾有之

御英斷を以去年以來大政御變革官武一致之御事業被施行殆ト御成就之時機ニ至候處何分當時之成行ニ而ハ
叡慮宇內擴充各國一致四民安堵之場合ニ至り兼既ニ八月十八日一擧之如キ深被爲惱
宸襟候御事ハ小臣怨痛流涕之至ニ不奉堪畢竟臣子之重罪不可遁儀ニ御座候得共乍恐　朝廷之御舊弊も被爲在候御事与奉存候伏願ハ以來始
至尊左右輔弼之公卿方急度天下之形勢人情事變被洞察永世不朽之御基本相立候樣遠大之御見識相居り聊之儀ニ御動轉不被爲在候處專要之儀と奉存候朝令夕改御政令之輕々出候者自古衰世之習ニ御座候間此機會ニ乘し　皇國挽回之道被爲立候も右之御大志屹度被爲在候上ならてハ如何樣之良法奇策御採用相成候而も全其詮有之間敷本立道生之明訓能々御省察被爲在度奉存候右乍恐　朝廷御振軸相居候大急務与奉存候未御用之趣も不奉承知候得共大事之御時節默止罷在候而ハ本意ニ無之

愚存之趣言上仕候御所置之次第緩急ニ付而も愚昧之小臣一己之存意ヲ
以難申上候間列藩上京之上天下之公議御採用大策御決定被爲在度候事
与奉存候誠惶誠恐頓首敬白
亥十月十五日　島津三郎拜
○
亥十月廿日
和泉守殿
周防守殿　御渡候書付寫
此度於關東鎖港及談判候旨言上有之候間攘夷之儀總而得幕府之指揮輕
擧暴脱發之輩無之樣諸藩家來末々迄可被示聞事
十月
右之通
御所ゟ被　仰出候間諸藩末々迄御趣意之趣厚相心得候樣嚴重可被申聞

候

右之趣万石以上以下之向々ニ不洩樣早々可被相觸候

十月

尊攘堂書類雜記

卷五

尊攘堂書類

慶應二年

雑記

○紀伊中納言殿建白之寫

去夏　御進發以來茂承不省《マヽ》之身ヲ以辱モ総督之命を蒙り國力を傾ケ敝賦を盡し當地ゟ出張罷在舊冬迄殆ト巨萬之横《マヽ》費有之候得共實ニ不容易時勢効忠盡力秋与奉存候ニ付右才費弊不顧多分經理仕候而今日迄相勤罷在候處唯々此御一擧ニ而幕府之御威積處相立就而も海内久安之基處可被爲立事与日夜奉欽望之儀ニ御座候然ル處此度御紀問も相濟追々御手續も相付キ御所置振一條ニ相成候義ニ御座候右も無此上大事ニ付容易ニ決論致し難キ儀ニ候得共竊ニ愚考仕候所ニ而も此度之御大擧實ニ海内治乱機　幕府御興廢之堺与奉存候如此御大造　御進發ニ相成候も全ク一勞永逸ニ《之カ》ためし《之カ》御長東とゝ處奉存候得共何分ニも此度も嚴重之御所置御座候而天下之耳目を一洗致し長防之外諸藩之内も萬々一覬覦之念ヲ抱キ候者有之候得共《マヽ》此御大擧ニ而お笄《ホノマヽ》右之禍心をも消滅致し候

樣恢豁之御處置有御座度事ニ奉存候若又萬々一目前苟安ヲ計り曖昧之
御所置オ有之候ゐも今日海內諸藩之誹器を招き候而已ならは引續又々
干戈を動シ候ゐも不相濟樣成行詰り幕府之御威勢御氣力共ニ衰果靡乱
鼎沸之世与可相成与深く憂慮仕候他藩も不知弊藩之如キ最早引續再擧
之氣力無覺束候ニ付何分此度之御一擧ニも御盪平御座候樣若彼嚴命を
抗拒仕候儀も候ハゝも弊藩費弊之餘与いへとも直樣畒甲凋兵を進メ諸道
具之寄手力ヲ戮しゐ
天朝幕府之御威靈ニ依仗し義旗ヲ建テ　朝敵を征討仕候事ニ候へ共必
定虜膽を奪ヒ徽功ヲ奏し可申何分ニモ此度も効忠之秋与奉存候ニ付兼
ゐ死力を盡し可申与覺悟致罷在候仰願ハ目前姑息之御處置無之海內蒼
生之爲メニ久安之　御陳策御座候樣奉深禱懇願度此段伏ゐ奉建白候頓
首敬白
慶應二丙寅年

正月

茂承

○

一於大坂表尾張前大納言玄同殿江御達書之由

徳川玄同殿

江戸表御手薄ニ付御留守御心得被成候樣被　仰付候間早々御出府可被有之候依之　御進發御供之義も御免被成候旨被　仰出候事

元千代殿家老衆江

尾張前大納言殿

御進發御後備之儀玄同殿御心得被爲在候處今度御出府被　仰出候ニ付而も御後備之義前大納言殿御心得被成候樣被　仰出候此上之御模樣次第當地

御進發被爲在候ハヽ早々御登坂引續御出張被成候樣与の　御意ニ候當地御進發迄も成瀬隼人正人數引纒早々上坂候樣被　仰出候間其段元千

代殿玄同殿江可被申上候

正月五日

右御書付之通御沙汰有之候ニ付玄同殿正月十一日大坂表出立同十二日上京尚又十四日京師出立出府被有之候趣之處内實も名古屋表ニ而先滯留与申候由右玄同殿儀歸國有之候而も國内混雜之儀も出來候ヤ難計候ニ付其邊之儀ニ而公儀ゟ御出府之義被　仰出候由

酒井飛驒守

洞ケ峠御警衞被　仰付候處人少之義且在所高雪ニ而武器荷物才運送難出來依之今暫之處御猶豫之義願立被差出候事

酒井若狹守

毛利大膳家來共多人數押而入京迫
禁闕及乱妨候節家來共固場所ニ於賊徒共打〔取脫カ〕・召捕候趣一段之事ニ被　思召其節出張之家來共江金五百両被下候間功之次第ニ依り相應割賦候様

可被致旨被
仰付候ニ付右御請御禮申上候
正月九日

兼而伺濟之上下嵯峨渡月橋脇ニ囘番所并柵門取建御目付ゟ御差圖之通
り舊臘廿九日ゟ勤番爲仕候ニ付此段御屆申上候
土井能登守

下鴨ニ御警衞爲交代人數六拾人在所表ゟ爲差登候ニ付此段御屆申上候
仙石讃岐守

右京大夫義小濱表ニ養生奉願去九日在所著仕候
酒井若狹守

一御老中板倉伊賀守殿小笠原壹岐守殿大小御目付四人過日大坂表ゟ上京
右ハ長防御處置御決論ニ付五ケ條廉々爲　奏聞松平肥後守殿一橋中納
言殿松平越中守殿兩閣老方參　内有之其節從

御所　御思召被　仰出候御書付之由寫
長防處置之儀祖先ゟ勤功も有之候ニ付寛典被行候　思召之處決議言
上被　聞食候猶國内平穩可奉安
宸襟被　仰出候事
　正月廿二日

於大坂表ニ土州侯江御達書　松平土佐守
長防御所置之義御模樣ニ依り大坂表
御進發も被遊候得共京都表自然御手薄ニも相成　御掛念　思召候處其
方家之義も兼而爲　國家深存込候段御依賴被　思召候間追而　御沙汰
次第速ニ上京御守衞勤候樣被　仰出候此段兼而爲心得達置候事
　正月十日

○幕府御建白

毛利大膳父子家政不行屆家來共一昨年七月父子黑印之軍令狀所持京都江乱入奉對

禁闕及發砲候段不恐

天朝所業不屆至極ニ付大膳父子可處嚴科處益田右衛門介福原越後國司信濃才ニ於テハ條々之主意取失非義及暴動候ニ付主人斬首之上備實檢井參謀之者共夫々加誅戮任用失人之段深恐入悔悟伏罪相愼可罷在之趣自判之書を以申立猶其後趣旨件々相聞候ニ付永井主水正戸川鉡三郎松野孫八郎差遣相糺候處彌恭順謹愼罷在候趣ニ付大膳父子　朝敵之罪名相除候乍去畢竟不明紵帥之道を失家來之者犯　朝敵之名候段重科不輕雖然祖先以來之忠勤を思ひ格別寛大之主意を以高之內拾壹《マヽ》萬石取上大膳ハ蟄居隱居長門も永蟄居家督之義も可然者相撰ミ可申付候右衛門介越後信濃家之儀も永世可爲斷絕候此段遂

奏聞候以上

正月

右正月廿二日板倉小笠原より差出候

敕書

長防所置之義ㇵ祖先より勤功も有之候ニ付寛典被行候　思召之處

決議言上被　聞食候猶國内平穏可奉安

宸襟被　仰出候事

右同日両閣老ㇸ御渡

○閣老板倉伊賀守殿御渡書付寫

毛利大膳父子伏罪之儀御疑惑之躰ニ相聞候ニ付大目付御目付を以御糺

問有之候處彌恭順謹愼罷在候段一昨年自判之證書を以申立候之通相違

無之趣ニ付寛大之御趣意を以御所置之義

御奏聞相成候就ゟㇵ壹岐守事藝州表ㇸ罷越御裁許可申渡旨被

仰出候間此段相達候

右之通万石以上御供之面々ニ可被相達候

新選組浪士取締役

近藤　勇

伊藤甲子太郎

篠原泰之丞

尾形俊太郎

右四人之者廿四日夜會津侯ゟ御沙汰ニ付罷出候義も今度長防御處置之儀ニ付又々大小監察使方藝州廣島表御差向ニ相成候間爲附属右出張被仰付不取敢下坂有之候事

正月廿七日

○傳奏方ニ尾張前大納言殿ゟ被差出候書付

謹而奉言上候臣慶勝義先般格別之以

御沙汰暫於國許養士氣大樹上坂以前早々上京可仕旨被　仰出候然ル處其後持病之上逆上眩暈時々強差發押而も上途難仕御座候ニ付暫　御猶豫被成下候樣　御聞置之儀奉歎願置候次第御座候處今般大樹進發後備之儀玄同跡相心得候樣大樹より申越此上之模樣次第大坂表進發仕候得も早々登坂引續出張可致旨をも申越候付而も未所勞中ニも候得共此節上坂可仕与申次第ニも無御座候ニ付先々大樹ゟ申越候趣承知之段相答申候此段　御聞置御座候樣仕度奉存候誠恐誠惶頓首敬白

正月　前大納言慶勝上

○

一今度長防御所置御取掛ニ付爲御用御老中小笠原壹岐守殿藝州廣島表に御出張被仰付依之隨從被仰付御役人方左之通但シ大坂表ゟ御軍艦ニ而三四日頃出帆之由

大目付外國奉行兼帶　永井主水正殿

大目付　室賀伊豫守殿

御勘定奉行兼大坂町奉行　井上備後守殿
外國奉行御軍艦奉行兼　木下大内記殿
御目付　牧野若狭守殿
同　小林甚六郎殿
御使番　酒井數馬殿
同　石井八十郎殿
同　曾我權左衞門殿
奥御祐筆頭取　片山與八郎殿
両御番格奥御祐筆　湯淺貫一郎殿
奥御祐筆　佐久間三藏殿

右

右之通被　仰付外ニ新選組浪士附属

〇宍戸備後介より藝州ゟ差出候内演舌書

別紙寫之通國元ゟ以急使致報知候定ゐ於尊藩も頓ニも傳聞仕候事かハ不存候得共猶爲心得申越候との事ニゐ偖別紙之樣ニ候得共實ニ闔國意外之御沙汰ニ被爲立到士民一統驚駭仕是迄主人父子底意士民情實共逐一縷述仕於監察方も巨細被聞屆候御甲斐も無之義与孰れも（　　）候樣子ニ御座候併道路之語全《マヽ》一取留候事ニも無之萬一ハ虚說かも不存候得共追々御耳入置候通國情切迫之砌虚說なり共愚意仕候故鳥渡御聞置（　）い右樣之御沙汰被仰出候節も國內鎭靜も仕兼候事ニ茂立至候哉尤朝廷江之奏聞書ハ如何在之候哉未拜見不仕候得共　朝廷ゟ被　仰出候文面ニ付推考仕候ハヽ幕府御處置振

叡慮与齟齬仕候歟与相見へ旁疑敷御座候故彼是御聞糺之程願度每度御面倒ニも候得共態ト申越候義故何与歟返答不申遣候ゐも彌一統不安心ニ存候ニ付何分之處御聞セ可被下候以上

二月

○閣老板倉伊賀守被渡候書付寫

毛利大膳父子　御裁許之儀別紙之通相達候万一致違背ニ於テハ速ニ御征伐相成候間尚心緩之義無之樣可被致候

別紙御所置言上書寫

朝敵之汚名除之事

封土拾万石削地之事

大膳蟄居隱居之事

長門永蟄居之事

家督可然人物選候事

三暴臣家名斷絕之事

一四月朔日於大坂表松平安藝守留守居呼出〻〻ニ〻〻〻相渡尤去月相渡候分も見合相成候ニ付安藝守方ゟ指戻ス

別紙書付宍戸備後介ニ早々相達候樣可仕候

松平安藝守

毛利大膳毛利長門幷惣領與丸ニ相達候儀有之候間來廿一日迄ニ廣島表ニ可被出候若病氣ニ候ハヽ末家幷一門之内爲名代可差出候

宍戸備後介

右之趣早々罷歸大膳始ニ可相通候

別紙書付相達候間毛利大膳毛利長門毛利左京毛利淡路毛利讃岐吉川監物ニ其方ゟ可被達候

松平安藝守

本家大膳父子幷長門惣領ニ申渡旨有之候ニ付先達而其方ニ相達候儀有之廣島表ニ可被罷出旨相達置候儀ニ付若病氣ニ候共押而來ル廿一日迄可致出藝候尤押而難罷出候ハヽ重臣之内壹人可被差出候

毛利左京

四月

毛利淡路
毛利讃岐
吉川監物

右三人共同文言

毛利大膳家老
宍戸備前
毛利筑前

右之者共ゟ相達候義有之候間廣島表ゟ可被差出候先達ゐ相達置候儀ニ付若病氣ニ候与も押ゐ來ル廿一日迄ニ罷出候樣可被申付候

四月

松平安藝守

宍戸備後介始一同御用相濟候間早々當地引拂致歸國候樣可被相達候

四月　宍戸備後介

今般毛利大膳父子
御裁許相達候ニ付而ハ一昨子年江戸表ニおゐて御預ケ相成候大膳并末
家妻子与も廣島表ニおゐて引渡相成候ニ付到著次第猶可相達候間請取
之者可差出候樣可致候此段大膳始ゟ可申達候

四月

口上之覺

一大膳父子并長門惣領興丸ォ若病氣ニ候ハヽ末家并吉川監物右名代をも
相兼候而不苦候事
但末家吉川監物ォも病氣ニ而名代差出候義候ハヽ右名代之者ハ難相
成候事

一大膳父子并長門惣領興丸爲名代差出候ハヽ壹人ニ而相兼候而も不苦候

事

一相達候期限ニ至リ名代も不差出候而も不相濟義ニ付精々行違無之様猶厚相心得可申談候事

一長府淸末も遠路之儀ニ付時宜次第聊期限相後レ候共不苦候事

右等之趣宍戸備後介幷此度爲使者彼地へ相越候者へ厚申含候樣安藝守可相達候事

一同二日松平安藝守殿御請左之通

毛利大膳幷末家吉川監物才日限御呼出之義御達之趣承知仕候御達書夫々通達之儀も早速取計候得共度々申上候愚見之次第ニ而先々御都合之儀も如何可有之候哉甚無覺束万一懸念罷在候間兼而御聞置可被下候此段御請旁申上候

四月二日

松平安藝守

一山口德山岩國江　小幡宗七郎　龍神多圖見

一長府清末ゟ　阿部又三郎　丹羽德三郎

覺

松平安藝守
井伊掃部頭
榊原式部大輔
松平備前守
阿部主計頭
松平右近將監
龜井隱岐守
松平出羽守
立花飛驒守
小笠原左京大夫
松平美濃守

松平肥前守
安藤對馬守

右之面々家來旅宿ニ呼出今度含書付御改相成候分上封之儘相渡尤是迄相渡候分返却相成候樣爲相達候幷左之書取銘々ニ兵左衞門ゟ相渡し候

折上

松平安藝守

毛利大膳父子
御裁許之儀ニ付末家毛利左京毛利淡路毛利讃岐幷吉川監物大膳家老宍戸備前毛利筑前廣島表ニ罷出候樣先達ゐ相達候處未出藝之模樣も不相分候付ゐも猶又別紙之通松平安藝守を以相達候間此段爲相心得相達候尤松平近江守ニも可被致通達候

四月

折上

口上覺

別紙相達候期限ニ至り万一名代も不差出候ハ御裁許違背候得も其罪重候ニ付速ニ御討入可被成候間兼而其心得ニ而差圖相待候樣可被致候

毛利大膳家老
宍戸備後介

毛利大膳毛利長門幷長門惣領興丸江相達候儀有之候間來ル廿一日迄ニ廣島表江可罷出候若病氣ニ候ハヽ末家幷一門之內爲名代可差出候

右之趣早々罷歸り大膳へ可申達候

四月

井伊掃部頭

榊原式部大輔

四月十七日於廣島表御達書寫

去冬以來永々張陣ニ付多分之入費相嵩可爲難儀候間出格之譯を以金壹
萬兩拜借被　仰付候
右出藝閣老小笠原壹岐守殿より両家々來御呼出被　仰付候事

松平安藝守

長防所置之儀ニ付盡力周旋多端之折柄多分之入費相嵩可爲難儀出格之
譯を以金壹万両米五千俵被下

薩州ゟ大坂表ニ差出候建白之寫

即今內外危急之時節防長御處置之儀其當否ニ依り
皇國之御興廢ニ相抱〔拘カ〕り候重事ニ而實以不容易御儀ニ候處追々御達候趣
も被爲在尙又來廿一日迄ニ大膳父子才被召呼若今度御受不仕候得も御
討入相成候付相心得御差圖奉待候樣被仰渡承知仕候一昨年尾張前大納
言樣惣督として被指向伏罪之筋相立解兵迄相成候處却而御譴責同樣之
御都合ニ而就中神速御上洛之

朝命御請之而已不成改而不容易企有之由を以御再征被　仰出御進發相成終ニ今日ニ立至り御討入之時宜ニ相成候得も天下之乱階被爲開候事實明白成事ニ御座候從

朝廷時世相應之御處置を以寛典ニ被處候御主意ゟ被爲在候處御奉戴無之由傳承仕天下衆人物議喧々不堪聞次第ニ御座候征討も天下之重典國家之大事後世青史ニ不耻名分大義判然相立其罪ヲ鳴シ命を不聞シ而四方響應動《マヽ》之大戒も有之當節天下之耳目相聞候得も無名ヲ以兵機不可振者顯然明著成譯ニ御座候ましる國人不可討与謂ニおれくハ却而撥乱濟世之御職掌ニ而動搖を被釀出候場合ニ相當候前文天理ニ相戻戰闘於大義御請難仕假令出兵之命令承知仕候共不得止御斷申上候間虚心を以御聞届被成下候樣奉願候京詰重役共ゟ申上候樣申越候ニ付此段申上候以上

四月

松平修理大夫
家　來　共

右ハ四月十八日大坂表ニおゐて差出候趣を以京師屋敷留守居内田仲之助持參ニ而傳奏御月番飛鳥井中納言殿江差出候ニ付關白殿下江御差出相成候處一應御覽之上御差戻し相成候事
但幕府江持參致候者ハ大坂留守居木場傳内ゟ差出

四月十七日於廣島表御達之寫

井伊掃部頭
榊原式部大輔

去冬以來永々張陣ニ付多分之入費相嵩可爲難儀候間出格之譯を以金壹万両宛拜借被　仰付候右小笠原壹岐守殿ヨリ両家々來之者呼出しニ而被　仰付候事

宇和島侯ゟ幕府ゟ伺書之寫

一長州御所置ニ付此度御軍艦被差向候得共御一命次第出陣仕候樣可相成候處大膳父子何ケ之罪科御座候ゐ御征討ニ相成候与申御主意判然御告諭被成下度且上之闕先鋒蒙　命ニ付不絶探索爲仕候處内地見込も不行屆ニ候得共一昨年頃与ハ年月立形勢相變次第ニ守禦堅固ニ相聞候何分兼ゐ申上置候通り廿四里之難處普通薄弱小船ニゐ礮臺屯備之場所ゟ渡航攻追候も無謀之至當惑仕候間攻入御下知候ハヽ東西両口之内臨機ニ出勢仕度右等之趣差掛申出候ゐも失軍機恐悚不本意ニ奉存候條此段相伺候以上

四月　伊達遠江守

公儀ヨリ藝州侯ゟ御達書寫

松平安藝守

其方儀勝手向從來不如意之處長防追討ニ付而も諸家廣島表ゝ滯陣其上領分西口ゝ警衛人數才も差出莫太入費之相嵩候ニ付米金拜借之義被相願候當節御用途多御差操も相成兼候程之折柄ニ候得共被申立之趣無餘義筋ニ相聞候間出格之譯を以金一万両於大坂表米五千俵拜借被　仰付候間委細之義も御勘定奉行ゝ可被談候

四月

○細川越中守殿建白之寫

世運御挽回之一條ニ付而も乍不束種々致思惟候趣段々言上仕候末即今長防之御裁許彼是別而御混雜中猶又殊更申上候儀も可奉憚處時體及日伐逐而致變化候ニ付而も何事も豫メ御覺悟可（不カ）被爲在候而も難相成愚存之次第不省忌諱左ニ奉錄上候

一年を追而世上之混雜相增人心一致至兼候折柄内外御疑惑御疎隔之向も有之哉ニ致承知殊之外掛念仕候仰願クも天下与共ニ天下を被爲與候御

胸襟を被爲遊御披右樣之向も尙更御誠意を以御待遇有之賢材御任用ハ不及申其餘材能有之族も程ニ應し國家御經營之具ニ御列加有之黜陟爲賞罰も公平至當之筋ニ出候ハヽ譬御風化ヲ礙候向有之候共自然ト順路ニ立戻り上下一般ニ歸嚮致し愈以
朝幕御一和士民安堵之場合ニ至り可申若又御根本之御取堅メ無御座此儘　幕府之御威光を以万般之御指揮可被遊との御趣意ニ被爲在候得共列藩益危疑ヲ抱人心内ニ背キ士氣外ニ破レ如何成變態を生し遂ニも分崩割據之形を成シ可申哉も眞以奉恐懼候

一浪花　御滯城之儀御内定之趣ニも奉伺候得共幕下數万之大軍數百日之在營ニ候得も堅鄕（本ノマヽ）之念當然共可申況長防御一擧も相濟得處ニ而も義論沸騰も難量万々一御東歸之御運ニも相成候ハヽ意外之紛乱ヲ生シ可申候与只管案勘仕候程之事ニ付右之御内定爲相伺不申向も猶更近日之御動靜も人心を被定候ニ有之人心を定候ハ疑惑を被解候有（本ノマヽ）之疑惑を被解

候ハ事㝡《本ノマヽ》を被示候外有之間敷依之十分人心居合候迄ハ幾年ニ而も御滯坂と申義御確定ニ相成速ニ其實跡を被表度奉存候

一昨年十月條約

勅許被　仰付候節兵庫ハ被差止旨御沙汰被爲在候而其儀も無異儀承服之上退帆候事与相心得居申候處猶外國ハ不相替兵庫開港之覺悟致候樣子ニ相聞右も一時機法之御權略ニ而御許容ニも相成可申哉乍然

朝意ニ致違却候得も後來之禍害是より釀來可申一刻も明白至當之御所置被爲在度奉存候所詮天下之事ハ形勢を審シ人心ニ從ひ候ゟ外御座有間敷方今形勢之所歸人心之處向を深御洞察被爲在

朝幕一致し御決議ニ至不申候而も萬々被行候筋無之精々御熟筭之程奉禱候右重大之件々外藩不肖之身容易ニ申立候儀重疊奉恐入候得共

皇國治乱之堺今日ニ可有御座与奉存候何分沈默難罷在不得止態与使者を以献言仕候間委細之儀篤ト被　聞食分可被下候恐惶頓首敬白

慶應二丙寅年四月

○

細川越中守

松平安藝守ゟ

毛利大膳

毛利長門

名代

宍戸備後介

右之者御裁許申渡候間明後朔日四ッ時國泰寺ゟ罷出候樣可被達候

毛利興丸

名代

宍戸備後介

毛利左京

名代

毛利伊織

毛利淡路

名代 福間式部
毛利讃岐
名代 平野郷右衛門
吉川監物
名代 今田靫負

右之者共申渡儀有之候間明後朔日四ッ時國泰寺江可罷出旨

四月廿八日

御裁許被　仰渡候ニ付明朔日四ッ時國泰寺江罷出候様与之御儀奉得其意候然ル處頃日ゟ腫物相煩起居不任心底且持病之癪氣差添旁急速罷出候様相成兼候ニ付恐入候共精々療養加江快氣次第不取敢罷出候心得ニ御座候此段被爲思召分程能　幕府向江被　仰上被下候様奉願上候

四月廿九日

宍戸備後介

此度被　仰渡之義御座候ニ付明朔日四ッ時國泰寺へ可罷出様与之御儀

奉得共旨候然る處本家名代宍戸備後介頃日ゟ病氣ニ付急速罷出候儀相成兼候ニ付療養相加へ快氣次第不取敢罷出度段奉願候右ニ付而も奉恐入候得共私義備後介一同御呼出候儀ニ付同人快氣仕候迄御猶豫被　抑付被下度奉願候間

幕府向へ宜被　仰上可被下候樣奉願上候

四月廿九日

末家四家名代

名前前同斷

松平安藝守江

毛利大膳

毛利長門

毛利興丸

名代

宍戸備後介

右之者病氣ニ付明朔日四ッ時國泰寺江難罷出旨申立之趣ハ有之候得共

押而も罷出候樣猶又可被達候

四月廿九日

末家名代名前

本家名代宍戸備後介病氣押而も難罷出候ハヽ同人一同ニ無之トモ不苦候間右之者共明朔日四ツ時國泰寺へ罷出へク候旨可被達候

四月廿九日

私義病氣ニ付難澁仕候段申上候處明朔日國泰寺ニ押而も罷出候樣再度被仰達奉得其旨候然ル處實以腫物相煩起居不任心底且持病之癪氣差添万々奉恐入候得共精々療養相加へ平快仕候迄御猶豫之段偏ニ奉願候此段篤ト被爲知食分可被下候以上

四月廿九日

宍戸備後介

本家名代宍戸備後介義病氣押而も難罷出候而も同人一同ニ無御座候共

明朔日四ツ時國泰寺ゟ可罷出旨奉畏候

四月廿九日　　　　末家名代名前

五月朔日毛利大膳父子　御裁許一條御役々御列席ニ而長州末家名代之
者扣席ゟ三度御呼出し有之初度席

毛　利　伊　織　　福　間　式　部
平　野　郷　右　衛　門　　今　田　靫　負

小笠原壹岐守殿御口達

昨日呼掛今日出仕候樣申渡候處宍戸備後介病氣之趣ニ而罷出兼候旨猶
又相達候得共押而も罷出兼候趣依之其方共へ申渡候間大膳長門與丸井
家老共へも申聞候樣御達相濟
御裁許之趣被　仰渡候事
二度目御呼出し被　仰渡候

興丸へ家督ゟしゐ二十六萬九千四百拾壹石被下候旨被　仰出候右ハ出格之思召を以被下置候趣難有可存

三度目御呼出しヘ上

毛利興丸幼年之事故毛利左京毛利淡路毛利讃岐并家老共へ申談國内鎮撫方興丸に補佐致候樣引續吉川監物名代今田靱負被　召出前同斷被仰渡彌以忠勤厚盡力致候樣別段被　仰渡候事

一右名代罷出候者ゟ壹岐守殿に申上候口上

乍恐申上候興丸幼少乍家督被　仰付重々　御仁政之段難有仕合奉存候旨御礼申上候且國内鎮撫方興丸補佐忠精相勵候樣被　仰付奉畏候得共何分去年秋中ゟ段々申上置候通鎮撫方無覺束奉存候質々苦心仕候事ニゐ難行屆候間此段申上奉候壹岐守殿過刻御達之通り罪科不輕義ニ候得共深キ　思召を以寛典ニ被行候段相辨幾重ニも鎮撫方相勵ミ候樣可致

候彌鎮撫方不行屆ニ候ハヽ毛利家之滅運与申譯与仰厚御教諭之趣主人
に申聞候段御請申上一同引取候畢ゐ壹岐守殿御退引後大小御目付中御
列席ニゐ
御裁許御書付三通并國政向心得方御書付御渡相成候事
寅五月歟四月朔日於藝州廣島表壹岐守殿被　仰渡之寫

三末家
吉川監物家老に

別紙御裁許之趣大膳父子に其方共ゟ可被申達候

三末家
吉川監物家老

右之趣主人に可申達事

毛利興丸

今度祖先之舊功ヲ被　思召其方へ家督被下候上も以前之長州萩に居城

致し大膳長門も同所江差置毛利左京毛利淡路毛利讃岐吉川監物江万㕝
相委子家政一新領内鎮静致父祖之舊愆ヲ補候様心掛候〔様脱カ〕専可被抽忠勤候

毛利左京

今度大膳父子御咎被　仰付且興丸江家督被下候條其意其方幷毛利淡路
毛利讃岐吉川監物一同申談家政向引受宗家ヲ扶翼領内鎮静致後來決而
御苦勞不相成急度取締相立候様可被勵忠勤候

同文言　其方幷毛利
左京毛利讃岐吉川
監物一同申談

毛利淡路

同文言　其方幷毛利
左京毛利讃岐吉川
監物一同申談

毛利讃岐

其方幷毛利左京毛利淡路毛利讃岐一同申談家政向重立引受後來御苦

勞不相成後同文言

吉川監物

毛利興丸
家老

今度大膳父子御咎被　仰付興丸ハ家督被下候末家毛利左京毛利淡路毛利讃岐吉川監物家政向引受監物ハ重立取扱宗家ヲ扶翼領内ヲ鎮靜致し後來御苦勞不相成急度取締向相立可申旨相達候間家老共一同申談幼主補佐之力を盡し取締向急度心付家政一新致し候樣可被抽忠勤候

毛利興丸

於江戸表被下屋敷場所等之義ハ追而相達しニ而可有之候

毛利左京

毛利淡路

毛利讃岐

右何レも同文言

毛利興丸ゟ

同文言

吉川監物

毛利興丸

其方家來共之内是迄過激之及擧動候者与いへとも後悔改心致し候ニ於も一切御構無之候且右ニ加り候百性町人も勿論其余之者与いへとも速ニ其家々ゟ立戻り銘々本業相勵可申候尤別紙高橋《杉カ》晉作桂小五郎以下之者共相尋候義有之候間早々廣島表ゟ差出し候樣可被致候

別紙

高橋《マヽ》晉作　桂小五郎

小田村文助　村田次郎三郎

天野謹吾　吉田重之丞

佐々木男二《之カ》　波多野金吾

北條瀨兵衛　佐世八十二郎
村　主　稅　山縣半藏

毛利興丸
宍戸備前

右之者先年來大膳家政取締向之義厚心掛御座候處當時隱居罷在候哉之趣今般大膳父子御裁許申渡し其方ゟ家督家政向一新領內鎭靜候樣申渡し候ニ付ゐも早々任用可被致候

毛利伊織
福田〻式部
平野鄕右衛門
今田靫負

今般申渡候御裁許之趣早々歸國致し主人〻申達候上來ル廿日迄大膳始
夫々請書差出し候樣可被達候
右之通
五月五日曉出立
海　長府　德山　淸末
陸　岩國
殘　宍戸備後介　小田村素太郎
　　　　　　　　赤川又太郎
別紙之通壹岐守殿御渡ニ付則爲心得申達候以上
五月二日
　　　　　牧野若狹守
　　　　　永井主水正
榊原式部大輔樣

留守居中

追啓井伊掃部頭樣留守居へも御申達可有之候

今船申渡候　御裁計之趣早々歸國致主人ニ申達候上來ル廿日迄ニ大膳

始夫々請書差出候樣可申達候

五月

壹岐守殿御渡御書付寫壹通相達申候間可被得其意候已上

五月　永井主水正

松平阿波守殿　松平美濃守殿

細川越中守殿　立花飛驒守殿

有馬中務大輔殿　伊達遠江守殿

松平肥前守殿　松平隱岐守殿

小笠原左京大夫殿　奥平大膳大夫殿

松平主殿頭殿小笠原遠江（近カ）守殿

松平壹岐守殿小笠原幸松丸殿

中川修理大夫殿
右家來中

毛利大膳父子　御裁許萬一及違背御討入相成候節者四國九州討手之面々一方之爲指揮老中若年寄之内出張可有之候間四國九刕討手之面々に無急度可被達候事

五月

小笠原侯ゟ藝藩に御達之由寫

奇兵隊之内

山掛（マヽ）半藏

桂小五郎

右之者共御尋之義有之候ニ付大坂表ゟ早々罷出可申樣可被達候尤途中
警衞之義も御目付可被得指圖候已上
五月
右貳人之外重立候者拾人被　召出候由性名不知
一毛利大膳父子　御裁許被　仰渡相濟候ニ付爲　御奏聞稻葉美濃守殿上
京依參　內被　仰出候事
五月八日
但參　內之節衣冠ニ而も無之上下著用御臺所御門より仮建所へ伺公
傳奏方面會御書付御渡之事
一五月朔日於藝州廣島表長防家老ニ御老中小笠原壹岐守殿被仰渡候御書
付之由寫
毛利大膳

毛利長門

毛利興丸

毛利大膳毛利長門家政向不行屆家來之者黒印之軍令狀所持京師に乱入
禁闕に發炮候條不恐
天朝所業不屆至極ニ付可被處嚴科之處任用失人益田右衛門介福原越後
國司信濃於出先條々之主意を取失ひ及暴動候段罪科難遁深恐入三人之
首級備實檢猶參謀之者共斬首申付寺院被蟄居相愼罷在候而自判之書面
を以申立其後御疑惑之件々相聞候ニ付大目付を以御糺問之處弥恭順謹
愼罷在候由申立之趣も御　屆ニ相成候得共元來臣下統御之道を失ひ
家來之者至犯
朝敵之罪候段其科不輕不埒之至ニ候乍去　祖先以來勤功被　思召格別
寛大之御主意を以　御奏聞之上高之内拾万石被　召上大膳も蟄居隠居
長門も永蟄居被　仰付家督興丸に貳十六萬九千四百十石被下候家來右

衞門介越後信濃家名之儀も永世可爲斷絶旨被　仰付之

五月

毛利大膳父子

御裁許去ル朔日別紙之通名代之者共於藝州表被　仰渡候趣早々歸國致し主人ぇ申達候上來ル廿日迄ニ御受書差出候樣御達相成候段在坂年寄衆より申來候間爲心得相達候以上

五月八日

右御書付所司代松平越中守殿在京大目付瀧川播磨守殿以下町奉行　禁裡御付其外布衣以上以下在京地役之面々ぇ御達相成候事

但し一橋矦會津矦ぇハ御老中稻葉美濃守殿參館之事

毛利興丸家來

宍戸備後介

小田村素太郎

右之者最早名代之御用も無之候両人共御不審之筋有之候ニ付其方ニ被成御預ケ候間得其意取締之義厚申付候

五月九日

右之通藝州ニ御達之處差當り入置候處無之拵仕候迄之處壹岐守殿へ御預ケ土藏ニ入置翌日藝州侯ニ御渡し相成候事

一於國泰寺永井主水正殿始メ大小監察使出張之由此儀も宍戸備後介小田村素太郎御呼出し候由國泰寺門外ニも歩兵相固メ門内ニハ御持筒別手組才ニ而相固メ有之右ニ付何等之樣子ニ而御呼出ニ相成哉与承り合候得共分り不申候

御目付壹人　別手組八十人計

歩兵方多人數　小笠原侯家來多人數

右未之下刻ゟ大小監察國泰寺へ御揃備後介素太郎両三度御呼出相成候

得共罷出不申是ゟ大小監察乘備後介旅宿へ御出張相成候由ニ御座候

一九日卯刻頃備後介素太郎國泰寺ニ御呼出し相成候處病氣ニ付難罷出趣故踏込召捕候樣若手向致候ハヽ切捨致候樣与之事ニ而最初嚴重ニ出張役人乘刀之鯉口へ手ヲ掛候樣子御目付貳人申渡候

一備後介著用白縮紋付黑綟子羽折袴著用無之素太郎麻上下著用申渡之節別手組廿五人出張候

宍戸備後介

小田村素太郎

其方共御不審之義有之候間松平安藝守ニ御預ケ被成但家來共ハ御用無之候間歸國可致候事

右両人之家來七十人計へ歩兵ゟ番以爲し候事

所持之書物懷中物大小御取上相成候事

右之通備後介へ申渡候處奉畏候併家來共へ意得爲致不申候而ハ動搖可

致候間暫時御猶豫願立候處御徒士目付石坂武兵衛被申候ニハ動搖致候共不苦尋常ニ畏り可申候与被申聞候處召使頭立候者ニ申聞置度義有之旨申候ニ付歩行も不相成候間是ニ呼出し申聞候樣御徒目付衆被申聞候ニ付次之間へ拾七人罷出平伏居候處備後介御不審之義被爲在安藝守樣ニ御預相成候ニ付此段夫々ニ申聞動搖不致樣ニ与申聞候處一統泣出し候ニ付直樣備後介素太郎駕籠ニ乘セ御引立ニ相成候ニ付門際迄愁傷之体ニ而家來共見送出候事

○紀伊殿家老ゟ　幕府ニ建言之寫

長州家老共出藝ニ相成當月朔日御申渡も相濟候ニ付而も此度之御模樣ニ而御東歸之御沙汰ニも可被爲及歟乍恐　公方樣を奉始有職之御方々勿論時勢を御辨知被爲在候御向々於而も右等之御發論も決而有御座間敷候得共其餘下々ニ至候而も永々之御對陣与申自然戀鄉之私情より萬口喧訴御東歸を可促是又人之常必至之勢より自然不得止御擧動も御座

被爲在候而も折角是迄御大造
御進發相成候九仞之御積功爲一簣ニ虧ケ可申候と深ク奉心痛候仮令長
刕弥鎮靜仕候与之御見込有之候共當時海内人心洶々訛言流行浮浪之徒
西州處々ニ嘯聚潜匿致し有之一旦御東歸等ニ相成候ハ、四出暴動可仕
も必定ニ可有与奉申上候も奉恐入候得共壬戌之變動以來
幕府漸ク御衰替ニも相向候御事歟与聊有志之者共日夜切齒憂懼仕候處
有難爲
神祖在天之　御威靈ニ因り并　公方様御英邁之質を以以《一トカ》下際御奮發被
爲在加之賢明諸有司達格別之御盡力ニ依而今般御恢復之負《マ》債ヲ被爲立
御中興之盛業を被爲創之段誠以奮躍欣抃之至ニ不堪儀ニ御座候何卒此
上も金甌萬全之御大業を御成就被爲在度日夜奉企望仰願候元來
幕府も天下之大權御掌握被爲在候御儀ニ御座候得も海内之他何國を内
与し何國を外与被遊候御理も決而有御座間敷時勢之變動ニ依而處々御

移住被爲在夫々動乱を御鎮靜被遊候も乍恐
將軍家之御職掌ニ可被爲在尤御威光四方ニ炳灼いたし海內畏服仕候節ハ偏僻之地ニ御座被爲在候共御差支も有之間敷候得共今日之時勢ニ而も何分ニも制御被爲在候而も東僻之江府より自然西國ハ御國光之不屆處も有之樣奉存候ニ付何分ニも非常之御時節ニ付非常之御英斷被爲在候而一ト際御威光赫与相立候迄當地ニ御滯在被爲在度奉存候且も源平以來覇者之志を天下ニ得候ハヽ必先尊王之大義を唱へ
天子を擁奉し天下ニ號令之口《マヽ》を至計与致し候義ニ而壬戌以來此義を希望朶頤いたし候事も無之与も難申候而全ク
帝都与御隔絶被爲在候而自然右等覬覦之念を相導キ候儀ニ候得も是等之鍋《本ノマヽ》深を御洞觀被爲在格別之御英斷を以海內平定仕候迄ハ帝都ニ御密邇《本ノマヽ》被爲在天下之禍根を消シ乱階を絶シ候樣被爲遊度勿論是等之事理ハ夙より御照察被爲在候御儀ニ而更新ら敷申上候而奉恐入候得共聊右を

以御聰明奉補益候所存ニも無之全ク今日實ニ
幕府御興廢之機御盛衰之界与奉存候決ゐ御遺策ハ有之間敷候得共私共
過憂杞憂區々之至情ニ不堪忌諱を不顧聊腐言を陳シ微衷を奉盡候條僣
越不敬之罪俯ゐ奉待重誅ゟ《候カ》誠惶誠惶頓首

五月　紀伊殿家老

諸役人共

御目付

此度衆議一決之御國論も實ニ天下安危之機公邊御盛衰之堺ニゐ此上大
事件ニ候得も何分ニも御趣意貫徹候樣御周旋之義專ら相心得必至盡力
可致与之御事ニ候

五月九日

右御書付も建白上書之儀ニ付　幕府より御答被下候書付之寫

○

在坂御老中ゟ所司代江御達書之寫

毛利大膳父子　御裁許之義先便相達候ニ付御請之義差出候而も万一名を歎願ニ托シ徒黨之者何地ニ强訴ヶ間敷儀申立間敷も難計右樣之節も嚴重ニ召捕手向候ハヽ討取候樣可被致候尤召捕候者百姓町人等ニ而一ト通り理解之上先非後悔歸鄕相願候者も吉川監物江引渡士分之者ハ吟味之上夫々處置致筈ニ候間得其意其地町奉行共江可被達置候以上

五月

稻葉美濃守

松平伯耆守

板倉伊賀守

松平越中守殿

猶以本文之趣松平肥後守へも爲心得可被達候以上

傳奏御月番江所司代ゟ御屆書之寫

筑前太宰府ニ罷在候元三條實美始五人之者共今度大坂表ニ被召寄候ニ付筑前表ニ罷在候御目付小林甚六郎へ可被相渡候且又甚六郎得差圖大坂表迄之護衛可被相心得候尤太宰府出張之家來ニも甚六郎ゟ相達筈ニ候間可被得其意候

右之通松平美濃守細川越中守有馬中務大輔松平修理大夫松平肥前守ニ相達候旨在坂年寄共申越候間爲御心得貴卿方迄申進候

五月九日　　松平越中守

藤堂和泉守殿長防應援被　仰付候ニ付所司代より傳　奏御月番へ御屆書之寫

藤堂和泉守義當地御用之筋有之候ニ付兼而人數揃置達次第人數召連上京候樣所司代ゟ達置候處此度右御用被免長防攻口應援被　仰付達次第速ニ人數召連出張可致旨尙又於大坂表相達候段在坂年寄共ゟ申越候間

爲御心得貴卿方迄此段申進候以上

五月十日

松平越中守

一葛葉關門御警衛稲葉美濃守被免代本多主膳正被　仰付候ニ付此段爲心得申進候

一筑前太宰府御在住有之候脱走堂上方ゟ隨從之者ハ御渡ニ相成候御書付寫
此度幕府目附渡海之由ニ付而も其末東歸を促し或も五藩分離を謀候樣も難計候得共前年長州下向之次第固より一身之浮沈を膺し候譯ニ無之偏ニ天下興復を計候心事不得止より一時權邊ニ處し候處時勢變遷今日ニ至り候而も宿志空ク徂廢致し多年草莽攘夷之志一ツも其効驗無之仍而も前年之次第も全ク一身之事と相成上奉對
朝庭ハ下萬民ニ向ひ恐懼慚愧之至ニ不堪候恐闕之愼ニ於而も申述迄ニ

無之殊ニ分離之儀ニ至ゐも尤其謂無之徒ラニ余命を保候存念無之如何樣共進退可致候得共兼ゐ申聞置候次第ニ有之若右之両條相迫り候時我れ不及申孰も夫迄与相心得決ゐ不覺悟無之樣只誠心を計〻戴ニ期し從容指揮とも相待可申事

寅五月

五月十二日龜井隱岐守より內届去月廿六日長州より木梨平之進与申者罷越候ニ付市中外ニおゐく引受御達之趣意左之通

此度御達之儀有之大膳父子出藝之御沙汰ニ付爲名代一門之內宍戸備後介指出候依之不遠御達可有之然ルニ舊臘大小監察衆を以御糺問之節父子情實幷二州士民之情態才明亮言上夫々詳ニ被聞届候段御書下相成候儀ニ付頓ニ徹上最早平常之御沙汰可有之儀と闔國渴望罷在候然ルニ億万一街說之如く闔國意外之御達し有之候節も父子ニ於ゐも承服可仕候

得共士民ニ於ゐも飽迄歎願ニも可及左もる時も定ゐ御討入ニ相成其砌も不得止臣士之分盡力防戰ニ決心致候ニ付自然右等之節も御領界ゟ人數分配ニ可及候間此段御隣接旁致御吹聽候

四月

別紙之通毛利大膳家來木梨平之進を以申越候間此段内々御屆申上置候

以上

五月　　　　龜井隱岐守

傳奏衆ゟ所司代より御内談書寫

諸大名參　内之節座席之義譜代之者も櫻之間外樣之向者鶴之間与先年中御内定ニ相成候趣右樣内外ニ寄り上下之御取扱有之候ゐも御不都合且も氣配ニも相抱〔拘〕り候ニ付以來も相交ニ相成候樣致度此段及御内談ニ候事

五月　　　　松平越中守

五月十六日長州三末家并吉川監物ゟ藝州侯ニ差出し候書面之寫

今船御達之儀ニ付宍戸備後介私共名代一統御地へ罷出候處其後備後介并小田村素太郎儀御不審之儀有之尊藩ニ御預ケ被　仰付候由何共其故を不奉存國情兼而疑惑を重更ニ落著不仕抑名分を明ニし條理を正し正邪咸《マヽ》否判然明瞭ニし而《一人カ》賞を得る《而カ》天下悦服之《シカ》罪ヲ蒙り　天下畏服仕候事即堂々

敕戴《裁カ》台命たる所以ニ而一度命せる《本ノマヽ》えも終始不輸御事ニ可有之處尤支藩之者宗家名代ニも難相成御沙汰之處終ニ備後介病氣ニ罷在候而私共名代之者ニ御達書御渡シ之段被仰付備後介御用一途を以罷出候處右御用不被　仰達与之御事猶更備後介并素太郎別段御用之由ヲ以滯在被　仰付候處不圖も俄閑・《脱字カ》被　仰付其名を明し其理を正され候御事も不能知殊更主命を奉罷越シ居候者御譴責を蒙り候道理も無之万一事を誤り候事

御座候共其主人ニ屹度被　仰付候處無其儀候而も實ニ國情内論益疑惑ヲ重候樣相成候而も無餘義次第ニ有之別而御達し振之義も殊ニ名儀を被爲明條理を御正シ不被　仰付候ても而も國内悅服仕候事無覺束却而勅詔台命を奉輕易ニ相當候樣之上剩へ如何之儀出來も難計深奉恐入候ニ付備後介素太郎義も格別御不審可被　仰出筋無之与奉存候間何分ニも急速被差返被下候樣御周旋之程伏而御依賴仕候以上

五月

毛利左京

毛利淡路

毛利讃岐

吉川監物

去ル二日御使者を以　幕府御沙汰之趣大膳父子幷興丸同月廿一日廣島表ニ可罷出猶病氣ニ候ハヽ末家一同之内爲名代差出末家三家吉川監物

義も同様ニ而若病氣ニ候共押而出藝仕可押而も難罷出候ハヽ重臣之内可差出尤分家名代之者大膳父子并興丸名代ニも難相成義をも御書取を以御達ニ相成候故二國之士民情實切迫之内鎮撫手段之處宍戸備後介御地へ御達之期限通り罷出候様申付置候處於途中氣分相不相勝期限一日後ニも存候其段備後介ゟ御屆申出猶先著之末家家老ゟ歎願仕御聞濟ニ相成候由其後腫物相煩持病も相添ひ引籠療養を以申出候様之處病氣押而罷出候様御達ニ付右躰演説書ヲ以申出候處病氣押而罷出候様再應之御達も御座候得共足部之腫物起座不任心底之容躰ニ候故重々演説書を以出席御猶豫申出候得共是又御聞濟ニ相成候末家并吉川監物名代共備後介ニ不相抱《拘カ》國泰寺江罷出候様与之御事不得其意罷在候由之處當日ニ至り備後介旅宿へ御徒目付御醫師御差越し病氣檢證可被　仰付由御傳達早速御役々御引請申上候心得ニ而御待請仕居候處俄ニ御評議相替り右御役々差越無御候座段御傳達備後介へ被　仰達候御裁許之旨末家名

代之家老傳承を以主人ゟ大膳父子并興丸へ可相達段被　仰聞何与も驚愕之餘り去月二日之御達旨ニ而如何之御筋ニ候哉与御問申上候處末家名代ニ直々被　仰達候御筋合も無之名代共ゟ主人ニ爲申聞主人ゟ家來へ可相達旨之由ニ候得共備後介義も右御達拜承一途ニ被差出病氣ニ候得共永引候容躰ニハ無暫御猶豫被　仰付候得も其邊も御見屆ニも可相成候處俄ニ其義も被差止如何之次第ニ候哉与奉存候内右御用向備後介へ不被　仰達段備後介小田村素太郎御用有之暫滯藝之儀御達有之候得共氣分未タ全快之段今少シ御猶豫相願候處備後介旅宿へ御越ニ而御達ニ相成候段御移し有之不圖も御一統御軍装ニ而備後介御不審有之由を以被　仰達尊藩へ御預ケ相成候段附添之者罷歸承候得も實ニ不堪驚愕之至ニ奉存候備後介義此度名代一途之用向被申付差遣候處彼者へ御達し不承而已ならす却而御預ケ被　仰出候ハ何才之御次第柄ニ候哉曾而承知不仕候元來國情騷敷罷在候与も如此事ニ可有之歟与末家其外登坂

被　仰出候節ゟ國内一統疑惑而已罷在候鎮撫も餘程手數を費し百計人心を安摩仕備後介其外共表江差出し候事ニ有之上監察

天幕爲御聞目著宿御承知之上御達被　仰出候ニ付舊來人心之疑惑も少々相解居候處此度之始末ニ相成一統直見之處を以雜湊難訴仕候私共ニおゐて熨〔本ノマヽ〕餘甚難澁仕候次第御察し可被下候尊藩におゐてハ是迄不容〔易脱カ〕・御盡力被下候得共末段之一事ニ至りケ樣相成候も誠ニ痛心之至ニ有之最早其罪を無訴處必死覺悟仕候儀ニ候得共何卒隣交之御厚誼此上猶不被捨弊藩之情實御汲取　幕府之御所置之次第今一應御伺被下備後介ニおゐても唯々主命ニ赴候而已ニ而一己ニ取計候義無之ニ付急々御差戻被下候樣御周旋之程伏而奉依頼候旁之趣　幕府向江可然被　仰達被下候樣掛り御取成　安藝守樣へ被　仰上被下候樣奉願上候

五月　　毛利大膳家老

連　名

藝州侯ゟ　幕府ヘ長州ゟ差出候書面二通相添被差出候書面之寫

長州末家ヘ遣し候使者歸著別紙取歸候間差出申候尤山口へも罷越候一儀ニ付高森驛迄罷越候處末家名代之者も同所滯宿罷居候ニ付末家ヘ之達書ハ同所ニ而諸引合仕候ニ付相渡し申候長州へ御達之書付も別紙書面之趣ニ付罷越候義相斷末家名代之者ヘ請取候旨申聞候ニ付相渡置候段も右使者申聞候此段申上候以上

五月十八日

松平安藝守內

藤田吉五郎

此度宍戸備後介小田村素太郎御不審之趣有之御預相成候段閣老方ゟ御達之趣宗家ヘ可相達旨御使者被　仰下然ル處先達而宗家御裁許筋御達之儀兼而申上候通國情難默止義も有之末タ申達仕兼候折角末家中申合

中ニ御座候間此段御達之義も篤与申合追而相分候趣可申上候以上

五月

毛利大膳使者

同末家使者兼

野村右仲

飯田四郎兵衞

右書付別紙二通へ相添へ五月十八日藝州ゟ　公邊ニ差出候事右之者共罷越別紙之通申聞候ニ付差出申候此義ニ付而も昨年來之運合も有之安藝守義甚苦心仕候宜御裁斷被下候様此段申上候以上

五月十八日

松平安藝守内

西本清介

附札

書面之趣も御採用ニ不相成候間差戻し候様可被致候

吉川監物ゟ藝藩江差出書付之寫

本家毛利大膳父子　御裁許幷末家中へ被　仰渡之趣去ル朔日於廣島表末家名代之者江御達御座候段彼是奉恐入候然ルニ闔國士民情状中《々カ》を以私式容易説諭行屆候義無覺束次第ハ已ニ名代共ゟも申上候由ニ候得共猶毛利左京を始申合度儀爲御座候處名代之者歸邑掛ケ途中不都合之儀も有之漸此節罷歸候旁道路掛隔候場所柄迅速力《申カ》談之都合難出來甚以痛心罷在申候就而も不取敢私ゟ御願申出候間微衷之程御亮察被成下此上奉恐入候得共當月廿日之期限何卒格別之御沙汰を以當月廿九日迄御猶豫被　仰付被下候樣　公邊江宜敷御執成之程偏ニ奉歎願候以上

五月十八日　吉川監物

藝州侯江御達書之寫

松平安藝守江

毛利大膳父子　御裁許申渡右請書差出候期限差延候儀難相成筈候得共此度吉川監物差出候書面之趣無余議相聞候間願之通來ル廿九日迄猶豫之義承屆候万一右期限迄請書不差出候節も即　御裁許違背ニ付問罪之師御差向被成候間此段可被相達候也

五月

長防討手之諸侯ゐ御達書寫

一去ル十九日於藝州表吉川監物ゟ指出候書面幷松平安藝守ゐ相達候書付寫相達候間得其意來ル廿九日期限ニ至り請書不差出候節ハ問罪之師被差向候間弥來月五日迄諸手一同討入候樣可被致候尤請書差出候ハ丶速ニ相達ニ可有之候

五月

右之通口々討手之面々ゐ相達候間此段爲心得相達候以上

五月廿六日

所司代松平越中守殿ゟ當地面々江御達之寫

一紀伊中納言殿此度討手之面々爲御先鋒御摠督先藝州廣島表江御出張候樣被　仰出其節松平伯耆守差添被差遣候旨被　仰出候且又京極主膳正事四國討手之面々爲御取締被差遣候尤伯耆守義も今廿六日大坂表出立御軍艦ニ而廣島表へ出張被致候旨在坂之年寄衆より申來候間此段爲心得相達候以上

一五月廿二日京都町奉行ゟ大坂表へ引渡し相成候元長州藩

毛利大膳家來

仲子孫太郎

大野四郎左衞門

大田幾輔
津田弥助
山本忠平
福田與兵衛
河野理兵衛
家來
文吉

右ㇵ一昨子年京都乱妨之節召捕ニ相成居候者共此節江戸表より長藩士著坂ニ相成候ハㇵ同樣藝州表ゟ差遣し大膳家來へ相渡可申事

寅五月

紀伊殿家老安藤飛驒守殿出藝家來より來狀

一筆令啓上候飛驒守殿御家來兼而廣島表へ御差出被成有之候處壹岐守殿公用人ゟ呼出し有之候ニ付柏木兵衛罷出候處右公用人申聞候ニㇵ毛

利大膳父子始　御裁許御請之義明廿日迄ニ差出候筈ニ候處今以何ヶとも無之付而ハ何レ御討入可相成右之節ハ中納言樣ニも急速御出馬被遊候樣仕度旨尤兼而御手組被成有之義ニハ候得共前以御心得迄申上置度付幸蒸氣船も御差置被成有之義ニ付右御船ニ而御運置ニ相成候樣致度旨申聞候段兵衞申出候右之趣中納言樣へ申立候義ハ飛驒守殿より御運被成候ニ付明光丸出帆都合之義ヶ宜取計候樣奥御祐筆を以被仰聞候ニ付右之段假屋三右衞門へ相達候事ニ候仍之如此候恐惶謹言

五月十九日　　小出立九郎

中村庄右衞門殿

宇佐美三兵衞殿

一毛利大膳末家妻子共吉川監物へ引渡士分之者ハ吟味之上夫々所置致候筈ニ候間得其意其地町奉行共ゟ可被相達置候

五月廿五日

稲葉美濃守
松平伯耆守
板倉伊賀守

松平越中守様

長州三末家幷吉川監物ゟ差出候書面之寫

演説書

今般　幕府ゟ御裁許ニ關係致候歎願も決而御取次被成間敷被　仰出候段御通達被下候處從來國情徹上不仕而已不成遂ニ期限迄罷出候而も下情益鬱塞前日ニ倍蓰仕説諭之手段も無之怱《忽カ》御乱を催し遂ニ天下之禍端を啓候事必然之勢ニ付祖先以來唇歯之御交誼弊藩窮厄御伏案被下是非共幕府向今一應御盡力別紙之次第御取計被下候様伏而歎願仕候事ニ御

座候就而も江波港ニ罷在御沙汰可奉待筈之處被爲於尊藩候而も混雜之義且両國人心沸騰之折柄懸念之筋茂御座候ニ付岩國新港迄引取御沙汰奉待候以上

五月

歎願書

今般宗家　御裁許之趣私共ゟ大膳父子與丸へ可申達与之旨於國内鎭撫筋盡力仕候樣御地迄差出候名代共ゟ御達被爲在候處全体主家家老宍戸備後介爲其一途差出候へ共此者ハ於於可被仰付候處其儀無御座剩滯在被　仰付驚愕之至り奉存候殊ニ國内切迫之情狀も兼而申上置候通ニ而右之次第柄傳承仕名代家老共之歸路を遮り候故暫高森驛滯在仕僅ニ一ト先歸邑仕候仕合ニ御座候就而も末家申合候義ニ御座候得共彼是隙取期限餘日無御座候ニ付不取敢監物ゟ廿九日迄期限御猶豫相願置鎭撫方

之義も精々談合取懸り候内願出候趣御許容被遂難有仕合ニ奉存候別ゐ申合盡力仕見候得共從來士民ニおゐてハ大膳父子奉
天旨竭臣分度ゟ無他之心事奮勵感激仕居今般不容易御達書之趣有之士民追々傳承仕如何之御所置哉与疑惑憂憤不一方迫切之情別紙之通申出猶宗家家老共ゟ末家ニハ願出候筋實ニ無餘義情實ニ有之加之宗家名代宍戸備後介儀御預ケニ相成候由傳承仕候ゐも又候一層之怨憤を増し殊更説諭鎭撫其方便ニ絕何共不得止之次第於私共難默止是非徹上不仕候ゐも不相叶奉存候然るニ前段情憂罷在候を只管台命服膺而已ニ心附御威權を假り不理ニ押付候節も忽國内相乱ニ立至候義も必定ニ有之私共支封之分としゐ宗家を始御亂之勢路外ハ天下騷擾之端与成候ゐも祖先之微功不被爲棄厚キ御趣意ニも相戻り何共不相濟義ニゐ則國内鎭撫盡力仕候樣ニ与之御趣意ニ相背弥以奉恐入候義ニ奉存候窮危之御事御酌取被　仰付何卒天地廣大之御度量を以上下威伏仕候樣奉歎願候右之次第

ニ付而も私共御達筋之儀も于今兎角之御請申上候樣難仕奉恐入候此段
幕府向ニ宜敷樣御取成被下度奉願候以上

五月廿五日

毛利左京
毛利讃岐
毛利淡路
吉川監物

長州家老ゟ差出候書面之寫

嘉永度外夷之御所置ゟして御國威日々陵夷し人心不伏之機有之候ニ付
御父子樣御苦慮被爲在　幕府ニ
叡慮遵奉禦侮之御所置被爲在度段御建白被成候へ共　公武之御間御齟
齬之趣有之遂ニ戊午以來異常之變ヲ醸し內憂外患
皇國未曾有之御大事ニ付御傍觀ニ不被忍辛丑之年又々御建白何分ニも

幕府於ゐ今一際
叡慮御遵奉御盡力ニ相成天下之疑を解き上下御一致禦侮之御束〔策カ〕被爲在
度猶又　大樹公御上洛　敕諚台命を以ゐ御國憂天下ニ布告有之度段を
も被仰上候處御採用之上台諭を以御上京
叡慮御伺之處下田條約等關東ニ被爲濟言上之　思召
敕許ニも無之其段關東ゟ拒絕堅固且當時條約も御破却ゐ御拒絕被遊度
思召与之御事右も
皇妹御東下之節五ヶ年乃至七八年ニも諸夷悉掃攘爲奉安
宸襟候与之御誓言書閣老御連名ニゐ被差出候事右等之御次第今以ゐ
叡慮台意共攘夷御確定之段此時始ゐ御伺定ニ相成候義も速ニ御末家樣
方ニ御通達ニ相成候通有之候ゐ終ニ　大樹公御上洛　君臣神明ニ爲誓
敕諚台命を以攘夷御布告ニ相成候段も固より御承知被爲在候御事ニも
御父子樣ニ於ゐハ　御感激ニ不被爲堪聊藩屛之御任御身家を以大難ニ

被爲當攘夷御魁被爲成辱茂

御褒詔賜候處不計も於幕府も御齟齬之御取扱振り被　仰出續而京都御

差停ニ相成從來御父子樣御志を被爲勞開鎖二途も

皇國重大之事ニ而前件御伺定通り

叡慮御遵奉台意御承順ニ被爲出一固之御知見を以御去就不被爲成候共

顯然之事ニ有之候處一旦如此御次第ニ相成候ニおゐてハ一統疑惑憂憤

之餘り

闕下近く歎願仕度不得止脫走之變ニ立至候砌外夷一擧致襲來候處前件

之次第ニ付奉勅攘夷も一變し而一箇私鬪之姿ニ相成無餘義一ト先止戰

之御取計ニも被爲及御愼被　仰出候折柄御官位御稱號被召上赤面御邸

ハ被打毀猶モ只管積年之御誠意御徹上被爲成度同列之者以下人數を以

闕下不敬之罪を被爲謝尾州督府御陣拂ニ相成候處又々　大樹公御進發

ニ相成大坂表へ同列之者罷出候趣御達有之其後大小監察以下藝

天朝　幕府御聞（マヽ）目与し而御尋問之上一々國情民心御落意御承知被成候處今ニ至而意外之御達被　仰出此度名代共江御渡ニ相成候由承知仕一統驚惑悲歎人情恟々罷在別紙之通申出候別而私共不肖重役之者与し而御父子様斯迄御寃枉被爲蒙候御儀も不能奉雪候而も上も　御先靈様江申譯無之下も衆人之鎭撫制馭決而不相叶生ヲ天地之間容所無之此上も一死之外無御座候實ニ臣子切迫之情不自禁枉而哀號候間何卒正大之至當之處を以斷然御所置有之上も　先靈様を被爲安下も二州之生民を御救被成下候様泣血奉懇願候謹白

寅五月　　家老連名

右三末家幷吉川監物名代之物ゟ別紙之通申出候ニ付差出申候尤裁許ニ關係仕候歎願書も取次申間敷段御達之趣兼而先方江も達置候義ニ付不得止其儘ニ差出申候此段申上候以上

五月廿七日　　　　松平安藝守內

上野光五郎

右御差圖左之通

兼而相達し候趣茂有之ニ付別紙書面三通差戻し候間其段相達し候樣可
仕候事

右も出藝御老中小笠原壹岐守殿ゟ被差戻候事

岩國大手　松平安藝守

井伊掃部頭

同　搦手　井伊掃部頭

榊原式部大輔

右之通相心得其方并式部大輔義高森筋關〔マ〕應之義も時宜次第可被申合候

五月

尊攘堂書類雑記

卷六

尊攘堂書類

慶應三卯年

雜記

○藤堂侯ゟ伺書

此度長州人之趣ニ而一昨日迄凡千人計攝州打出濱ヘ上陸西宮邊ヘ著陣致候趣相聞候ニ付伊州表も近畿之義兼而援兵差出候筈ニ有之候得共一兩日出兵之隙も有之且御警衛三ケ所ニ相成兵勢相分レ候故山崎街道自然今明日之間進入も難計候ニ付表ゟ山崎表警衛人數備置候得共猶も兵數増加仕度仍而内分佐渡守宇須高濱も川陸御關門防禦仕度臨時不得止儀ニ付急速御許容奉願候事

十二月　　藤堂和泉守

附紙

下立賣御門御警衛人數引揚之義も難相整宇須御警衛人數引分山崎表ヘ相廻し候樣可被致候事

右藤堂侯伺書之儀も此度西之宮邊著岸上陸相成候處藝州侯御屆書等も有之於

御所表ニも入洛御免之旨御決定藝州侯ニも御沙汰ニ相成候ニ付其旨長藩ニ藝州より相達有之依長人追々上京之心得ニ而上坂ニ相成候得共未タ從

御所表其段關門始口々御警衛之諸藩へ　御沙汰無之依而右之次第少シ不都合之義有之行違之事ニ相成動搖致候由此程英國公使ハルケス著坂板倉伊賀守ニ面會致度旨同人下坂候樣申立候ニ付四日面會仕候處此度兵庫開港大坂開市ニ付外國人共數多移來大坂幷兵庫邊ニ諸侯之兵隊多人數召連罷越居候趣自然殺傷才之混雜可相生も必然ニ而御交際ニも相障り不容易儀ニ付早々引拂候樣致度被申立候ニ付右も諸侯銘々分限ニ應シ召連且大坂ニも夫々藏屋敷も有之從來人數も差出置候儀ニ而強而爲引拂候樣ニも難相成存候旨相答候處左候ハヽ橫濱幷香港才ニ罷在候兵卒多人數呼寄自國人を警衛ニ可致候外無之間早々御挨拶有之候樣申聞候ニ付決答致〔難カ〕致候間歸京之上相伺可申旨答置候就而も早々尙又今朝

ニ至り別紙書翰一封到來仕候間本紙并譯文共其儘奉入御覽候以上

十二月六日

○薩州侯建白

臣等燕雀之淺見より鴻鵠之大志を不知と雖近來國體事件ニ於而も竊察ニも忘レかたく苦心仕至情默止兼浪リニ妄慮を不顧聊管見相認建言仕候大樹建白之趣意柄熟考仕候所抑鎌倉覇府以來當德川氏ニ至り既ニ二百餘年權柄掌握致來候所近來外憂內患相踵其〔至カ〕候より政事紀綱傾頽致今日之形勢ニ立到天下之號令一も難被行且國用莫太ニ相費人心離反仕候より當惑致候ニ付不得止事國政ヲ

朝廷ニ歸シ奉候次第と被爲察候乍併大樹心底ニも元ゟ

朝廷を御徵力ニ被爲在且格別之御英才無之候而も迚も天下之大政被遊候事六ケ敷儀とも乍存西國勤王有志之諸藩追々盡力致シ且亦風聞英夷サトウと歟申者幕役ニ相成政務ニ與り候所何分公明正大之所置ニ無之

而も國家維持六ヶ敷抔与論説致候所ゟ今般之建白ニ及候事与被存候得共元來大樹眞實政權を

朝廷ニ歸奉《マヽ》り之心底も更ニ無之儀實ニ肺肝を如見存候就而も

朝廷要路之方々只掌を反か如き之御返答而已ニ而も譬ひ勤王之諸藩如何樣盡力仕候共迚も其甲斐有之間敷候然ルニ熟ラ世上之形勢を推視仕候所頗ル名分も相開ケ且又万民實ニ幕政ニ飽苦ミ自然政權

朝廷ニ歸シ奉ル事を渴望仕相樂ミ候模樣ハ相見千歲再ヒ不來之大機會与奉存候間何卒

朝廷要路之方々ニ於而も大活眼御開キ是迄之舊弊御一洗因循姑息之義一切無之樣只々公平之道を以實ニ國家之爲ニ只管御盡力有之度候第一社之祭礼　御元服

即位以下御大禮等之事而已專務与被遊候而も

朝威赫然御振興相成候義無覺束候間今般大樹建言之旨趣ニ基キ實ニ號令一途ニ出土州建白之如ク呉々も公明正大之蒼生ニ被爲對判然著明一

義間然私議不仕樣御處置無之候半而も
王政復古之義迚も六ヶ敷何卒大賢之堂上諸藩武臣を始草莽間之處士ニ
至る迄人材を御撰御登用有之聊私論を不交天下之大政天下与共ニ御議
シ被遊候儀大専務ト奉存候且又當今難被差置條件乍愚考大略相記し候
宜御拾捨被下度候
一此度大樹建白ニ付諸臣一同所存御尋問被爲在度事
一評定所を建國事を官武内外之無別腹臟隔意無之樣相寄可有御評議事
一大政官御再興可被爲在候事
一官武草莽間之輩ニ至ル迄言路を可被爲開候事
一賞罰も衆を被御候大基本ニ候間明白ニ被行度事
一朝廷以後早旦ニ可被爲行事
一無實之有職停被置君臣實用之礼を被用有職作法可被爲行事
一此後も官武之無差別

朝廷御直臣与しる可被召使之事
一武家之輩をしる堂上同樣　思食大小名ニよらに人才を御採用被遊宮
中ニ交代勤番被　仰付候樣仕度存候事
一兵庫開港事件諸藩建言之如く可被爲行候事
一蠻夷通商公平之御處置ニ相成候上も夷人參　朝之事も難計候宜古
之鴻臚館之如キを御再興且　朝事御外聞不被爲在候樣嚴重ニ御備被
爲立度候事
一宮方法親王攝家華族大臣家柄本家末家才之權柄を御除キ唯々人才御
撰可爲第一義事
一議奏傳奏御役を被停英才御登用可被爲在相改候樣被遊度事
一攝家之輩任槐迄小番勤仕可被
仰付候事
一宮方々前同樣ニ可被爲有候事

一法親王も還俗之上小番勤仕同上之事
一非藏人執次才總而可然御取扱御所置可爲在候事
一堂上地下ニ至ル迄總而
皇國往古之風習ニ立戻固有之武術を第一議ニ致弓馬釼鎗炮術才勉勵
稽古可致事
但指南も諸藩之内能藝之者可被撰事
一天皇朝之間表出御晝之御物男方奉仕午後御内儀ニ入御可被爲在奉拜之事
一天皇弓馬武術被　遊度事
但御師範ハ大樹并諸大名功能者御撰可被遊事
一天皇御詠歌御師範有飛冷之三家之外天仁遠波を相心得居候人体地下
たりと雖御相談可被爲在事
一天皇管弦御師範堂上之外藝能名譽之伶倫ヲ被召御相手被　仰付度事
一臣下末々ニ至ル迄大小祿夫々御所置可有之事

一是迄官家薄祿ニ付諸臣向不宜風習而已被行候如斯舊弊斷然一新出來候樣被爲有度事
一先帝山陵御再興被爲在候付而も先不取敢
光格帝
仁孝帝等御改葬被爲遊　山陵御築造被爲在度事
一先帝　山陵御再興被爲在候附而も
先朝ゟ勤仕之女房三仲間ニ至迄薙髮を被止　山陵守護可被　仰付事
一法親王も勿論諸國之僧尼末々ニ至迄還俗爲致神道ニ相化候樣仕度事
死者取扱幷ニ祭儀等総体神道ニ改革可有之事
右之外件々可被爲在候得共揔而舊來固執ニ不被爲泥公平を以御改革御施行有之度且無益之虛飾等一切御省キ實用を專務ニ被行候得も質素之風化下民ニ至迄推移自ラ物價も相弛ミ万民飢渴之苦困を免レ自然
王化ニ靡き終ニ
皇威萬國ニ輝候樣相成可申歟實以憂苦之至不顧萬斧之誅愚存申陳候也

恐惶謹言

○

一十二月八日巳之刻大樹公始會津宰相桑名中將板倉甲賀守ホ其餘今般
召之諸侯上京之分并諸藩重臣留守居役參
内可有之被　仰出候所大樹公始會桑板倉三侯同樣所勞ニ而參
内無之依之在京諸侯之内參
内有之候分尾張大納言殿越前宰相安藝少將北條相模守小出伊勢守ホ之
其餘諸侯重臣留守居役之面々仮建所江伺公然ルニ大原宰相重德卿披露
有之此度
王政復古ニ付
天朝より被　仰出候
御沙汰之趣今日參
内之諸藩只今御答可被申上樣被　仰出一同江御書付爲見被下候處誰壹

人御答申上候者無之
朝議沸騰依之先今日參
內之諸藩九日曉寅刻頃一先一同退出相成候則被　仰出候御書付左ニ

今度大樹奉歸政權
朝廷一新之折柄弥以天下之人心居合不相附於而も追々復古之典茂難被
行深被惱
宸襟且來春　御元服并立大后之御大禮被行且又
先帝御一同〔同カ〕忌ニ相成候ニ付猶更人心一和專要ニ被　思食候間先年來防
長之事件彼是混雜在之候得共寬大之御所置被爲有大膳父子末家等被免
入洛官位如元復候旨被　仰出候事
一頃年天下紊乱人心不和を生シ況ャ外國之交際日々ニ隆ニシテ國家之安
危危急之秋ニ候然今度

朝政一新追々舊典復古且明春
御大禮被爲行候御時節候間人心一和を先務与被爲遊近年幽閉之輩を被
爲解往々無怨志人和一齊し沿革大成整內制外之次第可相立与被
思召候間奉戴
御趣意上下和親シ
皇國之情態可存候事
一御四ッ折之義も今晚卽答可有之重臣名代參上候得も其者見込ニ而以書
取言上候事
但同意之輩も連名ニ而可然候𡉏
○
九條入道前關白殿
右還俗（以下二行朱）
是も安政五午年堀田備中守上京外夷貿易一件幷　和宮御
方關東御緣組一件ニ付辭職蟄居被　仰出候事

久我入道前内大臣殿
千種入道前少將殿
岩倉入道前中將殿
富小路入道前中務大輔殿

以上被　免蟄居還俗（以下二行原朱）右方々　和宮御方關東御緣組一條所司代酒
井若狹守同意專被取扱候付

滋野井中將殿
正親町少將殿
滋野井侍從殿
鷲尾侍從殿

右被　免差扣（以下二行原朱）右方々去四月外夷敦賀往來之節御探索向少シ行違
之筋有之傳議奏退役一件彼是ニ付差扣
（傍書原朱）中納言

三條西季知

(原朱)中納言　三條實美

(原朱)少　將　東久世通禧

(原朱)修理大夫　壬生基修

(原朱)侍　從　四條隆謌

右先年來一族可爲義絕被
仰出候處今度被止其儀入　洛復位
於官者可稱前官尤入洛之上闕官節追々可被復

(原朱)右馬權頭　錦小路賴德

既雖死去被止義絕之義可稱元官位

(原朱)主水正　澤宣嘉

住居雖不分明被止義絕候
住居分明候も可言上

（以下二行原朱）
右主水正殿義去子年但馬生野銀山ニ諸藩浪士多人數引卒（率カ）出張事不
成就依之入水ト申說有之候へとも長州ニ退居ト申說も有之
右十二月八日被　仰出候事
（以下一行原朱）
右方々去亥年八月十八日長藩退京之節同伴脫走之事
一新在家御門公家御門前二ヶ所共御警衛松平肥後守殿被　免松平土佐
守殿ニ被　仰付候事
（一行原朱）
猶又十日松平備前守殿ニ被　仰付候事
十二月八日
○傳奏飛鳥井大納言殿ニ御沙汰書
王政復古被廢傳奏國事掛才被爲在
御沙汰候迄被止參　朝候事
十二月九日
但し日野大納言殿へも同樣之事
○

一九日朝參

內被　仰出候方々

有栖川中務卿宮　有栖川帥宮　正親町三條前大納言殿　德大寺中納言

殿　大原宰相殿　長谷三位殿　萬里小路前右大辨宰相殿　御室仁和寺

宮　洛東知恩院宮

○

右同日參　朝被止候方々

攝政殿　近衞前關白殿　鷹司前關白殿　近衞前左大臣殿　九條左大臣

殿　一條前右大臣殿　彈正尹宮　大炊御門右大臣殿　廣幡內大臣　德

大寺前右大臣殿　柳原大納言殿　日野大納言殿　飛鳥井大納言殿　葉

室大納言殿

右之方々朝勤被止禁闕公卿門を始嚴重警衞被　仰出候事

但右御警衞被　仰付候藩々も薩州藝州土州也

○

一今九日參

內有之候諸侯

松平修理大夫殿但所勞ニ付昨日ハ不參安藝少將土佐少將但松平容堂殿事昨八日上京也九日朝尾張大納言殿越前宰相殿両侯ニも登城有之大樹公ニ御對面今般御趣意段々御說得御諭有之候處大樹公ニも異議被爲有候御氣色少しも無之只　御遵奉之思召ニ被爲在候然ル處會桑之両侯ニも數年來乍不及拙者共德川氏之爲盡力仕罷在候處今日之形勢ニ押移候儀心外之至り何卒今一應御賢慮相伺度被申述候所大樹公ニも決而異論之思召無之只御遵奉之御思召ニ而會津桑名之両侯を御諭被爲在依之両侯とも詮方なく一先御前を退散有之候事

○

別紙之通松平肥後守ゟ申立候ニ付承屆申候此段奉申上候以上

十二月九日

在京老中

板倉伊賀守

拙者儀不肖之身を以當職被　仰付候以來六ヶ年之間爲差御奉公も不仕ニ數度御重賞被下置　御厚恩身ニ餘り武門之冥加不過之儀奉存候乍不及十分力を盡し奉職仕候心底ニ御座候所先年重病相煩候後ハ氣力殊乏時々持病ゟ差發難義仕候ニ付種々療養差扣へ候得共功驗無之急ニ全快之期も不相見殆与當惑仕候依之何共恐成《マヽ》義ニ御座候得共寛々加養仕度候間當職御免被成下候上在所ゟ之御暇被下置候樣奉願候此節右樣奉願候段至極恐縮之儀ニ御座候得共病躰不得止仕合御垂憐之上御許容被成下度奉願候以上

十二月

松平肥後守

拙者儀病氣ニ付願之通當役被免候此段申進候以上

十二月九日　所司代
松平越中守

○九口御門警衛之士ﾍ御達書
大政御一新ニ付守衛之輩自今
朝命を奉シ可致進退諸軍心得違無之樣
御沙汰候事
但今日　召之列藩兵士戎服之儘參
朝ニ候得共非常御手當而已動搖無之樣爲心得之申渡候尤　御守衛之
儀一際嚴重ニ取締可致候事
十二月九日　禁裏御使番
安東治部

○
位官職返上　德川內府公

會津宰相松平肥後守
桑名中將松平越中守

右両人之者歸國被　仰付候事
十二月九日
〇
十二月十一日一紙を以被　仰出
德川內府從前御委任大政返上將軍職辭退之両條今般斷然被
聞食候
抑癸丑以來未曾有之國難
先帝頻年被惱
宸襟候次第衆庶之所知ニ候依之被決
叡慮
王政復古　國威挽回之御基被爲立候間自今攝關幕府等廢絕卽今先假総

裁議定參與之三職を置レ萬機可被爲行諸事
神武創業之始ニ基キ搢紳武辨堂上地下之別ナク至當之公議を竭シ天下ト休戚を同ク可被遊
叡念ニ付各勉勵舊來驕惰之汚習を洗ヒ盡忠報國之誠を以可奉公候事

一內覽　敕問御人數國事御用掛議奏武家傳奏守護職所司代總而被廢候事

一大政官始追々可被爲與候間其旨可心得居候事

一朝廷礼式追々御改正被爲在候得共先攝籙門流之儀被止候事

一舊弊御一洗ニ付言語之道被洞開候間見込有之向も貴賤ニ不拘無忌憚可被獻言且人材登庸第一之御急務ニ候故心當之仁有之候ハヽ早々可有言
上候事

一近年物價格外騰貴如何トモスヘカラサル勢富者ハ盛累子貪(貧カ)者ハ益窘急ニ至候趣必竟政令不正ヨリ所致民も王者之大寶百事御一新之折柄ニ付
被惱
宸襟知謀透識救弊之策有之候ハヽ無難(マヽ)可申出候事

一和宮御方先年關東に降嫁被爲在候得共其後將軍薨去且

先年攘夷之成功之

叡願ゟ被爲許候處始絶奸吏之詐謀ニ出無其詮之上旁一日も早く御還京

被爲促催度近日御迎公卿被差立候間其旨可心得居候事

右之通御確定以一紙被

仰出候事

別紙之通坊城頭辨殿被命依る申入候也

十二月　　武　宗

○

總宰職　　太宰帥熾仁親王　有栖川帥宮

　　　　　純仁法親王　仁和寺宮

議定　　山階宮

　　　　中山前大納言

正親町三條前大納言
中御門中納言
尾張大納言
越前宰相
安藝少將
土佐前少將
薩摩少將
大原宰相
万里小路前右大辨宰相
長谷三位
岩倉前中將
橋本少將

前五藩ゟ三人ツヽ被差加

參與

右之通被　仰出候事

參與加勢被　仰付

正親町少將

烏丸侍從

尾藩

荒川甚作

丹羽淳太郎

田中國之助

越藩

中根雪江

酒井十之丞

毛受鹿之助

藝藩

辻　将　曹

櫻井與四郎

久保田平司

土藩

後藤象次郎

福岡藤次

神山左多衞

薩藩

岩下佐次右衞門

西郷吉之助

大久保市藏

肥藩

溝口孤雲

津田山三郎

〇

一長人毛利淡路名代毛利平六郎本藩家老毛利内匠吉川監物名代宮庄主水右ハ攝州西之宮ゟ上陸夫ゟ大坂表著候處從
御所被　仰出候　御沙汰之趣も被爲在則大坂表出立九日西街道を罷通山崎關門ニ差掛候處藤堂人數ゟ應接有之尤少し行違之儀も有之應接相濟其日ハ山崎天王山或ハ觀音寺粟生光明寺ホニ而宿陣一泊致シ翌十日七條通を列立洛東大佛宿陣へ八ツ半時頃著陣ス（一說ニ毛利平六郎義ハ淡路守殿嫡子之由ニ有之）

〇

一御室仁和寺宮還俗被　仰出候事

右一應辭退被　仰上候得共不被　聞食依御請被　仰上候事

〇松平容堂侯建白

事ハ密を以成ルヽ理ニ因而僅々三四藩与謀り
宮門を閉兵衞ヲ置非常ヲ戒メ
朝廷大御變革御基本被爲建攝關両奏國事掛共被爲廢新ニ三職を被立置
官武一途議事ヽ意を興シ候儀幾乎御創業ヽ功ニ齊敷實ニ御盛事不過之
与奉存候然者右發顯後幕會桑ヽ三之ヲ視ルヽ形勢有之既往ヲ不咎聊更
始一新ヽ意ヲ闕キ此儘ヲ以テ日を送り重而も禍視ル所ニ及ンテ不測ヲ
生スル事ナレハ注目偏ナルヘカラス早ク議事ヽ体ヲ起シ　召ヽ諸侯大
成ル者ヲ會シ其未タ來會セサル者ハ急ニ　召之且三職評議ヽ規則ヲ建
テ徒ニ精神ヲ弊シ候儀無之樣
朝廷ヽ意實ニ公明正大ニシテ偏固ナラサル所以ヲ顯スヘシ乍恐堂上方
ゟ被　仰下候筋專ラ會桑暴擧ヽ聞ヲ以頻リニ警戒斥候才ヽ事ヲ被命候
得共多く浮說流言ニ歸シ空敷警動スルノミ与相成申候是才ハ既ニ五六
藩ニ命ヲ受ケ兵備戒嚴ヽ上も進攻防戰共ニ相整候譯ニ而御委任可然候

徳川内府之爵一等ヲ下シ政府御入費を差上候儀勿論政権ヲ奉還將軍職拜辭之上も徳川始諸侯共左も可有筈ナレトモ從來ノ体裁ヲ以急劇ニ之ヲ爲ス故ニ徒ニ暴動ヲ促スノミ緩急斟酌アルヘキ儀ニ而越前宰相之取扱御候被遊第一議事公平之体早々御顯白肝要と奉存候此段若御採用ニも掛り候ハヽ御評議所ニ而決ヲ奉仰候誠恐誠惶頓首謹言

十二月十二日　　　　松平容堂

○

十二日朝四ツ時頃二條御城中議論切迫只今ニも進軍之容体ニ付監察穗積亳之助奔走盡力ニ而肥後藩士重役某溝口孤雲ゟ列藩留守居中ヘ廻章を以披露之一書

阿波　筑前　肥前　備前　藤堂　佐竹

仙臺　久留米　上杉　盛岡　雲州　柳川

西條　津輕　對州　二本松　前橋　大聖寺

宇和島　溝口　中川

右廿一藩へ廻章を以午之刻二條御城へ御會合可被下相觸一統集會之上ニゐ左之通一書披露ニ及弥
御所ゟ建白可仕所存ニ候間御同心被下候哉之旨相達候處承知之者○印十藩達名以則左之通
御所へ差出候事

建白

先般大非常之御變革被　仰出候儀も既往之事抔一切被爲拚萬事公平正大之衆議之所歸を以一途之御政道相立速ニ
神州治安之御鴻基を被爲開候
叡慮之旨拜承實ニ雀躍ニ堪不申上下目を刮テ　御沙汰ヲ相窺居候内去ル九日ニ至俄ニ　召之列藩兵士戎服之儘參
朝就ゐも何与なく

闕下騷敷何方も驚愕罷在候處
先帝以來御當職之二條殿下を始官家數十人除職之上御門出入迄も被差
止且將軍家ニも頓而除職解官別《マヽ》封も可被
仰出趣相聞右者必定御譴責之御譯も可有御座候哉其儀者得と相辨不申
候得共將軍家祖宗以來世襲之大權被差上只管御自責を以　聖業を奉補
度与之御趣意ハ末々迄も感賞仕候折柄右樣之御所置被爲在候而者更始
御一新之御手始他日如何樣之御都合ニ成行可申哉實ニ杞憂之至ト奉存
候依之仰願候《マヽ》ハ差寄御所內外戎服之義至急ニ被止一刻も人心鎭定之
御沙汰ニ相成隨而攝政殿下を御取扱之儀も公平正大衆議之所歸を以御
施行有之往々弥以御改革之御趣意屹度相貫候樣被爲在度幾重ニも奉懇
願候昨今之形勢所謂百尺竿頭一步ヲ進ム之御時節与奉存候間重疊恐多
奉存候得共寸衷奉言上候誠恐誠惶頓首百拜

十二月十二日　　　松平阿波守內

松平美濃守內

細川越中守內

有馬中務大輔內

南部美濃守內

立花飛驒守內

丹羽左京大夫內

松平肥前守内

宗　對馬守内

溝口誠之進内

右

○

一今度德川內府政權返上之事件ニ付二條城內屯集之者變動不容易ニ付尾越両侯及說諭昨日之所も先致承服候得共兎角人心居合兼變事難計候間右両藩自今精々可致盡力鎭撫之治不治難計候得共必動搖無之樣可致候事

一此度御改政之義御大務ニ付急ニ御決定与申儀ニも不及候間心附候儀有

之候ハヽ無異慮可申入義も
朝廷之御外見ニ不相成樣可心得事
右之両條無屹度岩倉前中將被　命候也
一朝廷ゟ別紙之通昨日被　仰出候此段万石以上以下之面々へ可被達候
十二月十二日
別紙
辭將軍職被　聞食候事
右御聞屆ニ相成候ニ付將軍御辭退以來下々ゟハ上樣与奉稱候事御臺樣以來ハ御簾中樣ゟ奉稱候事
○加州侯上書
私儀今度依　召早々上京可仕處其已來病氣不得止暫　御猶豫奉願置候通御座候處少々快方ニ相向誠ニ不容易大事件之御義ニ付押而先月廿九

日國許發途當月九日京著仕直樣傳議奏へ以使者御屆申上置候然ル處同
日御大變革被　仰出候御樣子ニ而是迄之御役々御廢ニ相成候而萬端伺
ヰ可仕手筋も承知不仕當今形勢を見聞仕候處德川內府ニ於而も被　仰
出候趣畏可被在候得共家臣ニ於而ハ主君与存居候者も可有之哉与承り
候ニ付　御幼君之御事ニも被爲在候得共萬一心得違之者出來　闕下ニ
於動搖可仕儀も可有之哉左樣ニ相臨候得共如何ニも奉恐入候ニ付段々
厚加說得先暫下坂之義申進メ將又私義も多人數召連罷在候ニ付而も自
然心得違之者も相生可申哉紛《本ノマヽ》時之先以
朝廷ニ奉對恐縮至極ニ奉存候次第ニ而折角朝規御一新之折柄滯京仕候
程も無之却而御爲ニ不相成哉ニ奉存候旁不取敢一旦國元へ引取申候重
而御用之節も上京仕候
御沙汰可被爲在候此段可然御扱取宜言上之程御賴申上候以上
十二月十二日　　　　　　　　　　　　加賀宰相

右此度歸國之儀ニ付書付差出ニ相成候處書面之趣被　聞食候旨參與岩
倉前中將殿御沙汰ニ候
○
一三條大橋西詰ニ有之候御高札不殘御取卸ニ相成候事
但右御製札ヽ小堀數馬殿方ニ預ケ被　仰付候事
○
一新在家御門御警衛松平備前守被免代長藩へ被
仰付候事
十二月十二日
○十三日大目付松平大隅守殿ゟ
御屆書
一防長所置之儀ニ付向々召之上
叡慮之通り被

仰出候義異儀申立候族も無之筋ニハ候得共萬一異存之輩も有之騷動ニ及候義ニ候ハヽ御幼君ニも被爲在候折柄自然右樣之義有之候得も御驚動ハ勿論

皇位如何被爲在候哉与深ク被爲惱

叡慮候御次第ニ付鎭撫說得之力を盡候樣　御沙汰之趣奉畏候然ル處

宮闕之下戎裝ヲ以御固之上非常之御變格被仰付候ニ付別而鎭撫方深心痛仕候得共役人始今日迄ハ精々相諭置候得共多人數之鎭撫方心配仕候乍不肖誠意を以尊

王之道を盡し罷在候ニ付而も徒ニ下輩之粗忽等ゟ水泡ニ属し候樣相成候而も此上深奉恐入候儀ニ付右人心居合候迄暫大坂表江罷越候右も全末々之者鎭撫致候

禁闕下御安心之御場所与仕度与之儀ニ御座候間微衷之程御諒察被成下度伺濟之上出京可仕儀ニ候得共彼是手間取候内も萬々一輕輩之過誤ゟ

國家之御大事を牽出し候而も却而奉恐入候間直樣發足仕候儀ニ御座候
依之此段申上候以上
十二月十三日　松平大隅守

右同日尾越両侯
朝廷ゟ上書別記ニ有

○

尾越両侯ゟ上書
今度内府政府權奉歸候義ニ付旗下輕輩之心得違之者有之自然
輦轂之下紛擾相成候而も
御幼帝ニも被爲在候折柄之事ニ御座候間人心折合候迄暫時下坂精々鎭
靜行屆候上速ニ上京
御沙汰を奉待候方可然哉ニ奉存候會桑二藩之儀も一同召連一ト先下坂

可仕候得共彼是機會を失ひ萬一不慮之儀出來候而も

皇國之大害ニ付不得止卽今下坂爲仕候內府ニ於而も伺濟之上取計ニ可及候所兩人ニ而機會熟察相勤申候右之儀も全臣等兩人之取計ニ候間御譴責御座候得も謹而奉感受候心得ニ候事

十二月

尾張大納言

越前宰相

官位貢献之二事件も下坂鎭撫次第迅速申上候約定ニ御座候事

〇

今度武家傳　奏被廢候ニ付而も差當候處參與御役ニ於而取扱ニ相成候但石藥師通一乘院里坊を以假ニ右役所ニ被設且參與役所与被稱候間是迄武家傳奏取扱之廉々右役所ニ可申出候事

但右掛り之衆

大原宰相

万里小路前右大辨宰相

長谷三位　　岩倉前中將

橋本少將

右以名前可差出候事

右之條々從參與衆被達候間催諸司中爲心得令達是迄通不經催申出候義堅不相成候同役史出〔生カ〕下司等等江も從上首可被相達候也

十二月十三日

○

（原朱）龜山　松平圖書頭

（原朱）笹山　青山左京大夫

（原朱）膳所　本多主〔膳脱カ〕正

右卽今市中取締之義被　仰付候間訴訟以下每事右三藩江可申出候叓

本文三藩先仮ニ是迄之町奉行所ニ於て万事取計致候事

（原朱）石州津和野　亀井隠岐守
（原朱）伊豫大洲　加藤遠江守
（原朱）江州水口　加藤能登守
（原朱）肥前平戸　松浦肥前守
（原朱）攝州高取　植村駿河守
（原朱）丹波園部　小出伊勢守

右市中鎮撫之爲見廻り被
仰付候間爲心得相達候
右之條從參與衆被達候間催諸司中ニ令觸候同役史生下司等へも從上首
可被相達候也
十二月十四日

○

一禁中庭上御守衛并禁門今十五日朝不殘開門解兵薩藝土之三藩九門内御
守衛人數之儀も今十五日ゟ解兵被
仰出平常之通相成候事
　但禁中公卿門其外禁門之分十津川都士ニ番士被　仰付候事
　禁門番士之義も是迄　禁裡御附武家支配組與力同心ニ而勤番罷在候
　所此度御一新ニ付被廢候依而相改十津川鄉士ニ被　仰付候事
一南門前御警衛松平阿波守被免代尾張大納言殿被　仰付候事
一建春門前御警衛尾張大納言殿被免代松平土佐守被　仰付候事
一建春門前東側御警衛紀伊中納言殿被免候事
一朔平門前御警衛松平兵部大輔被免代安藝少將被　仰付候事
一南門前西南隅御警衛水戸藩大場主膳正人數被免右同人二條御城警衛被
仰付候事
一新在家御警衛松平讃岐守被免候事

一加賀宰相　仙洞御所御舊地前御警衛被免番所今日取拂可申市中巡邏被

仰付候事

右十二月十五日

○

一今度御一新大變革ニ付而も非常御手當之爲禁門警固之儀列藩ヘ被　仰付兵士戎服之儘ニ而被　召入候得とも素ゟ干戈を被爲動候御趣意ニも毛頭無之兼而御洞察之通弥以穩之次第ニ付即今日ゟ解兵被　仰出候間且町奉行所之事追々御取調ニ而新規御取立之筋も有之候得共即今之所青山左京大夫本多主膳正松平圖書頭才市中取締之義被　仰付候間訴訟以下每事右三藩ヘ可申出候叓

前文三藩先仮ニ是迄町奉行所於可万事取計致候事

加藤遠江守加藤能登守松浦肥前守小出伊勢守植村駿河守龜井隱岐守

右六藩市中鎭撫之爲見廻之儀被　仰付候間爲心得申達候事

十二月
右之通被　仰出候間洛中洛外山城國中ハ急々相觸候事
右之通洛中洛外ㇾ相觸候樣被　仰渡候事
十二月　小舍人雜色

加州人數市中巡邏之儀被　仰付候六藩之見廻在之候得共此御時節を見込如何樣之乱妨在之も難計ニ付旁以被　仰付候故市中一同安堵ニ營産業候樣早々町々ㇾ觸示可申候事
右之通被　仰出候間洛中洛外へ不洩樣急々相觸候事
十二月　小舍人雜色
右之通被　仰出候間洛中へ早々相觸候事
十二月　上下京三役

今般市中取締之義本多主膳正殿青山左京大夫殿松平圖書頭殿ゟ被　仰付候處是迄東御所御取開ニ相成候迄も室町三條上ル町拙者共相詰罷在候場所先訴訟以下毎事可申出旨右三藩より御達相成候ニ付此段申達候事

右之趣洛中洛外ゟ申通候事

十二月十六日

小舍人雜色

上下京三役

○

德川内府願之通被　聞食於

朝廷萬機御一新被遊候付而も天下之民をして各其家業安せしめ倶ニ憂樂を同せん事を第一とし是迄之御制度民之疾苦ならさる儀も其儘被差置候間此段奉拜承銘々職業相勵可申候是迄人心動搖之砌世上之流言ち不少候間已後ハ心配之事共承り込候ハヽ被差扣支配役所ゟ可伺出候

但悪黨共市中徘徊[illegible]も有之候右防之御手當も諸大名〻御指揮有之
旁以安堵可致事
別紙之通被　仰出候洛中洛外〻不洩様相觸可申候事
十二月　　御取締役所
右之通被　仰立候間相觸候事
小舎人雑色

別紙之分
丸太町ゟ北不殘
室町新町頭木下突抜
亀井隠岐守留守居
神野務
大宮通御池上ル
植村駿河守留守居
村田丈四郎
丸太町より五條限烏丸ゟ東不殘川東共

知恩院古門前
松浦肥前守留守居
田村文右衛門

川東河端孫橋上ル
加藤遠江守留守居
口分田貫

松原通川東六波羅裏
加藤能登守留守居
西村均兵衛

油小路松原下ル
小出伊勢守留守居
大﨑貞右衛門

丸太町ゟ南烏丸ゟ西不殘五條ゟ下不殘

加州　土州　薩州　中川

右四藩ゟ洛中洛外巡邏之儀被
仰付候間爲心得此段申達候事

十二月　　　　御取締役所

此度六藩ゟ市中見廻被　仰付候付萬一乱妨才之義有之節ハ別紙之通六
藩ニ而持場相定置候間其屋鋪ゟ早々可申出候
右之通被　仰出候間洛中洛外相觸可申候
十二月　　　　御取締役所
右之通被　仰出候間相觸候事
　　　　　　　小舎人雑色
右之通被　仰出候間相觸候事
十二月　　　　上下京三役

一中川修理大夫市中巡邏之儀願之通被　免候事
一烏丸通中立賣上ル施薬院参與役所ニ當分被用候事

○

議定　長谷三位

參與　西園寺三位中將

參與助勤　五條少納言

柳原侍從

西田辻大夫

右十二月廿一日被　仰出候事

奔走方

正親町大納言　中山前中將

千種前少將　橋本大納言

澤三位　五條少納言

長谷左衛門權佐　澤主水正

參與書記方

岸大藏丞　立花宮内
渡邊大監　中川中務
加勢岡本市之進　加勢入見正親
同下役
中川大炊　生駒右京　森主計
淺井右京
參與出勤藩士
柳川十時攝津　備前牧野權六郎
因州荒尾駿河　長州桂小五郎

○松平容堂侯建白
當時御政体御變革ニ而外國江御告布當然之御事故布告朕ハ列藩會盟之主ト被遊候御儀乍恐今日ニ於而事理的當之御文体奉拜見候然ルニ此儀御順序不申殊ニ

闕下ニ相會諸侯僅ニ五六藩而已御告文列侯會盟之主ト之御本意未タ全被行不申且外國應接ハ是迄幕府御委任ニ而其取調之次第も可有之然ルニ唯今此儘ニ而俄ニ御布告ニ相成候而も御文体と御事實与齟齬却而外國ニ於而も疑惑を生し可申依而申迄も無之候得共徳川内府も向後ハ列藩之地位ニ被　閤候而も歸洛有之廷議ニ相忝〔マヽ〕之　召之諸侯も未タ不致到著者ハ迅速〔脱アルカ〕・致候樣被命内府も勿論天下諸侯之衆議

朝廷ニ而御參考御國體至當之公議御審聞後も毫末之遺憾無之候樣被遊其上早々御布告相成候ハヽ誠以テ列侯會盟之主之御事實被相行

皇威外國ニ致光輝可申与奉存候先其迄も幕政を

朝廷奉歸候而徳川内府ゟ可應外國被致演舌置候樣被命可然儀考慮仕候

以上

十二月廿二日　松平容堂

○十二月廿三日於　宮中參與詰所ニ藝州侯ゟ御順達ニ相成候仁

和寺宮建白書之寫

嘉彰幼而仁和寺を相續シ齡十三之秋ニ至奉敕出家得度爾來一點之法燈を挑与雖𪜈中心全ク佛果ニ不歸年長及少ク文學を勉ト雖𪜈空過光陰而已不知々々將達

敕旨其罪難逃慙愧之情日夜無止然ルニ去ル九日之擧ニ因テ頓ニ還俗を允サレ且重任之命を蒙り恐懼屏營叨ニ職務ニ就与雖𪜈齡僅ニ弱冠ニ過キ才力疎徒ニ自益慚愧而已方今

皇國政權一ニ

朝廷ニ歸ス所謂千載之一期會議ニ万世不拔之業其所置何如ニ在而已抑

皇國今日之形勢ニ至ル事外國人來港之日ヨリ起レリ今是を挽回する之道も西洋各國之政体事情を知ニアリ士庶之中間ニ行觀ノ者有リト雖𪜈在上之衆航行之擧を聞す下明カニメ上通セサレハ凡百之事行レサル之基也嘉彰自熟慮曰ク雖有百聞不如一見机上燈下之職見而已ニテハ天下

之事難被行歟故ニ今且賢路を聰明之公卿ニ讓り忽一身を抽キ萬國ニ航

行ノ外國之情實を親視シ彼之長短を洞察シ然後歸

朝以四方歸化之道ヲ開遂ニ

神劢之威武ヲ普ク六合ニ被ラシメント欲スル也嘉彰愚ヲ

皇國ニ謁ス所以儀唯在此事仰願クハ

朝廷此素志ヲ諒シ速ニ允裁ヲ賜ハレ此旨奏聞宜賴入候識恐誠惶謹言

慶應三年丁卯十二月　　　　嘉彰

議定中

○德川內府公上書之寫

臣慶喜不肖之身ヲ以從來奉蒙無諭之寵恩ヲ恐感悚戴之至り不奉堪乍不

及夙夜不安寢食苦心焦慮宇內之形勢ヲ熟察仕政權一ニ出ル萬國並立之

御國威相輝候樣廣ク天下之公議ヲ盡シ不朽之御基本ヲ相立度之微衷ゟ

祖宗繼承之政權ヲ奉歸同心協心政律御確定有之度普ク列藩之見込可相

尋様建言仕猶將軍職御辭退モ申上候處　召之諸侯上京衆相決候迄是迄之通可心得旨
御沙汰ニ付右參著之上ハ同心戮力天下之公議輿論ヲ取至平之御規則相立度奉存外他念無之鄙衷不空与感戴仕旦夕企望罷在候處豈料ン哉今度
臣慶喜ニ顚末之
御沙汰無之而已ナラス詰合之列藩衆議候義無之俄ニ一両藩戎裝ヲ以
宮闕ニ立入未曾有之大變革被
仰出候由ニ而
先帝ゟ得遺托被爲在候攝政殿下ヲ停職シ舊眷之宮堂上方ヲ無據ニ擯斥セラレ遽ニ
先朝譴責之公卿數名ヲ拔擢シ陪臣之輩猥ニ玉座近ク徘徊致シ數千年來之
朝典ヲ汚シ其餘ノ

御旨意柄兼々被
仰出候
御沙汰之趣与ハ悉ク霄壤相反シ實以驚愕之至ニ奉存候仮令
聖斷ゟ被爲出候御儀ニ候共可奉忠諫筈況哉當今
御幼冲之君ニ被爲在候折柄右様之次第ニ立至候ゟも天下之乱階万民之
塗炭眼前ニ迫り兼々献言仕候素願モ不相立金甌無虧之
皇統モ如何被爲在哉ト奉恐痛候臣慶喜自今之深憂此事ニ御座候殊更外
國交際之儀ハ
皇國一躰ニ關係仕候不容易事件ニ付前件之如キ
聖斷ヲ矯候輩一時之所見ヲ以御所置ニ相成候ゟも御信義ヲ被爲失後來
皇國之大害ヲ釀候儀ハ必然ト別テ深憂仕候間最前直ニ
聖意ヨリ被
仰出候

御沙汰ニ従ヒ天下之公論相決候迄も是迄之通取扱罷在候鄙言之
御聞受被成下兼而申上候通公明正大速ニ天下列藩之衆議ヲ被爲盡正ヲ
擧テ奸ヲ退ケ万世不朽之御規則相立候上ハ奉寧
宸襟下ハ萬民ヲ安シ候様仕度臣慶喜千萬懇願之至ニ奉存候此段謹而奏
聞仕候

十二月　慶喜

右も大坂御城代（笠間四品）牧野越中守殿十九日上京之節被差上

○建白寫

大政樞要之三職ト雖モ上中下有差等十分盡衆議上等之裁斷決定候義當
然ニ候ヒソカニ願ニ下等ニ於而上等跋扈之機相見深憂（本ノマヽ）叓處ニ候雖然不
背純仁突然還俗重職蒙　仰候得共是迄不在之官途未熟之義其弊を正し
教諭スル叓不能其事不止追々増長ニおゐてハ三職中自然不平相生し遂
ニ御失體之基ト可相成ト深恐入候私義不正則諸事輕易ニ相成既ニ過日

來御評議之節非常之義殊ニ參與之列与雖諸藩布衣士才
御所ゟ被　召出候儀も全一時之權道与推知候得共此義流弊と相成候而
も
朝廷御闕典千載靑史を穢し實ニ歎息之至り併人才御撰擧之儀も國家之
大幸不過之候間相當之官位御推任叙被爲在度夫迄之處尊卑混雜不被爲
在場所を以卽今仮ニ議事所ニ被設候樣致度候何分諸事恭謹
朝廷之尊を不失候樣嚴重ニ
御沙汰之義所願候此段宜奏　聞願入候謹言

十二月廿四日　　　　　　　　　（仁和寺宮）純　　仁

右建白常陸宮外三方ゟ壹通尾越土薩藝ゟ一通ツヽ御差出ニ相成候趣ニ
有之

○

一町人共公事訴訟其外何事ニよらス支配筋を差置官家武家才之家來筋才之内訴歎願致し候者有之候節一切取合不申支配ニ申出候樣急度可導遣候事

(原朱)此一書別紙

一乱妨之者手餘り候節ハ打捨候而宜敷御座候哉之事

(原朱)伺之通

一出火之節も如何相心得候而宜敷御座候哉之事

(原朱)出火近邊見廻之事

一士分躰之者不法擧動有之不得止節も繩掛候而も不苦儀ニ御座候哉之事

(原朱)不苦事

但召捕候者も何レニ差出候哉之事

(原朱)市中取締三藩ニ可引渡候事

一見廻先急場御用有之候節堂上方御行違申候而も馬乘之者下馬不仕候而

も宜敷御座候哉之事
(原朱)非常急用之節も伺之通
一見廻先別事無御座候得も別ニ御居不仕心得ニ御座候事
(原朱)伺之通
右市中見廻之六藩伺之儀朱書通被　仰出候
一別紙貳通參與衆被申渡候依申入候以上
追而早々御廻覽觸留ゟ御返可被成候巳上
十二月廿四日
○
徳川内府宇内之形勢を察し政權を奉歸候ニ付
朝廷ニおゐて萬機御裁決被遊候付而も博く天下之公儀を以衆心ト休戚を同ふし徳川祖先之制度美事良法ハ其儘被差置御變更無之候間列藩此
聖意を體し心附候儀ハ不憚忌諱極言高論し而救繩補正ニ力を盡し上動

天之實効を顯し下民人之心を失ゟ
皇國をしゐ一地毬中ニ冠絶せしむる樣碎勵可致与　御沙汰候
十二月
右之通被　仰出候間洛中洛外ゟ不洩樣可相觸者也
○列藩在京重臣幷留守居役ゟ
上書之寫
於
朝廷萬機御裁決被遊候付ゐも博ク天下ノ公論ヲ被爲採候間心付候儀も
不憚忌諱極言仕候樣トノ趣委曲　御沙汰之旨難有奉畏候就ゐハ不束之
存意候得共默止罷在候テハ御趣意ニ違却仕候間乍恐左ニ言上仕候
去ル九日以來大非常之御變革被
仰出候付テハ一旦混雜ニハ及候得共御變革之柱礎之相立候形ニ付此上
も精々被爲盡衆議名實相反不申候樣御施行被爲在度擧ゐ奉懇願候內德

川前内府公輕隊ニ而速ニ御上京有之候樣
御沙汰被爲在候趣ニ傳承仕御同方ハ疾御了解之御樣子ニ付素ゟ
敕意之通り御心得可被成候得共卽今之形勢臣下ニ取候而ハ御上京之一
條何分心遣堪兼候ハ必然ニ而又々紛擾難計夫も各之忠心ゟ出譯ニ付其
儀ㇵ
朝廷ゟも深御洞察御猶豫被爲在度殊ニ德川家ㇵ癸丑以來失體之稜も不
少趣ニ候得共右ㇵ專先代致關係候義ニ而當公ニ相成候而も貳百五拾年
來之政權職掌被奉辭候茂一意ニ朝廷之御爲筋ゟ發候御果斷ニ候得ㇵ今
般更始御一新之折柄摠而人心之動搖ニ係候義ㇵ成丈御斟酌被爲在漸ヲ
以復古之御政體御取堅ニ相成候樣被爲在度奉存候一句ニ公平正大与申
候而も時所位ニ因テ緩急之差別も無之候而ㇵ相成申間敷追々難有被
仰出も有之候得共何分今日之形勢ニ而ㇵ約り列藩割據之姿共成行可申
哉加之外國之覬覦も難計

皇國治安之譯を以却而
皇國を傷害候る之筋ニ相成候而も全躰之御趣意致相違苟も祖先ゟ
王化ニ浴候身ハ實ニ泣涕憂苦堪不申戰競罷在候依之鹵莽を不省差當危
急之條々
廟堂御衆議之端ニも可相成哉与申上試候三人占時も二人之言ニ從与申
古語も有之何卒其員ニ御加被下一刻も御鎭撫之御所置ニ相成猶此上之
儀も衆議之所歸を以御裁決被爲在萬民安堵之場合ニ至候重疊奉願上候
誠恐誠惶頓首敬白

十二月廿六日

松平阿波守内
長江播磨
松平美濃守内
久野四郎兵衛
松平陸奥守内
但木土佐
細川越中守内
三宅藤右衛門

藤堂和泉守内
藤堂歸雲
有馬中務大輔内
山村源大夫
立花飛驒守内
藤谷小六兵衛
丹羽左京大夫内
増子現藏
松平肥前守内
酒井平兵衛
宗對馬守内
平田爲之允
溝口主膳正内
窪田平兵衛

右ハ洛東丸山橋之寮席ニおゐて集會決談之由傳承

○

徳川内府宅内之形勢を察し政權を奉歸候ニ付
朝廷ニおゐて萬機　御裁決被遊候付而ハ博く天下之公議をとり偏黨之私なきを以衆心ト休戚を同し徳川祖先之制度美事良法ハ其儘御變更無之旨被　仰出候間人々公明正大之

聖意を奉戴各安心しる其家業を營候樣可仕者也

慶應三卯年

十二月　參與

一孝明天皇御一周忌ニ付泉涌寺般舟三昧院於兩寺　御法會廿八日廿九日
兩日之間被爲在候ニ付堂上方宮門跡方
泉山　御陵幷右兩寺ニ御拜之事

德川内大臣公御代參
在京高家
大澤右京大夫

孝明天皇御法會ニ付泉涌寺御警衛
戸田大和守

般舟院御警衛
松平讃岐守

一孝明天皇御一周忌御法會被爲濟候依之諒闇服著用之儀十二月三十日限
三十日夜子刻ゟ吉服著用可爲被
仰出候事

議定

三條前中納言

岩倉前中將

右被　仰出候事

廿九日

議定

伊達伊豫守

右被　仰出候事

廿九日

知恩院宮

自今被稱華頂宮ト候事

以來於修驗道被稱管領宮ト候事

議　定

同

參　與

右今三十日被　仰出候事

被止長吏號被稱園城寺別當与候事

聖護院宮

聖護院宮

德大寺中納言

東久世前少將

聖護院宮

尊攘堂巻物寫

全

尊攘堂張交屏風書狀寫

尊攘堂卷物寫

彌御多祥奉賀候然も明朝ハ御用被爲在候付岩倉樣ニ御參殿相成候樣御
通申上呉候樣承候付御承得可被下候將亦別帋只今被爲　仰越當分表向
上京ニも無之故本藩ニ御達被下候樣ニトノ願意ニ候間尙御再考被爲下
度且御文面才之處異條有之間敷候得共明朝賢兄御參殿之事候間委曲御
聞取被下候樣御返事申上置候付左樣御含可被下候何レ本藩ニ御達なら
てハ相辨申間鋪相考申候付尙御賢考を以御申上有之度此段早々以帋面
申上候拜首

十二月廿一日　　　　大久保一藏

品川彌二郞樣

○

被仰越候趣至極尤之儀ニ有之候所只今ゟ辨事ニ掛合彼是手數も相懸り
候間今日之處も御申諭置被下他日折も可有又調練
天覽を願

天顔拜をも爲致可申候右御答如此候早々頓首

六月廿一日　大村益二郎

品川彌二郎様

○

書籍度々御贈賜被成下一統大悦仕候

乱筆御免

滿山新緑杜鵑之聲今年ハ如何嘸々御苦慮と奉察候土宇両藩も近來余程奮激之由實事ニ有之候得共神州之大幸莫大焉萬喜ニ候しかし此度ハ尋常之見込ニ而出洛ハ相成間敷様被相考申候何分御國之處全体鳳雛モ如無翼萬事不本意之次第而已ニ御座候此度之義ニ付而共何にしても傍觀仕居様ハ萬々於心情愧入候事故何歟一手段仕度存候へ共例之俗息氣今ニ殘餘仕候輩も有之万苦此事ニ奉存候薩州諸先生も嘸かし御配慮とハ存候へ共決而會桑今に依然可罷在御察申上候崎陽邊之様子相窺候へハ

諸藩共余程開眼實ニ恐しき事御座候先日任幸便寸筆呈上委細ハ山狂ゟ御直聞是祈何分とも千歳一時好機會精々御盡力申も疎ニ奉存候其内時下御自愛爲邦專一ニ奉存候草々不一

四月廿三日

尙々隊中も是時光ニ隨ひ消日仕候此度鴻城隊合併之御沙汰有之双方共隊號御預ニ相成整武隊と隊號被仰付申候會計其外之事ニ付るハ少々ハ目的も可相立哉ニ愚考仕候人數も都合四百十人程ニ相成一大隊一中隊之組立ニ相成申候大田も大人之叱咤ニ大ニとりニる當節御堀ニ窠窟を構へ申候其他御申上度事ハ海山有之候へ共余ハ後便と申縮候草々以上

山田市之允

橋本八郎樣

拜答

○

嘸々御配意之御事奉察候今日ハ美事之御肴御贈被下難有實ニ枯腹を潤

し候細々御書翰被下難有奉存候松本渡海致候由なれとも直ニ引返し候由此度渡海ハ別藩之由定而種々議論可有之想像せられ候さく當口も弥今宵十二時ゟ進撃之覺悟ニ御座候間左様御含置可被下候追々輜重之手も足り大ニ安心仕候此上粮米之事絶へす御注意被下度候小使壹両人御差越被下度何分其所此所之小遣ひニ信壹人ニ而ハ間ニ逢ひ不申而甚困り入申候烟草少々御贈り被下度奉願候右用事旁得貴意奉り候尚明日又々可申上候草々謹言

四月十一日夜十一時卅分

品川彌二郎様　森清藏

要用

從卯津良村

○

萩城俗論沸騰と申事も畢竟心得違之義ニ分袂已來御互ニ御疎濶ニ相

過候處益御壯可　被存候イツレ何事もパタ〳〵と片付ヌう被在珍重奉
存候小生も歸國後漸岸見に再勤　ちニハ色々之妨出來も難計被存候也
相調老母安心仕候右彼是取紛書翰も不呈打過候御海量可被下候傳承仕
候得も其後浦大夫に御隨從御東行之由御配慮奉察候何卒秋良氏被仰合
隨分御盡力申も疎之義ニ奉存候敕使幷島津御歸京も承申候處何分幕府
之御所置墓行不申御模樣之由殘念之至ニ奉存候俊輔罷歸大略之處承り
申候追々御書翰奉待候小生碌々之体俊輔ゟ御聞可被下候尙御序を以秋
良氏に御鳳聲奉賴候九月二日弘致白
二伸中谷君ヱも無書翰御鳳聲是又奉賴候尾川氏も浪花行之御書翰相
成候半奉存候以上
思父盟契

○

長州兵隊

其御藩兵隊昨廿九日矢不來ふおゐて勉勵奮戰仍之速ニ賊軍敗走致候段
直ニ
御總督に可相達候先不取敢御酒肴料目錄之通差送候也

五月朔日　　　參謀

○

松前口之戰情細々被仰聞終ニ及落城御同慶ニも候得共死傷も不少覺悟之前とハ乍申殘念之事ニ御座候當口も于今愚痴々々致居候得共近日粮米取込之上ハ一擊ニ及覺悟ニ御座候數々之御贈もの難有拜受出先へ送り申候雨具之義被仰越候得共御添書被成下候哉小生請取不申所昨日ゟ鶉村に罷出候付もし途中ニゐ行違稻倉石へ送込候哉も難計詮義被爲見候間左樣御承知置可被下候右貴報旁如此御座候草々頓首

四月十九日

尙々千萬御面倒之至候得共小生古理御地有之候得も二ッとも鶉村迄

御送り被下度候入用之ものハ眞之一二計有之候得共いつれ之古理ニ
御座候哉難計ニ付二ツ共御送り願奉り候出先二股ハ中々寒氣強く此
節も霜降り申候以上

森　清　藏

品川彌次郎様

○

一別已來御淸昌萬事御盡力之程奉恐縮候小生無恙過ル廿五日著京仕候
間御放念可被下候此度之志意御堀君ニ篤と談し候處至極尤之由ニ被考
大ニ心配被致候而小倉氏同様之振合を以爰元ゟ横濱ニ可被差越都合ニ
一決仕候小子ニおゐてく意外之大幸を得此も老兄より大先生方ニ被仰越
被下候故徹底仕候事と千喜萬躍之至りニ罷在候兩三日中神戸ニ下り夫
より彼地ニ罷越候覺悟ニ罷在候往先キ御國之情躰何り模様相變り候事
も御坐候ハヽ被仰越被下度左スレハ克ク氣脉も相通し萬事調子ハヅレ
成不申樣愚考仕居候小生おゐてくも新發明抔有之候ハヽ早速可申上候ニ

付此段奉願上候
主上今日
御卽位被爲遊御東行も來月中旬ニハ相成可申樣承り候
御堀君之追々說得ニ而四五日前木圭翁も大囘顧此節ニ而も眞之氷解之
由御堀君も大分按心被致實以爲邦可賀之至ニ候委細御堀君ゟ老兄野靖
へも可被申越と奉存候故委クハ略申候隨分老兄御歸國後可笑可然事も
タントアッタと見へ申候其外都合變り候事も無之候先も其內時下御自
愛爲御國奉申上候敬白
八月廿七日朝　武輔
彌二郎樣

○

尙々申上候無御病氣樣第一ニ御保養奉祈候
大坂ニ而御別之後如何被爲居候半んと苦心仕申候處此節御尊攘（本ノマヽ）被成下

忝拝見仕申候處先以御壯健ニ被居候まんと奉大賀候滯京中も別しゐ御懇情ニ預り萬々奉拝謝候先生方ハ其後又々御上京之由浦山敷奉存候私共ハ未上京之義も相叶不申何ぞ不遠内ニハ上京之含ニ御座候間御待居可被下候此節篠原歸國之便ゟ何よりも美き御品御送り被下難有御禮奉拝謝候何ら此せつハ奉呈上之考ニ御座候處何も外ニめつらしく品無之花染之手拭一ッ乍赤面奉呈上候間乍恐御笑納可被下候先も以乱筆御伺のミ如斯御座候恐惶謹言

正月五日　　　　別府拝

橋本八郎様

追啓申上候知職之者別段委敷傳言仕置申候間御安心可被下候大師病氣も〰〰

大政復古賊徒退跡ニ就ゐも御盡力之程何とも申上様も無御座候得共益御清適奉賀候御留守中御國内當隊中皆々無別條罷在候間御放念可被下

候御存知之通隊中も山陽道出張致候得共愉快之事も無之候ニ付上京不致歸營仕候乍併於私情ハ上京も仕度候得共種々之掛念も有之候故任君命御國罷歸申候其故不得拜顏殘情之至ニ奉存候先日先手之兵も歸り候ニ付鳥渡位ハ御歸國ニも相成候半と夜白相待居候處此度田村氏御國ニゐ承候得も種々御盡力御苦慮之由爲國家奉大慶候小弟も歸陣後少々不快ニゐ于今下宿仕居保養致候乍併例之病氣ニも無之候故被安遠念可被下候尙此度小倉氏上京致候事別儀ニも無之多年之宿志ニゐ此度政府ゟ相願候處外ニ差障才有之甚六ケ敷ニ付不取敢御用之名ニゐ被差登候間巨細小倉より直々御聞取被下宿志成熟候樣御配慮可被下候小倉氏之上京隊中ニ取り候テハ不幸ニ候得共爲御國大慶ニ存候間隊中之處も小弟才両三人申合都合能致置候得共少シ無事ニ相成候得も詮方ニ盡き中心ニも志願無之候得共面々美辭を餝り種々之事申候者も不少小倉あどハ中人以上之人ニゐ爲國家行末賴母敷人物と相考候間御盡力之程幾重ニ

も奉願上候御國隊中且小弟之事巨細小倉ゟ御聞知可被下候其中時候御
厭肝要ニ奉存候草々不宣

四月廿二日朝

醉菴樂生

五盟洲盟兄

足下

再伸奇兵隊諸先生へ御序之節可然御致聲奉願候承候得も四天王とか改
名ニ而余程盛人之由宜布御傳言被下候御國ハ頃日連雨ニ而甚徒然御地
東山之葉櫻定而御愉快と御浦山敷候婦女子之情らしくも候得共高雄之
言ニ擬し野詩壹葉寄懷候間御笑覽可被下候大田野村二氏も御マメニ而
今日當りも當地に出ル樣言傳テ被致候御存知ニも御座候か大田氏ハ先
日ゟ病氣ニ而出勤不被致此間御斷書被出候由　　　　不知如何

回首京城暗水雲　　　　杜鵑獨可枕邊聞

休言想月又思雪　樂也元來不忘君

醉菴生

○

今日もよきもの御送り被下難有奉存候實ニ昨日之戰爭少人數殘念至極此事ニ御座候敵兵殘置候彈藥其外大小銃數多有之候得共人夫も壹人も不居渡先考放火ん爲し候へハ人心よかゝ乞り再度木古内へ屯集をすれハいよ〱是迄兩度ニ而不陷所昨日漸ク踏陷候へとも其功も無之次第ニ御座候臺向ハ總計凡拾四五位候乍併恐ルヘキ臺とてハ一ツもなし○今日野田氏人夫之事ニ而相見へ且山田君より之傳言も有之候へ共實ニ西國邊之人夫と同樣之御筭當ニ而も相違野陣中一〻ニ付四人此夫二十人霧深き所且朝ハ雨具も不持ケツトも一中隊ニ而四日籠ニ相成一日籠道路難澁ニ付八人掛とすれハ三十二人寂早五十二人ニ相成申候彈藥〱人ニ當ル夫ハ一向無之器械方ャ小荷駄ハ如何せん又戰爭之節大小

荷駄より仕送り候兵粮ホハ大小荷駄りふ《マヽ》たり人夫ハ姿を見せす太次郎も大當惑此事御座候夫故今日も野田氏江も色々詰論ニ及候也又進ム隊もあり又不進分捕隊もあり先出るものハ彈藥兵粮も不來候已ニ昨日も兵粮喰もあり不喰もあり其上今日より減少相成候而も不相叶何も委しく野田氏江噺置候

廿一日

二白御序之節恐入候得共三アヤ氏其外江も爰元よりよろしく御鶴聲奉願候

品川様　急

飛韋子

○

謹按

二尊開闢以降
天日嗣之知食賜堂々之
皇國三千年之今日ニ至り初而夷虜之侮慢ヲ受
御國體難相立儀何共悲憤之至奉存候辱モ
聖明英武夙ニ醜夷掃攘之
叡慮被爲在天人感動癸亥之夏ょ至り遂ニ拒絶期限被
仰出候ニ付臣領内ニ於テ聊遵奉之驗相立敵愾之志氣相勵
天恩萬分之一奉報心得ニ罷在候處八月十八日ょ至り
闕下變動之次第如何之御事ニ候哉其原由ハ不奉得察恐悚之餘從來奉
敕之始末巨細申上置於國元恐懼罷在候得共
玉座之御安危如何可被爲在哉と寢食不安日夜憂苦罷在候抑癸丑以來確
乎たる攘夷之
叡慮可被爲變御事ょも不被爲在候得共當今人情輕薄萬一於内地石敬塘

如き者有之間敷共難申若然らハ
玉座之御安危ニ相係り候御大事と奉存候ニ付再三申上候も恐多候得共
藤原實美初メ西下之儀者全ク攘夷之
叡旨貫徹致度之外更ニ他念無之由其憂國思君之誠意不被爲捨早々復職
被
仰付候ハヽ最前確定之
御國是弥以凛然相立可申と奉存候且又臣父子去秋以來上京見合候樣
との御事如何之
御趣旨哉不奉測候得共去八月攘夷
御倚頼可被爲遊との
御沙汰ニ本つき日夜心力を盡罷居候ヱ共上國之事傍觀打過候而者臣
子之至情不相忍候ニ付父子間一人上京仕乍不及抽丹誠
叡慮御貫徹相成候樣仕度奉存候區々之鄙誠天地鬼神ニ質し可愧儀無御

座候間乍恐
御憐察被爲降
御聞濟被爲成被下候樣泣血奉歎願候臣慶親誠恐誠惶稽首謹言
（四月八日到著卽日勸修寺殿ゟ差出ス　御直封）

〇

引續御盡力之段奉察候其後追日御快氣之由歡然仕候扨花城も思之外速ニ落城大名屋敷其外諸品分取澤山出張之諸兄共大ニ心配致居候僕直ニ歸京之覺悟ニ御座候處何分多事故當分滯在候樣との事ニ付今ニ罷居申候馬分取多く壹貳疋差登度存候へ共牽人無之故延引及候不量之大事ニ相成少々ハ不行屆之所も有之何ぞも當惑不少候何ぞ近々歸京可仕奉存候當地之模樣ハ鹽谷時田ゟ御承知可被下候備前人アメリカト戰ヒ實ニ込り入候次第ニ御座候達藤い藤來坂一昨日久世殿岩下一同兵庫へ罷越候ゴンボート一艘長崎ゟ來り居候由〇分取物米小銃尤多し金ハ少々何

分大基本速ニ相立
安堵之所御盡力申も疎之乍憚廣澤楫取寺内君ヘ宜敷御傳聲奉賴候古志
大野へも同斷奉賴候右も用事耳早々頓首
二陳
德山世子君ヘ宜敷被仰上可被下候御附屬之衆ヘも同奉賴候以上
正月十五日　世良脩藏
品川彌二郎樣
侍史

○

此好時節三方荒神之御莊遊ハ誠ニ御うらやましく奉存候御るに番之折
柄俄ニ江戸行之儀差起今晩より發程之心積御座候何事も城戸兄よ里御
聞可被下候强而相替儀も無之候拜借之馬も屹度別當ヘ申付置候不遠歸
京拜芝萬縷迄申漏候其中爲國家御自愛々々

四月二日

二白曾而御約諾仕候散之ら山集三冊〰〰

素狂

五明洲老兄

清机下

尊攘堂巻物写

目次

（一行原朱）
復命書草按山縣狂輔

防長御處置幷兵庫開港一件順序相立候樣建言有之候處遂ニ一橋ゟ暴斷
を以両條共ニ
敕許ニ相成候ニ付而も歸國仕事情篤と報知仕度候間万事指揮被成下度
段申述候所西郷吉之助より相談仕度義も有之候間今暫ク見合セ呉候樣
との事ニて頻ニ拜謁之義申越候間强而相斷候處其後西郷吉之助を以是
非薩公相對之儀猶又逼迫ニ申伸候間不得止事拜謁仕候然處今般土越宇
申談一同上京
皇國之爲メ微力を盡し候共今日ニ至り更ニ幕府反正之所置も不相顯候
而今一際盡力之覺悟ニ候其節も任御指揮且御許容被下候樣申上候樣と
の事ニ而退出其後西郷同伴小松帶刀僑居ニ集會西郷大久保伊地知等列
席也小松云今日主人ゟモ御話仕候樣幕府も奸（欠マヽ）智尋常之盡力位ニ而
も兎而も挽回之期も有之間敷就レ長薩合蹤連横同心協（力脱カ）ニ而天下ニ大義

を唱度弊藩一定之見込御熟談仕候無腹藏御氣付之事件御指揮被成下度
就ゐも　欠字マヽ　差出候御國一定不抜之御決議とも相窺ひ度段申事ニ付
歸國之上ハ不取敢巨細ニ陳述可仕候去なから戰略謀略ホハ豫メ不可期
候得とも一定御見込之御廟筭ハ如何相立居
朝廷御守衛　専一と相決候との事也

當德川氏末薩長相疑土州名士阪本龍馬以爲是非國家之利也乃建二藩連合説謀之於薩藩西鄕吉之助於京薩公納之使黑田了介來於我藩陳出重臣於京議相合之事我藩公乃特遣木戸準一郎於京品川三好二子從焉見西鄕以定薩藩与我藩一其進退不敢爲幕府出征長之師之議而歸未幾品川子復入京爲報天下形勢也丁卯五月余奉藩命同薩人中村半次郎伊壽院金二郎潜行入京薩邸以溫前盟六月拉子坂藩此書則復命草按也子補其缺卷首蠅頭字是也頃裝潢來示乞余記其由意者當時之策莫急且大

於二藩連合不則天下之事未可知也子之藏喜以至于今其有微意乎子今現爲樞密顧問官三好子爲監軍余亦健在嘯傲於椿之山而阪本与木戸西郷皆前後就木嗚呼此一小片紙耳見之可以觀世變矣

明治廿五年壬辰五月廿四日於椿山莊

山縣有朋識

○

（一行原朱）
久坂義質君書翰（揖取素彦氏朱字注）

再白船越翁送予至宮市老人愛予大切此度東行後好便もアレハ諸藩報スるしと約シ置候得共御送可然ハ御送可被下候　必ス此度ニ限ラス候以上

別後起居如何不堪想像僕去九日著府道中も雨多川漲甚込入申候富士川ニる　公駕を拝申候御歸城ハ同社中定る御議論も可有之と存候穢土も時勢大ニ變シ大老一失首領幕府之權歸水野土州安藤對州樣々被考候

此書不〇讀大ふ誤字もアルヘシ推讀スるし

十七義士脇坂
へ之上書使人
悲憤扼腕兄等
より御覽ニ乛
成与決ゐ持
歸り度候

安藤大奸前狠後弔不堪概嘆前月廿八日彦根跡式無相違旨被仰出幕府局面少しも變セス水藩も格別搖動不致肅然靜まり居候水戸海道も此節ハ大ヨ靜謐此内相馬侯參府之處人馬才も平日よりハ却ゐ速ニ差出候由芳野ゟ聞く邸中も肅然先日桂小五郎武田修理を相訪申候處隨分應對も致申候由彼藩事探索シ不得候得共士氣勃興非諸藩所及此内十七人義士之事益感心千万ニ存候就中齋藤監物讀書人ニゐ大ヨ憂國事戊午之變小金原へも出シ由沈默毅實之性質ニゐ其歸國時唯何レ是ニゐハ濟まひと計申セシ由此度負深手細川邸ニゐ陳同甫語推例一世之智勇開拓萬古之心胷と申語を書掛智勇三客と書了投筆ゐ死實可悲森五六郎廿一才先年掃部頭へ銕砲打掛候得共不中今度心願屆候とて大悅之由黑澤忠三郎深手なれとも顏色揚々如平常醫來胗則平脈之由大關和三郎ハ齋藤監物舍弟之由水戸久慈郡太田鄉馬場村宮田瀨兵衞三月十一日細川邸へ自訴致候故吟味中菅沼新八郎家來へ預置ニ相成候實ニ此桃花節會之事ハ開闢以來未

曾有之事ニ而支那人も事實ニそ間違候得共是を新聞紙ニ載するニ至申候尾寺氏（新之允山口縣之人）歸國故委細ハ御承知なるへし結局之處も今之模樣ニ而も當分ハ矢張苟且なるへし迚も彦根より手を出事ハ不相成不（マヽ）申候此度跡式ハ相濟候得共爲之臣子迄風靡面目可憎〇薩摩立花宇和島なぞ今ま參府無之肥後侯死去仙臺狡黠可怪去年無首侯を招き盛筵饗應無首侯之書簡を表具シ此日壁ニ掛ケ樂候由醜態可笑肥前侯先達而幕府之蒸氣船を借用是船ニ而歸國セシ由肥前素より鈍滓之藩ニハ非候得共成事之志ハ有之樣被考候因州此內歸國僕保土ケ谷ニ而行逢申候忍藩水戸之公子を不緣致セシ由風雲翻覆何等優柔也越老公今ニ靈岸島之邸ニ幽居被爲在候無首侯之變を被聞召唯氣之毒之事タト一語被仰候由心中喜悅可想南部侯隨分賢明之由備中松山奥州相馬羽州上山等小藩なれとも却而美事多シ〇橫濱夷人之巢窟と相成僕過金川胡虜橫行士人慣視不怪此間澤山馬を買候由米ハ不賣候得共蕎麥小麥粟昆布黑目等苟食物なれハ盡買込於是諸色

價直騰貴ハ民大困窮仕居候横濱町人ハ大利を博シ夷人を欺候へとも夷人狡猾敏於利より中々近來ハ難欺様子ニ御座候貿易爭利乱必於此矣初開横濱交易場刻刈青麥未熟者若干農民大怨之云如此キ貿易不止則無頼伶俐商賈或博得大利然如農者益大困矣又々御殿山へ商舘築創之取沙汰有之候不堪杞憂々々○本月七日咸臨丸蒸氣船一隻歸自米利幹此船ハ華盛頓都府迄ハ不參カリホルニヤ」ノボナマ」ト申ス處迄參候而歸來候者ニ御座候、、芳野翁世育久坂之師此度歸候者ニ被聞而も船達彼國觀者如堵看其屋樓頗美麗盡豪富家之様ニ而乞食非人等見受不申由左すれハ貧院病院等之設有之ハ必然之事ニ而支那國明遺民七十萬計勃起之由餘り訛言之様ニ候得共何を支那乱事有之と相見申候○僕麻布御屋形ニ罷在申候毎曉卯牌より小川町番書調處教授方堀辰之助方へ通ひ申候英學ハ未開字書も乏敷候得ハ少々困難ニ御座候此度歸自米利幹者之咄ニも外國大抵英文行レ候由御座候蠻書を讀カラシテハ英學便利之様被考候今時可最慮者英吉利也暢夫高杉晉

既《作ノ字》船解纜と存候風雨多分不順ニ而來月中共ニハ著府可有之待居申候賓《中》
卿《谷正亮山口ノ人》山口御作興なる可し新之歸國後多忙毎ニハ邸塾往返六ケ敷事と存候無
逸既辭官之志遂ケ候ト存候子大《寺島忠三郎》子德《有吉熊十郎》思甫《品川彌次郎》益勉強なる可し和作既ニ邸塾
寓居候哉園《地名》大樂源太郎方へ同志中時々往返シ宮市岡本三右衛門相訪可
申大ニ益を得可申候例之先生《吉田松陰ヲ云》之祭等繼而執行致度事ニ御座候七之日之
會必も斷ヌ樣申も疎ニ御座候是日ニハ久ヽ保ヽ尾《斷三》尾寺なとも來塾可有之候
例之圓活龍斷《四字政府官吏ノ異名》等歸國後ハ國是益不堪見樣ニ相成可申と致慨察候竊ニ承
候得も圓活なと前田を擠倒する論を主とする由前ヽ田ヽ《孫右衛門》ハ好善人先生ゟ知
己ニ候得も僕才も今迄議論あれハ必叩前田申候優柔ハ不免候得共圓活
之比ニ非も何卒彼ノ風說行ワレスハ大ニ善と存候當地ニ罷越候而も同
志寥々來ヽ島ヽ《又兵衛》とも今ニ談する間合無之桂とハ三遍緩話仕候長ヽ井ヽ《雅樂》ニハ今ニ
不敢過候暢夫之來を相待申候是ヨリ書翰參候得も桂小五郎之處カ又も
吉松淳藏ト申人之許迄參候得も早速相達申候明日より飛脚歸ると聞乃

草々走筆不覺喋々夜既丑時矣

庚申五月十九日　日下義質拜啓

佐世君へ申ス僕發足前ハ短刀之事ニ而彼是御周旋大ニ煩申候子楫病岡部富太郎如何全快祈禱候以上

佐世八十君　足下

入江子遠兄

諸君へ別ニ書ナシ是書對讀ニ而も恕シ給へ

（二行原朱）税所君之囑ニ應シテ朱ヲ加フ丙戌十二月

楫取素彦□□

○

乍恐奉申上候

此度　幕府ヨリ浦賀御固メ被仰付候も誠以御家之面目と奉存候是迄御固メ之義も御親兵中御强藩御擇ミょて御持來之處遽ニ

御家細川之御両家へ被仰付候ハ　御両家之義ハ常々御國政向も善く治り武備御手當才も御嚴重ニ而　公邊之御沙汰向も宜しく候故新ニ御緊要之場所被仰付候ハ深く御依頼被遊候事と奉存候左候得も　御家之面目とハ申乍ら尤御一大事之義と奉存候既ニ當六月異船渡來之節ゟ其事勿率とハ乍申萬端不行屆のミにて．御國体ニ對シ恐多き事共多く太平之因循ハ往々如斯とハ申なら重々殘念之至りニ奉存候　幕庭ニも御猛省被有候哉追々御手當も無御油斷且此度之御命令も下り候事故

御家ニおゐても一入斬新之御改正被有を候樣奉存候是迄御一定之御法ニ因り宜くハ奉存候へ共戰爭之義ハ死生存亡之道ニも係り候事故深く御顧念有度義と奉存候今時西洋諸州奪攘を事とし戰爭之事ハ日々實地ニ掛ケ顛ル兵機にさとくしく第一大艦砲礮之精ゟ古來未曾有之獨造ニ御座候得も我今日尋常之花技ニてハ必勝之理無覺束候元來兵ゟ活物ニ

立論如是而陷於偏

御座候得すあながち古制を墨守し其變動を知らすんハ乃ち趙括が兵を談ずると同一流にも差て善なる者とハ被申間敷候故ニ大艦砲礮之製を今日緊要之事ニ候得ば成丈ケハ御精力御盡シにて修造之義肝要と奉存候然れとも大艦之義ハ結構廣大ニして早速之間ハ出來申間敷其中來春早々にも渡來致し兵戰にも及ひ候ハヽ已む事を得す有限の器械にて一戰致し候より外も無之器械十分調達之上事變之出來にも及候ハヽ如何にも大丈夫にハ候得共其も望之通りにハ參り不申此上ハ上下一致し和魂十分持つて必死之覺悟より外ハ無之候戰之義ハあながち器機のミ頼候も上下之心一致せさる時ハ何之用をなすへき上下之心一致なす時ハ少々器械を不足たりとも一戰を相成可申候其適證ハ彼國近世之豪傑と呼ハれたる佛蘭西の那波列翁ニても見るべし那波列翁意太利亞國を攻め候時敵方より鋭兵數千を落日橋の下に伏シ列翁之過ルを相圖ニ數百之銃丸雨之如く注き候處列翁事ともせす鞭を揮て勇氣を皷し士卒の

列翁知機知勢者

最先に進ミ遂ニ其城を拔き此事ニても上下一致必死を極めし時ハ器械ハ申ニ及ひ難き義と存候然るときハ　御家今日緊要之定筭ハ先上下を一致するニあり上下を一致するハ然るへき人才を撰ミ各其任ニ當るにあり其節目ハ左ニ申上候

一將帥たる人ハ寛洪ニして能く人言を用ゆへき事

將たるの任ハ三軍之司命とも申て士卒之進退存亡ハ皆是人ニ依る者なれハ氣量も出群ニして事情ニ練達致す人ニ非れハ當り難く候然れ共當今之諸貴族ハ幼より深閨ニ生長して外向之事ハ見聞ニ及ハさる事多きか故ニ如何なる美質ありとも事情ニ練達致し候たけニハ遼に相成間敷何卒御一門中ニあ度量寛大ニして物ニ驚かす執拗我漫之見無之して能く人言を用ひ候方を御擇ミ可被成候言路之通塞ハ其關る所至重ニして此路さへ通開致し候ハヽ奇謀を献し妙筭を考へ其緩急を誤らさるハ別ニ其人可有之候

此一路千願萬願

一參謀之任ハ非常之才ニあらされハ當り難き事

付り兵學者儒者蘭學者各一名を以參謀の取捨ニ備ふへき事

參謀ハ將帥を助ケ萬事之措置一々其圖ニ當り士卒之心をして能く將帥之指揮を奉せしむるの任なれハ其人文武之大體を知り時務ニ練達し兼而人心之歸向致し候者ならてハ當りかたく候大藩人才之夥多なる定而其人可有之候然れとも陣伍之組立天下之得失外國之事實ニ至りてハ獨力之能く悉す所ニあらさる故ニ兵理ニ精しき者一人ニハ其法を講せしめ學問精博なる者一人ニハ其議論をきゝ洋書深き者一人ニハ敵國の情勢を說らしめ此三人をして朝夕我耳目を養ひ候ハヽ參謀之識も十分無遺憾義と奉存候然れとも此三人之者も亦得やすからさるの才ニ候得ハ其人の貴賤を問ハす厚く御探索可有之候萬一御封內中其人なき時ハ廣く天下ニ御求メ被成候ハヽ艽澤草莽之中必す其募りに應するハ勿論之義と奉存候

此間當有擇諸將軍吏一條

〔戚南塘別無論也

此事甚難〔世固有縱如劉表嚴如諸葛省罸罪貴嚴恕過貴寬

一戰闘之士ハ貴賤となく別而御撫恤有べき事

戰闘之士ハ膽小脆弱にしく小才ある者ハ宜しからす候此等之人ハ兎角便利を考へ預メ自全之計をなし何事も人後ニ落ち候故編《マヽ》ね致候とも却而軍氣を肌《マヽ》し候唯其人となり質直にしく筋骨たくましく殺氣有之沈毅なる人を御用ひ可被成候御城下崛强之士は勿論在々住居の面々ハ内ニ家園才も相治メ筋力も克く整ひ候事故幸の事ニ候然るニ戰闘之士ハ緩急第一之役ニ候得ハ別而御憐恤有之度奉存候右様之人躰ニ候得ハ軍令を不犯之外ハ平生些少之過ハ有之とも御咎被成間敷候其外卒伍ニ至ルまて貴賤之差等ハ有之といへとも緩急ニ臨ミ忠勤を相勵ミ候ハ同一之義故何卒御恩愛も別而御手厚く可被成候古人之言ニも厚賞之下ニハ人是ニ死すると有之候へハ此等之死力を得んとならハ御厚賞ニ如くハ無御座候

一海内之浪士を募り御人數に召加へらるべき事

大藩人士の夥しき固より外人に待事なし然れ共兎角太平臭氣除き兼動すれハ妻子故郷に眷戀し諸事惰りがちに相成故互角之相手無之而も舊習消過し難く其相手には廣く天下之浪人を募るか如くハ無御座候浪人之義も大躰妻もなく子もなく瓢然たる單獨之身にて其胸中常に不平を懷き何卒時節ほしく思ひ候事故重賞を掛給て御募り被成候ハヽ此輩大旱之雨を得る心地にて先を爭ひ群を逐ひ日々か御門下に伺候致すハ必定之義に奉存候左候得ハ此輩を以て一組となし其中より才氣拔出せる者を伍長となし御固メ場所一方被　仰付置く候御親兵も累代恩顧之士故新進之輩に劣り候ハ此上もなき耻辱之義又此輩は新募之御恩を感し十分精力を盡し双方相互に不負不劣其伎倆を顯し緩急之節も誰か其死を顧り見る者ならんや然るときハ御親兵之氣も引立自然舊習脱却すへく是を不勸して勸メ不罰して罰すとハ申候又新募之兵は今迄廩粟之費もなく一朝にして御役に相立候ハ不容易

之事ニ候古ゟ千金を懸け必死之士一人を募り候事も有之今此輩を募る一人千金之重賞ニハ及被申間敷但其才之高下ニ随ひ御俸祿御定メ可被成候左候得ハ一ハ御親兵之爲メ一ハ不用意之御入數一擧して両得とハ此等之義ニ奉存候

一土著之農民を以て兵卒となすへき事

農民を以て兵卒となす事ハ冗費を省くの一ニして

皇朝古之佳制なり西洋諸州之兵士も亦多くハ農民より撰擇し武藝精熟之時を待て亦本之農となる由承り及候

皇朝兵農相分レしより農民ゟ唯春田夏畦のミ汲々として武藝之事ハ一切是を講せす故ニ今日ニ當り急ニ是を用ひんとすれハ却而扞格して不堪の憂ならん然れとも土著之民ニ至りてハ然らさる者なり土著之民ハ地理風習ニ熟するのミならす永世住熟し處敵人之爲ニ侵掠せられ甚しきハ父母妻子なと許多の辱めを受け其恨ミ骨ニ徹し常ニ其

坂東博徒皆習
撃劍是尤可用
者

肉を食はんと思ふゟ故ニ一心之貫く所往々目覺しき事有之候嘆咭利之清國を侵されし時某郷民《三元里》英夷之乱妨を怒り黨を鳩メ義を結ひ大ニ夷人を破りし由當夏異人渡來之節も栗濱邊上陸致し人家懸離れし居者之家ニ入り婦人壹人守り居候を縦ニ輪淫致候處其夫歸り來り憤怒ま堪も五六人を相手ニ奮闘し悉く追退け候得共餘憾無遣方其由號訴ニ及ひ是非此辱報度樣申立候由其眞否ハ不分明候得共無礼無義之蠻賊も此等之事ハ固り怪ニ足らさる事ニしく右士兵之用ゆへき被推量候御固メ場所之義ゟ御領地同樣之事故素勇之者數百を召シ墳墓之地ゟ夷狄ニ辱めらる可らさる之理申諭し緩急之御用被　仰付候ハゝ何之違背ゟ仕る可き然レ圧推魯愚昧之者共に候得も平生噢濡之仁惠を施し能く其心をしく馴伏せしむるに非されハ能はさる事ニ而徒ニ苦使苛役のミ施し候てハ兼々悪ミ思ふ夷人之外ニ一ツ之恨ミを增《欠マヽ》もる理りまて御用之義ハ捘置緩急之節も却而大紛冗《マヽ》を起し其患甚しきま至

し唯省糧銀浪汰冗々寡而古勝於衆而歟万々

らん故に緩急之命を製せんと欲せハ平生之御巡撫第一之義と奉存候右之通大節目相立候ハヽ上下一致忠勤を勵ミ誓而君恩ニ報し奉るハ申迄も無御座候其外夫々之御役向等ハ御定之義も有之事故其任を以て御撰ミ被成成丈ケハ無用之雜人を御省き可被成候既ニ當夏異船渡來之節諸家より人夫雇有之候處一人ニ而五家十家を受持者も有之由緩急之砌ハ給金取聚メ奔匿致し候ゟ外ハ無之候縱令此才之者何百人有之共却而足手纒之外ニハ相成間敷西洋人ハ能く此由を解し一人も無用之兵ハ編收セす百人ハ百人千人ハ千人皆戰鬪之士之由承及候何分諸事至極簡便ニて混雜なきこそ肝要と奉存候右之上ハ何分器械取急キ精々御修造被成少シも時ニ及ひ候樣有之度候細川樣も御手當御嚴重ニて萬事無御留滯之由此ニ御對シ被成寸分も御油斷も相成間敷候抑

御家之義も奕葉無比之御名門ニて殊ニ相模國も

御遠祖廣元樣ニも御緣由有之事故此度之義も

御遠祖樣ニも定而御

念爾祖
脩其德

不福
公子哀矣

満足可被遊且又御近祖元就様之御威徳　両川之御勇略ハ兒童走卒も仰慕致し候事故願クハ　公上御自身御出張被遊其御威徳ならまほしく奉存候　吉川様も御賢明之由　元春様之昔日を被思召一方之御総督被仰付候様奉存候　小早川之御家ハ當時御缺姓ニ御座候得共幸ひ當り口御住居様被在候故何卒　此君を以て小早川之姓氏を賜り　隆景様之英風を逐ひ御固メ場所御出馬被遊候ハヽ御國中ハ申に及ハす天下之耳目如何計りと奉存候果して能く此の如き三軍之士不戰して氣日ニ倍シ彼蠢爾たる蠻夷何の掃蕩ニ難き是ならんや臣誠に草莽之微を以輕しく國家之大政を議も斧鉞之誅固り逃るヽ所なし然レ𪜈多歳國家之御膏澤ニ沾ひ安居暇食相過候間何卒釆薪之末議ニもと存胸中之存意無遺申上候

伏して願くハ

公上献芹之微衷を憐ミ匪職之罪をたヽさもんハ大幸之義ニ奉存上候以

上

嘉永癸丑十一月十六日

（以下六行原朱）

蕭海此策、作於癸丑之冬、先是、墨虜之去、約明春重來是時天下和戰之議紛然而起、有志之士、所深擔憂也、而策中無一言及于此者、以藩議一定無所復憂耳、但已主戰、而不論兵勢兵權、可破敵制勝者、而皷舞將士之氣、則爲一大闕事矣、然其詞切而不激、婉而不弛、懇々有情娟々有態、使讀者不覺伏聽則豈易及哉、

松陰漫批

乙卯四月廿三夜三皷閲了

尊攘堂叢書

一

明治二十九年中央新聞所載

尊攘堂

上

（第二）　西郷南洲先生ノ書翰ト三藩（薩長藝）ノ盟約書

維新ノ大業其由テ來ル所ノ原因遠クシテ且ツ久シト雖其端緒ヲ開キタリト云フヘキモノハ卽チ慶應三年十月十三日討幕ノ內敕薩長兩藩ニ下リタル日ニ在リトス然レトモ其能ク天下ノ勢ニ乘シテ天下ノ機ヲ制シタルニ至テハ同年十二月九日ノ大革新ト同時ニ內ニ在テハ薩尾越藝土ノ兵　禁闕ヲ護シ外ニ在テハ長州兵カ疾ク進テ山崎ノ關門ヲ越エ直チニ京師ニ入リシ時ニ在リト謂ハサルヲ得ス知ラス此兵力ノ運轉者ト爲リ運動ノ中心力ト爲リタルモノハ誰ソヤ

當時風雲ノ時會ニ際シタル者ニシテ今日ニ現在スルモノ獨リ品川子アルノミ子ハ尊攘堂ニ於ル累々堆裏ノ書類中ヨリ一遺墨ヲ看出シ當時ノ事ヲ語リ且ツ余ニ謂ツテ曰ク「嗚呼是レ當時老西郷カ予ニ贈リタル書面ナリ此書面ニ由テ以テ其時ノ事ヲ察スヘシ」ト其書面左ノ如シ

先刻承知仕候事件大久保トモ相談仕候處今日ハ於朝廷摠參內被仰出

御評議相成候向ニ被相伺先歸國可致トノ御論モ相起リ又ハ何分御沙汰被爲在候間ハ可相扣トノ両議不被相決筋ニ相聞レ候由ニ御座候夫故三五日中ノ處大キニ可宜トノ事ニ御座候處强テ御勸申上候筋ニテハ無御座暫時ノ間譯モ相立候事カト相考候儀ニテ別ニ仔細ハ無御坐候間先ツ御見合ノ方御宜シクハ有御坐間敷ヤ誠ニ相違ノ義ニ御座候得共明後日ト相成候テハ機會モ相後可申事ト奉存候間左樣御納得可被下候此旨乍略儀以書中奉得御意候參上仕候テ可申上候筈ニ御坐候得共無據差懸候故卒爾ノ働御免可被下候

十二月六日

西郷吉之助

品川矢次郎樣

是レ實ニ子カ維新ノ大事ヲ擧ントスル期日ヲ問合セタルニ答タルモノ

又其翌々日ノ書面左ノ如シ

別紙ノ通今晩四時分相知レ來リ候ニ付匆々足輕ノモノ両人大急ニテ

坂元(大坂)邊御陣所へ向ケ差遣ハシ候事ニ御座候自然藝藩ヨリ御申越相成リタル事カト奉存候得共明朝山崎關門御通行ノ節故障付申間敷相考候ニ付左樣御納得可被下候今晩ノ處イマタ參朝ノ御方々御引取無之卯ノ刻少々延ハ致シ申間敷カト此ノミ殘懷ノ御仕合ニ御座候イツレ丑ノ刻頃ニハ何分御知ラセ被下候筋ニ御座候得共未タ何トモ報知無之相待居候義ニ有之候此旨荒々奉得貴意候頓首

十二月八日

西郷吉之助

品川矢次郎

前書面ニハ「於朝廷總參內被仰出御評議相成候」ト云ヒ後書面ニハ今晩ノ處イマダ參朝ノ御方々御引取無之」ト云フガ如キ如何ニ當時朝廷ノ議論紛々擾々トシテ定マラサルカヲ想像スルニ足ラン又其「明朝山崎關門御通行ノ節故障付申間敷相考候ト云ヒ「卯ノ刻少々延ハ致シ申間敷カト此ノミ殘懷ノ御仕合」ト云カ如キ亦其如何ニ東西ノ禍氣火ノ如ク危機一髮

ノ上ヲ走ルカ如クナリシカヲ想像スルニ足ラン而シテ西郷南洲カ此時此際ニ於ル苦心焦慮ノ狀亦察スルニ餘アラスヤ

品川子ハ丑寅卯ノ三年間京都ニ潛伏シ初メニハ二本松ノ薩摩屋敷ニ後ニハ石藥寺《マヽ》通リ寺町東入ル大久保甲東ノ別宅ニ居リ其危機益々逼ルニ及ヒテ相國寺内林光院ニ寓シ備サニ千艱萬難ヲ嘗メタリ當時西郷ハ相國寺門前東側ニ大久保ハ二本松ノ薩邸内ニ在リシトゾ子云ク是ヨリ先キニ我藩ノ老臣毛利内匠ハ諸隊ノ精兵八百人ヲ率ヰテ三田尻ヲ發シ藝州御手洗港ニ至リ藝藩ト議ヲ協セ進ミテ攝州西宮ニ著シ打手村ニ陣セシカ八日夜西郷ノ報ニ依テ急ニ入京スルニ決シ打手村ノ兵奇兵遊撃両隊ヲ先鋒ト爲シ翌日曉マテニ京都ノ關鑰タル山崎(時ニ藤堂ノ兵之ヲ守ル)ニ入リ終ニ粟生村ノ光明寺ニ陣シタリ同時ニ皇政維新ノ大號令ハ發セラレ薩長両藩ノ兵奮テ皇城ノ警衛ニ任シ是ヨリ伏見淀鳥羽ノ戰爭トハナリキ

若シ當時我長兵ニシテ速ニ山崎ノ關門ヲ越ヘテ上京セサラシメハ天下ノ事未タ知ルヘカラサリシナリ而シテ西郷カ能ク群議ヲ排シテ事ヲ決シタリシニ由テ長兵疾ク京ニ入リタレハコソ皇政復興ノ運忽チ玆ニ開ケタルナレ西郷ノ力モ亦大ナラスヤ

子ハ更ニ一幅ノ遺墨ヲ出シテ曰ク「是レ所謂薩長藝三藩ノ盟約書ナリ」ト披テ之ヲ看レハ左ノ如シ

要　目

一三藩軍兵大坂著船之一左右次第
朝廷向斷然之御盡力幷テ奉願置候事

一不容易御大事之時節ニ付爲
朝廷抛國家必死盡力可仕事

一三藩決議確定之上ハ如何之異論被聞召候共御疑惑被下間敷事

九月八日　　三　藩　連　名

「此盟約書ハ慶應三丁卯九月八日上京平孫別莊(薩藩岩下佐次右衛門旅宿)ニ於テ薩長藝三藩協議ノ後決定セラレタルモノニシテ當日之ニ會セシ者薩ニ於テハ小松、西郷、大久保藝ニ於テハ辻(家老)小林(重役)外二名長ニ於テハ廣澤及ヒ予ノ二人ノミ而シテ此書ノ草案ハ大久保ノ筆ニ成リ藝州ヲシテ此盟約ニ加ハラシメタルモ亦大久保ノ手段ニテアリキ此盟約成テ四公卿即チ正親町三條、中山大納言、中御門岩倉始メテ之ヲ信シ愈ヨ大事ヲ擧クルニ決シ終ニ内敕ヲ賜ハリ幷セテ錦旗ヲ賜ハルコト、爲リシナリ」初メ藝藩ハ薩長兩藩ト聯合スルニ決シタルニ拘ラス藩内正義因循ノ兩派ニ分レタルカ爲メ其志泛々トシテ未タ定ラス剰ヘ其藩臣某ナルモノ公卿ト薩長トノ離間ヲ謀リシカハ四公卿動モスレハ將ニ動搖セントスルノ勢アリキ西郷大久保廣澤等之ヲ聞キ藝ノ薄志弱行ヲ憤リシカトモ之ヲシテ一旦聯合ヨリ離レシムルトキハ天下ノ大事ヲ誤ランコトヲ恐レ大久保ノ策ニ依リ三藩ノ士平孫別莊ニ會合シ右ノ如キ盟約書ヲ交換シタリシナリ而シテ其盟約交換ト同時ニ大久保廣澤ノ兩人ハ辻ヲ拉シテ岩倉公ヲ始メ其他ノ公卿ニ至テ此盟約書ヲ示シ斷シテ他ナキヲ陳シケレハ諸公モ其意ヲ了シ討幕ノ決心ヲ固ウセシナリ蓋シ當時ノ所謂公卿ナルモノハ徒ニ其藩ノ大小ヲ以テ其强弱如何ヲトスルニ過サル程ナレハ假ヘ薩長兩藩ノ聯合已ニ成レルモ藝藩ノ之ニ加ハルナカリセハ躊躇遲疑容易ニ其去就ヲ決スルコトニ能ハサルヘキハ實際ノ有樣ナリシナリ左レハ西郷大久保廣澤諸氏ノ活眼夙ニ藝ノ弱藩タルヲ知リ居リタルニ拘ラス之ヲ利用シテ以テ諸公卿ノ心ヲ攬リシナリ而シテ討幕ノ內敕薩長ニ下リ薩、長、尾、越、藝、土ノ兵皆　輦轂ノ下ニ集マリ皇政復古ノ業始メテ其端緒ヲ開キタリシナリ故ニ此盟約書ノ成就シタルト薩長諸藩ノ兵京ニ入リタルトキハ是レ豈維新ノ魁ヲ爲シタルモノニアラスヤ當時政權奉還ノ擧ト同時ニ王政復古ノ大號令ト爲リタルカ如キ毛利侯父子ノ官位ヲ復シ其藩士ノ入京ヲ許シタルカ如キ三條公以下五卿ノ官爵ヲ復シテ京師ニ入ラシメタルカ如キ岩倉公其他諸公卿ノ蟄居ヲ免シテ其職ヲ復セシメタルカ如キ會桑ノ禁裡守護ヲ解キ薩長ノ兵ヲ以テ之ニ代ヘシメタルカ如キ攝政關白征夷大將軍議奏傳奏守護職所司代等ノ官職ヲ廢シ新ニ總裁議定參與ノ職ヲ置キタルカ如キ德川ノ旗下及ヒ會桑二藩士ノ入京ヲ禁シタルカ如キ迅雷閃電千變万幻人ヲシテ目眩シ耳聾セシムルニ足ルモノアリ而シテ公卿ノ逡巡諸侯ノ反覆人心ノ疑懼更ニ甚シク世ヲ擧テ迷夢茫々ノ中ニ在リシナリ苟モ天下ニ恐ルヘキモノ無キ大膽清濁ヲ混同シ群雄ヲ鎭壓スルノ洪量死生窮達ヲ度外ニ置クノ眞誠ヲ兼ヌルモノ始終泰然トシテ動カス其樞軸ヲ握ルニアラスンハ安ソ其中途ニシテ挫廢スルナキヲ保センヤ哉西鄉南洲ハ皇政ノ復興ヲ謀ントト欲セハ主トシテ兵力ヲ　輦轂ノ下ニ集合セサルヘカラサルヲ看破シ二十分ノ膽二十分ノ誠ヲ以テ其間ニ處シ內能ク諸公卿ノ元氣ヲ皷舞シ諸

藩ノ禍心ヲ鎮壓シ外能ク幕府ノ大軍ニ當リ綽々トシテ餘裕アリシ也然ル所以ノモノハ何ソヤ彼ハ自ラ我實力アルヲ恃ミ空論ヲ恃トセサレハ也彼ハ自ラ運命ヲ天ニ任セテ成敗ヲ度外ニ措キタレハ也顧フニ南洲ハ松菊ニ比スレハ經綸疎ナリ甲東ニ比スレハ謀略密ナラス然レトモ天下ノ動乱ニ乘シテ萬難ヲ排ラキ人心ヲ收メ活機ヲ制スルノ妙ニ至テハ未タ曾テ彼カ獨歩ノ擅《マヽ》場ナラスンハアラス今其品川子ニ寄セタル書面ヲ讀ムニ付テモ亦以テ其禍機鬱勃ノ中ニ從容自若膽氣盈滿スルモノアルヲ認識シ得ヘシ嗚呼是其能ク天下ノ群力ヲ合シテ以テ維新ノ基ヲ開キタル所以歟

（第三）　孝明天皇

余一日尊攘堂ニ遊ヒ庭園ノ間ニ逍遙ス品川子一株ノ弧松ヲ指シテ曰ク「是レ先帝（孝明天皇）御下種ノ松ニシテ弘化三年二月前ノ典藥頭三角氏ニ恩賜セラレタル者今ニシテ維新前ノ事ヲ思フ先帝ノ盛徳ヲ欽仰シ奉ラ

サラント欲スルモ其レ得ンヤ」ト因テ松樹ノ側ニ立ツコト多時子ハ余ニ向テ「君先師カ癸丑ノ歳禁闕ヲ拜シ奉レルトキノ詩ヲ知ルカ」ト云ヒツ、徐ロニ其詩ヲ吟シ出セリ

山河襟帶自然城　形勝依然舊神京
今朝盥嗽拜鳳闕　野人悲泣不能行
上林黃落秋寂寞　空有山河無變更
聞說今皇聖明德　敬天愛民發至誠
鷄鳴乃起親齋戒　祈掃妖氛致太平
安得天詔敕六師　直使皇威被八紘
從來英皇不世出　悠悠失機今公卿
人生如萍無定在　何日重拜天日明

予ハシハラク自ラ感動ニ堪ヘ得ラレサリシカヤ、アリテ「コハ先師カ下田踏海ノ事アリシ前年ノ作ニシテ先師此時ヨリ航海ノ志アリシナリ而

シテ予當時喜ヒテ此詩ヲ誦シタリケレトモタヽ是レ先帝ノ聖德ヲ頌シ奉リタルニ過キスト爲シ深ク意ニ留メサリシカ往年岩倉前右府ニ謁シ談先帝ノ事ニ至ルニ及ヒ乃チ「鷄鳴乃起親齋戒　祈掃妖氛致太平」ノ句ヲ擧ケテ之ヲ質セシニ右府慨然トシテ襟ヲ正ウシ「是レアルカナ吾レ平素玉座ニ親近シ備サニ先帝ノ御性行ヲ審ニシ奉リ深ク其励志刻行ニ感動シ奉レリ先帝ニハ毎朝鷄鳴ノ候ニ至レハ必ス親ラ沐浴齋戒シテ外敵膺懲皇威宣揚ヲ禱リ給ハスト云フコト無シ此詩ハ實ニ先帝ノ御性行ヲ寫シ盡シテ一字モ虚飾ヲ用キス吾レ實ニ松陰ノ善ク先帝ヲ知ルノ深キニ感セサルナキ能ハス」ト云ヘリ予亦之ヲ聞キ肅然トシテ容ヲ改メ爽然自ラ失スルモノ之ヲ久ウシ始メテ先帝ノ積誠天地ヲ動カシ鬼神ヲ泣カシムルモノ決シテ偶然ナラサルヲ知リヌ嗚呼當時志士仁人東西ニ鬱興シ身ヲ以テ國ニ殉シ誓ツテ其志ヲ渝ヘス皇政維新ノ始ヲ成シタルモノ所謂鷄鳴乃起、祈掃妖氛ノ聖德六十餘州ノ人心ニ貫徹シタルニ由ルニ非ス

ヤ

子ハ堂ニ上リテ子カ二十餘年前ノ日記ヲ出シ之ヲ余ニ示セリ其日記中ニ有名ナル先帝ノ御製ヲ錄スルモノ二三

朝な夕な民安かれと思ふ身の
　心にかゝる異國の船

如何ニ其「敬天愛民」億兆ノ父母タル御聖德ヲ具シ奉ルカヲ知ルヘカラスヤ

鉾とりて護れ宮人九重の
　御階のさくら風そよくなり

如何ニ剛健神武善斷ノ明主タル御資格ヲ有シ奉ルカヲ知ルヘカラスヤ

澄ましえぬ水に我身は沈むとも
　濁しはせしな萬國民

如何ニ自信自强御躬ヲ以テ國家ノ難ニ殉スルモ辭セサル御氣象ヲ備ヘ

奉ルカヲ知ルヘカラスヤ
世或ハ先帝ノ御一代中其御處置ニ就テ疑ヲ挾ムモノアリト雖是レ盲眼時勢ヲ知ラサルモノヽミ先帝ノ志ハタヾ皇政中興ニ在ルノミ故ニ其幕府ヲ責ムルモ諸藩ヲ責ムルモ公卿ヲ責ムルモ一トシテ中興ノ御志ヲ達シ給ハントスルニ出テサルハ無シ或ハ國事ヲ憂ヒ奉ルノ極御膳ヲ減シ奉リテ神明ニ祈リ給ヘルカ如キ或ハ八十八卿ノ抗疏ヲ容レ奉リタルカ如キ或ハ内敕ヲ水藩ニ下シ給ヘルカ如キ或ハ加茂行幸攘夷ノ令ヲ天下ニ布キ給ヘルカ如キ其一擧一動光明磊落天日ヲ覩ルカ如キモノアリ而シテ天下善ク其盛意ヲ遵奉スルコト能ハサルモノハ他無シ所謂悠悠公卿懦弱ニシテ其機ヲ制スルコトヲ知ラサルノミ當時輔弼ノ公卿其人ヲ得タランニハ中興ノ偉業必スシモ
今上陛下ヲ待タサリシヤモ未タ知ルヘカラス今ヤ先帝崩セシヨリ玆ニ三十年世局一變萬邦多端而シテ皇運ノ盛ナル前古未タ曾テ有ラサル所

今上陛下ノ聖徳之ヲ致スニ外ナラスト雖未タ嘗テ先帝ノ靈暗ニ之ヲ助タル者無クンハアラズ

品川子ガ孤松ヲ撫シテ詠嘆ヲ先帝ノ御盛徳ニ發スルモノ亦宜ナラズトセンヤ

（第四）佐久間象山先生ノ書翰

京都三條大橋ヲ距ルコト一里餘許リ花園村ト云フ村内ニ一大禪刹アリ有名ナル臨濟宗一派ノ大本山タル正法山妙心寺是ナリ山門ニ入リ石逕ヲ過キリテ迂折スルコト數百歩萬歳山（雙岡ト稱スルモノ）ニ面シテ一法院アリ是ヲ大法院ト稱ス院内ノ綠樹芳草ノ徑路ヲ經ル數歩數箇ノ小碑並立シ其南端ニ當リテ一碑アリ是レ所謂「予年二十以後乃知匹夫有繫一國、三十以後乃知有繫天下、四十以後乃知有繫五世界」ト公言シタル一大偉人象山佐久間先生ノ安眠スル所也

余ハ一日品川子ニ伴ハレテ象山先生ノ墓ニ詣テヌ子余ニ語ツテ曰ク「予

ハ象山カ文武ノ全才タルヲ知ル絶世ノ卓識ヲ有スルヲ知ル抱負ノ大ナルヲ知ル藝術才技ノ俊敏無比ナルヲ知ルヤ久シ而シテ未タ彼カ勤王ノ本領アルヲ知ラサリキ彼カ横殺セラル丶前卽チ久坂入江寺島諸士ガ兵ヲ提ケテ京都ニ入ラントスルニ先チ幕府ハ將ニ天子ヲ彦根城ニ遷サントスルノ說アリテ象山ハ實ニ其謀議ニ主タリト云フ是ニ於テ長防尊攘ノ志士中ニテハ彼ヲ殺サント主張シタルモノアリキ時ニ木戶ハ潛ミテ京師對州邸ニ在リシカ之ヲ聞キ以爲ラク一應人ヲシテ象山ノ許ニ至ラシメ其意見ノアル所ヲ問ハシムヘシ妄リニ風說ヲ信シテ輕擧妄動スルハ不可ナリト因テ木戶ノ意見ニ從ヒ人ヲ遣ハシ象山ノ意見ヲ問ハシメタルニ象山毅然トシテ曰ク「天子ヲシテ彈火霹靂ノ中ニ投セシムルハ吾々臣子タルモノ丶得テ忍ヒサル所ナリ」ト天子ヲ彦根ニ遷シ奉ラサルヘカラサル所以ヲ公言シ毫モ憚ル所ナカリキ而シテ彼カ殺サレタルハ實ニ甲子京師ノ變アリシ九月前ノ事ニテアリキ顧フニ先師カ推服シタル

人物ハ當時天下唯一ノ象山アルノミ左レハ先師ガ「吾師平象山、經術深粹、尤留心時務」ト云ヒ「象山先生天下之士當爲天下之用今而不用天下其謂之何」ト云ヒ安政六年四月二十六日書ヲ與ヘテ「幕府諸侯何處可恃神州恢復何處下手丈夫死所何處最當」ノ三條ヲ問ヒタルカ如キ如何ニ先師カ終始象山ヲ忘レサルヲ知ラン今ニシテ之ヲ思フ先師カ斯ク象山ヲ仰慕スルノ切ナル決シテ偶然ナラサルモノアラン彼モ亦實ニ尊皇ノ大義ヲ忘レサリシ也

子ハ象山ノ墓ヲ拜シ終リ大法院ニ至リテ一憩シ一書ヲ出シ之ヲ余ニ示セリ其書面左ノ如シ

本藩ニテハ高百石ト申セハ一騎前ノ樣子ハ候ヘトモ諸物品高直ノ世ト成リ殊ニ半知ノ和成ニテハ外公務ヲ務メ內父母妻子ヲ養ヒ候ニ引足リ不申外ニ田園山林等ノ餘得有之候モノナラデハ朝暮內職ヲ以テ其不足ヲ補ヒ候ヨリ外無之候然ル處某ノ家堂伯父幼少ニテ死去減祿

相成候以來甚タ薄俸ニテ困窮ヲ極メ候ヒシカトモ亡父ノ恩惠ニテ某ノミハ幼年ヨリ內職ナド致シ候事無之飢寒ヲモ覺ヘス文武兩道ノミ骨折リ稍成人候テハ幸ニ上ニ感應院樣爲入ラレ格別ニ御目被爲掛文學修業中モ厚ク御手充被成下舊祿ニ御復シ被成下以後モ臨時御內借等多分被成下御聞濟依之天下ノ人ノ難得書籍ヲモ手ニ入レ研究候ニテ追々世上ニ名ヲモ知ラレ諸藩ノ門人ト多勢ニ相成リ其後ハ臨時拜借等不奉願暮シ方差支モ無之既ニ木挽町ヘ住居候間立入候事ナカラ年々知行所物成ヲ合セ本知千石丈ノ入方有之候ヒキ右故ニ兩三年ノ內稍有餘有之此分ニテハ御拂切ニモ一々被成下御內沙汰被成下御內借ノ分モ遠カラス返上ノ都合ニモ可相成ト默算候內揆ラス甲寅ノ禍ヲ引出シ少シク有餘モ候ヒシ貲財一時コレガ爲ニ蕩盡シ遂ニ公儀ノ嚴譴ヲ蒙リ當時屏居ノ身分ニハ候ヘトモ其嚴譴ヲ蒙リ候來由ヲ究メ候ヘハ畢竟皇國ノ御爲ヲ謀リ當今ノ御急務ノ万一ヲ奉補ラン忠誠ニ

出候事世上ノ人モ承知ニテ棄候ハヌ事ニ相見候其以來モ門人諸友ノ内内々厚ク心ガケ呉候仁モ有之年々知行所物成ノ外三百石半知丈ノモノハ不足ナク相收リ候左候ヘハ某存生タニ致シ居リ候ヘハ長ク屏居候テモ家内扶助ニ不自由無之別ニ貯畜〔蓄カ〕ヲ成シ候ニハ至ラス候ヘトモ年々少々宛入用ノ書物取入候位差支無之是偏ニ御浩恩ト難有奉存候事ニ御坐候然ル所是ハ唯某存生ノ内ノミノ事ニテ人世明日ヲハカラレス自然某朝露ニ先チ候トキハ本ノ百石半知ノ外衣食ノ用トナスヘキノ資財更ニ無之其節ハ格次郎始メ内職ニテモ致シ候ハネハ暮シ立ヘキ不申不肖ナカラ文武ノ業ヲ以テ御奉公ヲモ勤メサセ候ハント撫育候モノ其志ヲ果サス内職ナト致シ候モノ、組ニ入候ハムコト遺恨ノ恨ニ有之サリトテ外ニ餘得モ無之候ヘハ不及是非事ニ御坐候昔孔明ノ上表ニモ成都ニ桑八百株薄田十五頃コレアリ子弟ノ衣服オノツカラ餘饒モ候ヘハ官ニ在テ別ニ生産ヲ治メテ尺寸ヲ長セスト見ヘ申候桑ノ八百株ハ木ノ大小モ有之候ヘハ只今聢ト何程ノ積リモ出來カネ候ヘドモ十五頃ノ田ハ大凡五百石ニ當リ申候孔明ホドノ人ニテモ子弟ノ衣食ハ心ニ關ラサル事能ハス畢竟其官ニ居テ別ニ生產ヲ治メスト申モ子弟ノ爲ニ五百石ノ田得有之候ヒシ故ニテ候當今他日子孫ニ衣食ニ差支可申ト存シ早ク某計ヲ成シ候ヘハ成リ候義ヲ成サスシテ過キ候モ行屆キ候事ト申スヘカラス某ノ來年半百ニ及候ヲ存シ候何トモ他日ノ計ヲ成シ宜シキ樣勸メ呉候衆モ有之イカニモ尤ノ事ト存シ候依テ其衆ノ見込ニ從ヒ此節柄總シテ其衆ニ任セ賴リ無盡致シ度候尤モ當節ノ爲ニハ一金ノ入用モ無之全ク他日ノ計ニ御坐候前條ノ次第詳悉被下半生ノ誼ヲ以テ加入シ被下候ハヽ子孫モ永ク其高誼ヲ服佩感刻可申候事

未十一月

子曰ク「象山ノ如キ大抱負ヲ有スル人物ニシテ此ノ如キ大細心アリ是レ

以テ今日志士處世ノ好模範ト爲スヘシ」ト

象山先生ハ徹頭徹尾建設的計畫ヲ有スル大頭腦ヲ有スル經世家タルハ言フヲ須ヒス其「遠クハ本邦古先帝王ニ被爲法近クハ魯西亞ノペートルニ被則度事」ト云ヒ「東邊拓地五千里曾倣荷蘭設學科」ト云ヒ彼得大帝ノ規模ヲ以テ國家經綸ノ主義精神ト爲シタルカ如キ其「徴臣別有伐謀策安得風船下聖東」ト云ヒ外交政策ヲ以テ歐米各國ニ當ランコトヲ期シタルカ如キ其「天下ノ御武備ハ天下ノ御武備ニシテ德川一家ノ御武備ニ御座無ク候事」ト云ヒ國防軍備ヲ完整シテ以テ强國ノ基礎ヲ立テンコトヲ謀リタルカ如キ其「西洋ヨリ諸學ノ師ヲ召出サレ就中詳證術盛ニ行ハレ候樣御座アリ度事」ト云又「西洋厚生利用ノ諸工作廣ク天下ニ開キ申度事(仮令ハ木像製活字版等ノ如シト)ト云ヒ又「西洋書漢籍同樣賣買自在ニ御坐アリ度事」ト云ヒ以テ世界ノ智議〔識カ〕ヲ我ニ利用セントスルカ如キ其行フ所ノモノ未タ必スシモ其言フ所ノ如クナル能ハサルヘシト雖其神智靈覺活

眼卓識天神ヲ貫クニ至テハ他人ノ企テ及ハサル所而シテ其處世上ニ於ケル細心的工夫此ノ如シ是レ其最トモ及フヘカラサル所ニアラスヤ今ヤ先生ノ墓所斷烟荒草ノ裡ニ在リテ春風秋雨人ノ訪フモノ無シ而シテ先生ノ雄姿英風何レノ處ニ向テ之ヲ尋ントスル噫嘻

（第五） 野村望東尼

一日尊攘堂ニ於テ桐製ノ一小器ヲ見ル其上ニ題スル文字左ノ如シ

觀花濺涙聳鳥驚心此皆騷人志士之所不能已也」望東女史嘗在囚禁之中、摘斯花而作斯歌其齒愁無聊之狀志慨氣韵之跡是以想見其爲人」往歲藤茂親訪余贈以是物余愛而不已置之床側以示人噫僅々三十一言與區區一片乾紅以其人傳者不亦奇乎」是日韵人素兄見以爲甚珍將袖而去余不能奪其情割愛以贈」女史者野村氏筑前人也與茂親同藩以某年某日客死我周防君若夫行實則素見所諳今不復贅焉耳

時明治己巳仲秋初七月酒間走筆

西山狂者

西山ハ長人大樂源太郎ノ號此文ヲ讀ム者亦以テ個中ノ消息如何ヲ察シ得ヘシ

つゝみおくひとやの前の朝顔も
　昔のものとみるときもかな
うき人やなくさめかほに朝顔の
　ひことに向ふ花のかなしさ

右二首ハ器中ニ藏スル一片紙ノ表裏ニ書カレタルモノ而シテ此片紙ノ中ニ藏スルモノハ則チ是レ枯レ果テタル三十餘年前ノ朝顔ノ花ニテアルナリ望東女史斯花ニ對シ感慨ノ情ヲ淸惋ノ詞ニ寓シ悲壯ノ心ヲ優美ノ筆ニ染ム嗚呼此歌ヲ讀テ其人ヲ想ヒ此花ヲ觀テ其心ヲ察シ来レハ是レ安ンソ筆ヲ投シテ悵然自ラ失セサルヲ得サランヤ

余乃チ望東女史ノ性行ヲ品川子ニ問フ子曰ク「望東カ維新前後傑出ノ女

丈夫タルハ言マテモ無シ高杉東行ノ難ヲ筑前ニ避クルニ當リテヤ望東之ヲ己カ山莊ニ潜伏セシメ心ヲ盡シテ高杉ヲ勞ハリ皇學者吉村千秋ノ女清子ヲシテ食膳ヲ進メシメ其用意周密聊カモ懈ル所ナカリケリ一日高杉清子ニ向ヒ阿孃モ亦大和魂アルヤト問ヒ掛ケシニ清子ハ「我モマタ同シ御國ニ生レ來テ大和心ノアラザラメヤハ」ト歌ヒタリキ高杉深ク感シコレモマタ望東女史ノ薫陶ニ由ルヘシト云ヘリトソ

而シテ高杉カ老西郷ト始メテ相會合シ薩長聯合ノ計ヲ講セシモ亦此山莊ニ於テセシナリ此時望東ハ両雄ノ會合ヲ喜ヒタルノ餘左ノ如キ

くれなゐの大和にしきといろ〱の

糸ましへねは綾はおられす

ト云ヘル歌ヲ詠シ老西郷モ

鷦鴿鷲雄戞戞聲　頻呼朋友勵忠貞

翕然器量邦家寶　最仰尊攘萬古名

ノ一首ヲ賦シテ望東ニ贈リタリト云ヘリ其後高杉ノ走リテ義兵ヲ擧ケントスルヤ望東ハ新タニ仕立置キタル羽織袷襦袢ナトヲ取出シツヽ高杉ニ向ヒコハ商人的ノ著用ニ適スル樣ニ仕立テタリトテ之ニ左ノ二首ノ歌ヲ添ヘヌ

眞心をつくしのきぬは國のため
　　たちかへるへき衣手にせよ
惜からぬ命なかゝれ櫻花
　　雲井にさかん春そまつへき

高杉深ク望東ノ厚意ヲ謝シ其場ニ於テ其衣服ヲ著シ繰返シツヽ其歌ヲ朗吟シ自ラ懷紙ヲ出シテ左ノ一首ヲ賦シ之ヲ望東ニ贈リケリ

自愧知君容我狂　山莊留我更多情
浮沈十年杞憂志　不若閑雲野鶴清

尋テ望東罪ヲ獲テ姫島ト云ヘル孤島ニ流サレ居リシカ高杉之ヲ聞キ人

ヲシテ望東ヲ奪ハシメ馬關ニ迎ヘケリ高杉ノ病ニ臥スルヤ望東其側ニ
侍シテ之カ介抱ヲ怠ラサリキ病中唱和ノ歌左ノ如シ

面白きこともなき世におもしろく　　（高杉）

住みなすものはこゝろなりけり（望東）

望東高杉ノ死ヲ距ルコト一年三田尻ナル花ノ浦ニ於テ歿セリ彼ノ死ニ
臨ムヤ沐浴シテ衣ヲ更メ左ノ辭世

花浦の松の葉白くおく霜の

きゆれはあはれ一さかりかな

雲水の流れまとへる花うらの

はつ雪とわれあれてきゆなり

ヲ詠セリ實ニ慶應三年十一月六日ナリキ彼ハ實ニ尙フヘキ女丈夫ナリ
シ也

顧フニ望東纖々タル一女子ヲ以テ天下ノ士高杉春風西郷南洲等ノ間ニ

立チ善ク國家ノ爲ニ其志ヲ盡ス其意氣ノ高キ其智慮ノ遠キ鬚眉男兒ヲシテ愧死セシメントス而シテ其獄窓ニ在ルヤ從容道ヲ樂ミ形骸ヲ度外ニ措ク苟クモ道ヲ聞クノ君子命ヲ知ルノ丈夫ニアラサルヨリハ安ソ能ク此ニ至ランヤ嗚呼一種ノ花千古ノ感慨之ニ繫ル茫々天地望東ヲ知ル者ハ獨リ斯花アルノミ彼ノ西山狂士ノ之ヲ愛シ而シテ今日斯花ノ尊攘堂ニ藏セラル者亦宜ナル哉

（第六）　松齋村田先生

來て見れハ聞くほとよなし富士の山釋迦も孔子もかくやあるらん」ト詠シタル松齋先生村田清風ハ一國ノ俊傑ニアラス實ニ天下ノ俊傑也其見識ト規模ヨリスレハ則チ先生ハ釋迦モ孔子モ眼中ニ置カサル人物ナリシナリ

威戎神器終歸我　安國名城乃在仁

庫裡堆金拄北斗　不如易粟養饑民

國威ヲ宣揚スルハ大義ヲ宇內ニ布クニ在リ國民ヲ安撫スルハ深仁ヲ天下ニ施スニ在リト云フモノ是レ豈國家經綸ノ大綱ヲ看破シタル言ニ非スヤ又其

おちほある田は靜なり鶴の聲

ト云ヒ又

もすてさえ冬のかこひをするものを

ト云フカ如キ前首ハ則チ先生ノ胸襟落々トシテ天下ニ蓋フ處アルヲ視後首ハ則チ先生ノ用意周透一毫モ油斷セサル處アルヲ視ルニ足ル此ノ如キ規模ト彼カ如キ手段アリテ然シテ後國家ヲ擔當ス宜ナリ其功績ノ後世ニ及ホスコトノ大ナルヤ先生ハ長州ノ管夷吾ナリ經綸ヲ實地ニ施シタル林子平也ビスマークも也

覇水流通龍動天　勿言夷警又寥然

先生宅前ニ一條ノ水アリ先生每ニ指シテ人ニ謂テ曰ク「萩ノ溝水ハ龍動

ニ通スル｣ソ｣ト是レ實ニ先生カ天保苟安擧世昏昏太平ニ眠レルトキ喝破シタルモノ也其

西北の風防きして幔打てよ
　我日の本の櫻見る人

ト云フモマタ其深慮ノ域外ニ及フ所アルヲ知ヘシ

高千穗峰有神載　即是億兆日本魂

武內時宗持此器　築成六十六州藩

天保十四年ノ夏毛利忠正公大演習ヲ城東羽賀臺ニ行フ衆凡ソ三萬五千馬匹千三百旌旗空ヲ蔽ヒ鼓角地ニ震フ此時ニ當リ軍馬精銳糧儲充籾銃砲刀鎗甲冑旌旗ハ勿論草鞋ノ類ニ至ルマテ一トシテ欠ク所アラサリシトソ後來長防二州ノ武ヲ天下ニ揚クル實ニ先生ノ力ニ由ル然レトモ先生ノ志ハ六十六州藩ヲ築キ成スニ在リテ區々一疆封ヲ守ルニアラサルコト此詩ニ由テ知ルヘキ也所謂

敷島の大和心を人とはゝ
　蒙古のつかひ斬りし時宗

ト云フモ亦誇言ナラス

羽賀臺大演習ノ終ルヤ先生心ニ嚴譴ヲ蒙ンコトヲ期シタリシニ終ニ此事ナカリケレハ詩ヲ作リテ

　曾陪大閲羽賀臺　心期銃鎗透胸來
　不圖殘生歸郷里　恩光深處靜觀梅

ト云ヘリ抑モ亦當年ノ事ヲ想フヘキニ非スヤ

品川子云フ「彼カ活眼卓識ハ實ニ此ノ如シ而シテ彼カ國政改革ニ著手スルヤ勇往直前群議ヲ排シ俗論ヲ顧ミス鋭意斷行眼中敵無カリケレハ當時短視近眼者流怒テ彼ノ門楹ヲ斫リ彼ノ石碇ヲ毀ツルコトモアリキ故ニ彼ハ自ラ歌テ

　皎月門前誰斫石　芳梅籬外渠斬楹

ト云ヒ
撫松只託千秋後　有問清風答我名
ト云ヘリ撫松清風知己ヲ千秋ノ後ニ待ツ其道ヲ信スルコト篤ク志ヲ執ルコト固キモノニアラサレハ安ソ此ニ至ルヲ得ンヤ
僧月性曾テ「贈前參政松齋翁」ノ詩アリ其辭冗長ニ過クト雖モ其先生ノ精神ヲ寫ス處咄咄眞ニ逼ルヲ以テ左ニ錄ス

猛火輪轉揚黑烟　萬里飛來蒸汽船
船身百錬鎔銅鐵　波間運轉箭離弦
更見軍船載大礮　砲門四開金城堅
江戸海門浦賀港　四船帆檣高聳天」
自稱合衆國王使　水師提督臣彼理
奉其君命齎璽書　航海遠來請二事
通商開港救漂民　速於南境指一地」

咄彼么麼小醜夷　何甚不遜呈書辭
宜斬其使鼓士氣　相模太郎是我師
我在宮門猶切齒　廟堂諸老何遲疑」
何況江戶征夷之幕府　一毫肯受蠢蠻侮
大樹將軍赫震怒　下命群侯張我武
防海大軍三十萬　勇猛如貔又如虎
龍蛇浮浪動旌旗　雷霆震地鳴鼙鼓」
總海會津扼要衝　凛然誰得犯其鋒
安房海岸忍藩戍　左水陣勢似游龍
相海彥根守險阨　東與河越互彌縫
熊本聲援屯後陣　練兵秣馬待傳烽」
傳聞我藩貔貅士　鎧仗鮮明不乱紀
精忠滿腹大和魂　日本刀寒一條水

誓斬犬羊爲両斷　男子國中眞男子
諸藩士氣爲之振　幕府亦知我足恃
果爾夷蠻肝膽寒　火船飛去凱歌起」
翌日將軍召我侯　茶菓賞功禮待優
拜賜早朝紅葉殿　受命長鎭大森洲
人謂長防二國武　從前備足冠諸州
豈知卓識松齋翁　遠慮貽斯善後謀
曲突徙薪先見者　牛酒無人致報酬」
憶昨是翁參國政　左右操持文武柄
時際昇平風俗傷　士人文弱驕奢競
禁遏浮華尙實行　沿革有法申嚴令
胡隸毀祠蛇妖息　杜淹參政人才盛
矯枉固甘過直議　一洗百年舊弊淨」

最憶羽臺演武場　大治三軍備海防
羽扇指揮八隊士　旌旗十萬陣堂堂
三令五申正紀律　治兵振旅昭文章
龍韜展盡胸中蘊　武備森嚴兵遂强
所由今日大森役　士氣十分我武揚」
嗚呼米虜貪兇如鬼蜮　幾年覬覦神州域
竭來萬里乞交商　其意何推止貨殖
若與食糧必乞地　豺狼無厭欲難塞
鎖國從來祖宗法　講和恐受神誅殛
明春促答復能來　一意決戰殲群賊
聞翁矍鑠壯精神　老氣橫秋敵萬人
充國屯田馬援柱　老將古多靖虜塵
廟堂他日求其任　自薦何輸漢両臣

便宜圖上防邊略　顧甲據鞍氣益振
老躰加餐君自重　天下安危係一身

先生ノ規模ハ決シテ月性ノ言フカ如ク鎖國ニ拘泥スルモノニアラス其經綸ハ則チ武内宿禰其英斷ハ則チ北條時宗其眼識ハ則チ林子平故ニ云フ

回頭四海多知己　武内時宗林子平

亦以テ彼カ大抱負ヲ察スヘカラスヤ

（第七）眞木紫灘先生

品川子深草團扇ヲ出シテ之ヲ余ニ示ス把テ之ヲ視レハ其一面ニハ

山陰に八重のさかもきひくとても
世のうきことはなとかかよはむ

ト云ヘル歌ヲ書シ又其一面ニハ狀貌温粹眼光烱々タル一大偉人ノ像ヲ書キ其上ニ賛シテ「正正堂堂在胸中愛宕彦山元兄下」ノ二句ヲ書セリ余乃

チ之ヲ子ニ問フ曰ク「是レ所謂紫灘先生眞木和泉守カ山崎陣中ニ用ヒタル團扇ヲ摸シタルモノ甲子ノ變先生久坂玄瑞等ト兵ヲ率ヰテ大山崎庄天王山ニ屯シ姓名ヲ變シテ甲斐眞翁ト稱シ忠勇軍ノ隊將ト爲リ入京ヲ懇請スルコト再三再四往復二十日ヲ經而シテ却テ其拒絶スル所ト爲ル先生乃チ益田信濃等ト相議シ夜伏見街道ニ向ヒシカ其軍甚寡小後援ヲ待ツモ未タ至ラス因テ久坂ト共ニ鷹司邸ニ入リケルニ九門ノ戍兵之ヲ撃ツ甚タ急我軍百計其機ヲ失シ皆其敗ル所ト爲リヌ先生股ヲ傷ツキ槍ヲ杖ツキテ再ヒ天王山ノ營ニ還ル途宍戸眞澂等ニ遇フ先生乃チ處置如何ヲ問フ曰ク西歸將ニ後事ヲ謀ントス先生莞然創ヲ示シテ曰ク今ヤ此ノ如シ唯此ニ死センノミ別レテ天王山ニ登リ同志十六名ト共ニ自刄ス實ニ元治元甲子七月二十一日ナリ先生死スルニ臨ミ

おほやまのみねのいはねにうつめけり

わかとしつきのやまとたましい

テフ一首ノ歌ヲ詠シテ之ヲ三條實美公ニ贈リヌ亦以テ其從容迫ラサリシノ狀ヲ想フヘシ此變ノ翌日建仁寺ノ僧梧庵和尚天王山ノ戰迹ヲ過ク血痕淋漓死屍累々草木色ヲ變ス和尚俯仰低回去ルコト能ハサルモノ之ヲ久ウセシカ忽チ一個ノ團扇ヲ器物殘破ノ間ヨリ獲拾テ之ヲ視レハ則チ先生カ自ラ書カレタル歌アリ乃チ攜ヘ歸リ之ヲ寺中ニ珍藏セシモ予カ甲子ノ變ニ關係アルヲ以テ之ヲ贈レルナリ予乃チ二十五年祭ノトキ此團扇ヲ摸シテ五百本ヲ製シ之ヲ同憂ノ士ニ頒チタリ而シテ此畫像ハ七卿西下ノ次防州三田尻ニ於テ宴ヲ開カレタル際澤宣嘉卿ノ戯レニ畫カレタルモノ但タ其賛語何人ノ筆ナルヤ否ヤヲ知ラス予イマ此像ニ對スレハ先生ノ面目風釆躍々トシテ生動スルカ如ク此歌ヲ誦スレハ暗涙ノ潜《潸カ》然トシテ襟ヲ沾ホスヲ知ラサル也

先生文武ノ全才ヲ有シ齒德共ニ隆ンニ雅量人ヲ容ル故ヲ以テ文久二年寺田屋騷動ノ際ニモ元治元年京師ノ變ニ於テモ常ニ推サレテ其首領ト

爲リ終ニ身ヲ以テ國ニ殉スルニ至レリ而シテ予ノ特ニ先生ニ感スル所ノモノハ弘化四年丁未京師ニ上リ三條實萬公ニ謁シテ皇政維新ノ策ヲ献シ奉リタル事是也當時先生實萬公ニ謁シテ天下ノ大勢ヲ説キ維新ノ實效ヲ擧クル第一著手トシテ諸侯ノ版籍ヲ收メサルヘカラサル所以ヲ論セリト云ヘリ其後文久癸亥ノ春　先帝ニ奉レル封事中ニモ

今日之急務有數件焉　今特擧題目　曰依仁義　謂所思所爲皆則天也　曰察時勢　謂投機而速下手也　曰據形勢　謂扼天下咽喉之地　而爲根本也　曰擧人才　謂不論貴賤而擢賢能也　曰創政府　謂別開一官而公卿侯伯共知政事也　曰置諫官　謂公卿陪臣共直諫院而納讜言也　曰開言路　謂容天下之言也　曰攬財柄　謂扼天下咽喉之地自有此利也　曰握兵權　謂仮置牙兵也　曰撫諸侯　謂收其歡心也　曰貴節儉　謂先乎軒陛也　曰禁奢靡　謂始乎後宮也　曰謹祭祀　謂敎化復古也　曰斥異端　謂人其人而黜爲兵也　曰懲造言　謂糺游民妄誕惑民也

曰改貨泉　謂消贋金而鑄精幣也　曰釐兵制　謂講古今制軍之法也　曰嚴武備　謂沿海築城堡也　曰造船舶　謂斟酌蠻制而造之也　曰正名實　謂事物適義也　曰修封建　謂大小適國也　曰更服色　謂仮別尊卑也　曰記功宗　謂祀古今忠義也　曰建學校　謂招天下學士也　曰愼褒賞　謂賜與彰功也　曰法刑罰　謂宥枉寃罰當其罪也　曰薄稅歛　謂仮減一等也　曰減賦役　謂糺行旅也　曰制禮義　謂曰仮設也

ト云フカ如キ是レ豈皇政復興ノ大經綸ニ非スヤ帝業恢弘ノ大計畫ニ非スヤ當時ノ尊攘家ニシテ此等ノ活眼卓識ヲ具スル者果シテ幾人ソヤ又其「經緯愚說」ヲ讀ムモノ誰カ慨然トシテ發憤シ凛然トシテ與起セサランヤ

經

一字内一帝ヲ期スル事

祈年祭祝詞ノ内　皇大神宮ニ奉告詞ニ狹國ハ廣ク險國ハ平ケク遠國

ハ八十縄打カケテ引寄ル事ノ如クトアル卽　天祖ノ神慮ニアラスヤ
然ハコソ昔ノ　御門ハ蝦夷ハ勿論粛慎渤海三韓琉球マテ皇化ヲ敷給
ヒ中古マテモ坂上田村丸ハ日本中央ノ石ヲ奥州南部ノ邊地ニ建タリ
トイヘリ勿論我天津日嗣ハ宇内盡クウシハキ給フヘキ道理ナリ魯西
亞王ペートルカ妻ハ婦人ニテサヘペートルカ遺業ヲ益盛ニシテ我海
内一帝タラント志ヲ立タリト聞固ヨリ我國ハ大地ノ元首ニ居テ地理
ヲ以テモ四方ニ手ヲ展ルニ甚便ナリ
一世ニテハ成就スマシケレト今日ヨリ始メテ其規摸ヲ定メ東ヨリ西
ヨリイツレニテモ其宜ニ從ヒ事ヲ擧テ遙ニ　天祖列聖ノ御志ヲ遂サ
セタマフコソ我　天子ノ孝トモ申ヘキ事ナレ

一創業ノ事

大祖モ中興ナリ然レトモ草昧ノ運洪荒ノ世ニ筑紫ヨリ中州ニ入タマ
ヒ皇化ヲ敷タマヒシ業ハ創業ナリ中宗モ中興ナリ然レトモ封建ノ弊

出テ修ヘカラサルヲ以テ新ニ郡縣ニ加ヘタマヘル業ハ創業ナリ今又大業ヲ興シ宇内悉ク皇化ヲ敷タマハントスルニ尋常ノ御心得ニテナルヘキヤ　太祖中宗ヨリモ十倍ノ功ヲ加ヘタマフヘキ事ナレハ御ミツカラモ櫛風沐雨ノ勞ニ臨ミタマヒ人才ヲ擧サセタマヘルモ彼ノ椎根津彥ヲ漁父ヨリ拔キ饒速日ヲ敵軍ヨリ擧ケ嚮導宿衞ニ用タマヒ高玄理ヲ異邦ニ取リ旻法師ヲ異端ニ擢テ朝政ニ參預サセタマヘル如ク才德アラハ尊卑彼此ノ差別ナク擧タマヒ況門地ヨキ家ニ出テタルハ年少老病ノ嫌ナク皆赤心ヲ推開テ各其能ニヨリ十分ニ委任シ其才ヲ盡サセタマフヘキ事ナリ

一德ヲ修ムル事

王者ハ天地ニ中シ士民ニ臨ムモノニテ天地鬼神ニ對シテモ少ク慙德ナク億兆ヨリハ父トシ師トシ法則ヲ仰カル、程ノ德ナケレハ思事モ爲事モ成就スル道理ナシ然ハ大學ニイヘル誠意正心ニ心ヲ用ヒ中庸ニイヘル智仁勇ノ徳ヲ積ミ天運ノ盛衰臣下ノ邪正ヲ明ニ見神人萬物ヲ愛用シ諫ニ從フ事流ル、如ク過ヲ改ル事吝ナラス公明正大胸襟洒落ニテ大ナルコト天ノ如ク高キコト山嶽ノ如ク正シキコト權量ノ如ク白日暗夜ノヘタテナク深宮外庭ノタカヒナク徳ヲ修ルヲ第一肝要トスルコトナリ

一經筵ノ事

生知ノ資トイヘトモ學ヲ勤メヌハナシ唐虞ノ際ニテモ君臣都兪ノ問學ノ趣意多シ孔子ノ大聖ニテモ好學トイヘリ然レハ天下第一等ノ徳アリテ學術正シキ人ヲ兩三人不次ニ擇擧又其次ニ只切磋スル如キ人物ヲ十人ハカリモ求テ經筵ヲ開キ其礼ヲ正シクシテ學習サセタマヒ又日月ニ歷史諸子ヲ始メ肝要ノ書或兵書ヲモ講セサセ飽マテ智識ヲ弘メタマフヘシ學問ハ徳ヲ修ル楷梯ナレハ一日ノ間モ欠キタマフヘカラス

一紀綱ヲ嚴ニスル事

天下ハ紀綱嚴ナラサレハ一日モ不立ナリ紀綱ハ威權常ニ上ニ在テ下ニ移ラヌ樣ニナクテハ不叶然ハ人主聰明ニテ人臣ノ邪正ヲ辨シ其才ニヨリテ職ヲ授ケ諸務統躰ヲ正シク委任シ政府ノ庶務壅滯ナク勿論至尊日々其席ニ臨タマヒ大事ハ盡クミツカラ英斷マシマシ天下一枚《マヽ》朝廷ヲ仰ク事火ノ如ク明カニ下州遠地ニ至マテモ行屆テ少シノ事モ暗昧ノ事ヲナシ得ヌ樣ニアルヘキ事ナリ

一賞罰ヲ明カニスル事

賞罰ハ人主ノ大柄ニテ臣下ノ預ル所ニアラス且賞罰ホド人ニ利目アルモノナケレハ秋毫モ賞罰其功罪ニ當ラサレハ大ナル禍トナルモノ也故ニ審ニ議シテ至當ノ所ニ中ル樣ニスヘキ事也サテ又速ナルヲ善トス遲ケレハ功ヲ遁レ罪ヲ輕スルニ至ナリ

一節儉ヲ行フ事

大凡創業中興ヲ致ス人主ハイツレモ躬ニ奉スルハ勿論萬事質素ナリ太廟ノ茅葺ナト古風ノ遺リタル也総シテ今ノ世ニイフ舊例古格ト唱ルモノ多クハ侈麗ノ事也一旦世ノ驕奢ヲ矯ルモ不得止コトナレハ當時ノ風ヲ十分ニ破リ太古ノ朴素ニ挽回スヘキ事ナリ

一親征ノ事

萬一洋夷來寇スルトキ彼ハ軍陣ニ習ヒ大艦大砲其他ノ器械モヨク揃ヒ掛引ナトモ自由ナレハ打見テモ目眩心惑フ樣ニナルハ必定ナリ我ハ二百年ノ太平ニテ士民氣躰モ弱軍器モ適用ノ物ニアラス兎角見ヲチ聞ヲチシテ引勝手ニノミナルヘシ且攘斥ノ命下リテモ脇ヒヲ見合テ眞ノ氣前ニナラサレハ先ツ第一ニ　親征ノ號令ヲ下シスハ來寇スト云ヤイナヤ人數ハ不揃トモ武備ハ不備トモ小敵大敵ノ差別ナク一歩ニテモ踏出サセタマヒ錦ノ御旗ヲ飜シヲノレニクキ禽獸メ一人ニテモノガサシト勇ミ進ミタマハセナハ或ヒハ兵糧ナシ或ハ軍器ナシ

艦ナシ砲ナシナト云噪キタルモ天晴　御門ノ親征シタマヘルニ器械ナト云時ニアラス丸裸ニテモ　御先ニ立御楯トダニナラマシト眞ノ氣前ニナリテ防ヘシ如此人氣一度震作シテ死物クルヒニナルウチニハ智慧才覺アル人モ出テ種々ノ謀計ヲ運シ防禦ノ術モ意外ニ出來ルヘシ天時モ地理モ人和ニシカストカ、ル事ヲ云ソカシ如此両三度車駕ヲ動シ給ヒナハ後日ノ外國征伐ハ四道將軍ノ如ク親王方ヲ元帥トシテ其一面ノ諸侯ヲ指揮シテ出征シ車駕ハ只時ヲ以テ東西南北巡狩ガテラ其方ノ軍機ヲ運籌シタマヒテ可ナルヘシ兎角大權ヲ握ラセタマヒシ下ニ移ラヌ様ノ事王者ノ一事ナリ

一百敗一成ノ事

太祖ノ中州ニ入タマヘル暴風ニテ稲飯命ヲ失ヒタマヒ流矢ニテ五瀬命ヲ失ヒタマヒ御軍モ幾度カ利アラサリシサレドモ少シモ御志ヲカヘサヘタマハス終ニ大業ヲ成就シタマヒヌ漢高祖ノ如キ度々項羽ニ

困メラレ一族モ散々ニテ命モ既ニ危カリシヲ少シモヒルマス終ニ王業ヲナシヌ其他創業ノ主事ヲ起ス始メ死バカリウキ目ヲ見ヌハナシ固リ征戰ハ死生ノ地ニテ疊ノウヘノ議論ト異ナレハ事ニ臨テ意外ノ難儀モヲコルハ當然ノ事ト知ヘシ然レトモ極意ノ業ニ心志ヲ靜ニ定テ大事ニ行當リテモ沮喪スルコトナク氣長ク謀ルヘキ事ナリ

綽

一言路ヲ開ク事

一舊弊ヲ破ル事

一封建ノ名ヲ正ス事

一古來ノ忠臣義士ニ神號ヲ賜ヒ右贈官位或其孫裔ヲ祿スル事

一九等ノ爵位ヲ修ル事

一文武一途ニシテ其名ヲ正ス事

一勳位ヲ復スル事

一服章ヲ正ス事
一文武ノ大學校ヲ建テ天下ノ人才ヲ網羅スル事
一伊勢尾張ノ神器御扱方ノ事
一親衞ノ兵ヲ置ク事
一僧ヲ以テ兵トシ寺院ヲ衞所トスル事
一古訓師ヲ學校ニ置テ舶來ノ器械ニ名ヲ命スル事
一財貨ヲ公ニスル事
一邦畿ヲ定ル事
一帝都並離宮ヲ定ル事
一租賦ヲ輕クスル事
一官制ヲ改ル事
右ノ外礼樂ヲ制作シテ永世ヲ固ク定ルマテハ數百箇條アルヘシ猶追々可申上トテアラマホ《マヽ》シヲ記シヌ

嗚呼先生實ニ此經綸ヲ抱キテ勤王ノ首唱ト爲リ命ヲ殞スニ至ル然リト雖モ後來西郷大久保木戸廣澤諸人カ皇政ヲ復興シタルモノ誰レカ先生ノ經綸ニ基カストハン謂ヤ

余亦之ヲ品川子ニ聞ク先生ノ容貌ハ實ニ此ノ畫像ノ如ク爾ク溫粹其人ト爲リモ亦然リシナリト其「哀哉歌」ニ云フ

有客有客臣保臣　以罪逐在華江濱

四十鬢髮白數丈　骨長膚黑眼光瞋

一脈曾溯洙泗水　寧知被世喚奸人

嗚呼哀哉淚輙下　陰夜此時入暮夜

先生居恒楠公ノ人ト爲リヲ慕ヒ曾テ詩ヲ賦シテ

嗚呼赫赫公威烈　當日事情何可說

大德雖吾不敢望　闔門死義踐其轍

ト云ヒ又「楠氏ノ一族三世數十人一人ノ餘リナク大義ニ殉死セラレシ事

大楠公ノ只一片ノ誠ツキ通リテ人世ノ榮辱ナトハ塵ホトモ胸中ニ雜ラスヒタスラ皇室ヲ目前ニテ二念ナカリシカハ天地モ感シ神人モ助ケテ皇室再ヒ昔ニ復セシナリ」ト云フカ如キ如何ニ先生ノ楠公ニ私淑スル所アルカヲ知ルニ足ラン嗚呼先生ノ精誠楠公ノ精誠ノ如キ也而シテ一個ノ團扇亦タ豈千古感慨ノ情之レニ係ルモノナカラサランヤ

（第八）　坂本龍馬ノ書翰

京都双林寺ノ東高臺寺ノ南翠樹欝々眼光ニ映シ來ルモノ問ハスシテ靈山タルヲ知ラン靈山ハ元ト正法寺ト云ヘル莊嚴ナル寺院アリシモ今ヤ維新前後尊攘志士ノ靈ヲ祭ル招魂場トハ爲リヌ而シテ一代ノ逸才坂本龍馬ノ安眠スル所亦此ニ在リ余一日靈山ニ登リ龍馬ノ墓ニ謁スル時ニ新鵑細雨青苔蔓草其墓邊ヲ蔽フ乃チ低回去ルコト能ハサルモノ之ヲ久ウス嗚呼天下ノ事英雄ト英雄ノ意氣相投スルニ成ル彼ノ區々トシテ理論相鬩キ口舌相爭フモノニシテ能ク成スアルヲ聞カス維新ノ事ヤ彼ノ西

郷南洲ト高杉東行ト相會セス木戸松菊ト西郷南洲ト相遇ハスンハ薩長ノ聯合成ルヘカラス薩長ノ聯合成ラスンハ勤王列藩ノ合同成ルヘカラス勤王列藩ノ合同成ラスンハ天下ノ事未タ知ルヘカラサリシナリ而シテ此合同ヲ圖ルニ方リ功アリシモノハ首トシテ坂本龍馬ヲ推サヽルナキ能ハス今ニシテ之ヲ思フ龍馬ハ一ノ策士ニアラス一ノ説客ニアラス抑モ亦人情ノ機微ヲ穿チ時勢ノ潮流ヲ察シ紛雜ヲ談笑ノ間ニ解クノ手腕アル偉物ナリシコトヲ

尊攘堂ニ於テ龍馬ノ遺墨ヲ問フニ品川子左ノ書翰ヲ捜リ出シテ「コレヲ看ヨ彼ノ心腸ヲ看ヨ」ト云ヒ之ヲ余ニ示セリ

昨夜道路中ウカヽイ候事件イロ〳〵相考候處何レ急成ハカヘリテ両方ノ志通シカネ候ヘハ何ヲ申上候モ共ニ國家ヲウレヘ候所ヨリ成立候論ナレハ両方ノ意味カ通達シテ両方カラ心配シテ其ヨロシキヲ撰ミ候方ヨロシクソウナケレハ両方ヨリ道也義也ト論ヲ吹合候ヨフニ

ナレハカヘリテガイヲモ生シ候ヘク談笑中ニトモニ宜ヲ求メ候ヨフデナケレハトテモ大成ハナリカタクト奉存候何レ深慮千萬ノ中ト奉存候右御報拜捧候

十二日　龍　印

伊藤大兄足下

伊藤トハ長門國長府ノ士郎チ今ノ豐永長吉氏ノ事ナリ維新前龍馬ノ馬關ニ往來スルヤ常ニ豐永氏ヲ以テ家ト爲セリト云フ余今此書ヲ讀ミ大ニ感スル所ナキ能ハス夫レ經天緯地ノ業ハ所謂國家ヲ憂フル至誠惻怛ヨリ發スルニアラサレハ決シテ成ラス成ルト雖必ス敗ルタヾ至誠惻怛ヨリ發スルモノ談笑ノ中ニ能ク天下ノ大事ヲ決ス南洲ノ東行ニ於ル松菊ノ南洲ニ於ル是也龍馬カ談笑ノ中ニ薩長聯合ノ計ヲ畫シタルモノ亦之ニ外ナラス

彼ハ劍ヲ千葉氏ニ學ヒ勝海舟ニ遇フニ及ヒテ始メテ航海ノ遠略ヲ知リ

西郷高杉ノ諸傑ト交ルニ及ヒテ天下ノ志士ト共ニ以テ皇政ヲ一新センコトヲ期セリ勿論彼ハ經世的眼識ニ於テハ武市瑞山ニ讓ルニ拘ラス其機略出沒其風采雄偉其言論痛快固ヨリ以テ一世ニ逸出ス而シテ其能ク談笑ノ間ニ薩長ノ聯合ヲ畫スルニ至テハ是レ最トモ其及フヘカラサル處ナラスヤ彼ノ徒ニ大聲壯語其實胸中功利ノ驅ル所ト爲リ黨派ノ役スル所ト爲リ國家ノ大經綸ヲ忘ルモノ幾何ソ龍馬ノ笑フ所ト爲ラサランヤ

（第九） 僧清狂

作詩不欲爲尋常之詩人　放吟滿腹吐經綸　飲酒不欲爲尋常之酒客
一醉胸中躍兵戟　近歲西邦啓小戎　遂使餘波及大東　沿海傳言蠻舶見　要衝藩領議防戰　我居方外志難酬　詩酒淸狂消杞憂　安得袈裟代甲冑　如意指揮防外寇　擊碎艨艟海底沈　一戰永絕覬覦心　不效滿淸和戎議　肯許犬羊割土地

右十餘年前　作阿片始末考異時所賦舊製一首　應高尙坊老師命
書博永覺法侶一粲

清狂堂主人月性

余少時此詩ヲ誦シ月性ノ人ト爲リヲ想フ今尊攘堂ニ於テ此筆ヲ見詳ニ其人ト爲リ如何ヲ品川子ニ問フ子曰ク「此詩其人ト爲リヲ盡シテ餘アリ彼レ善ク詩ヲ作ル而シテ此詩時事ニ關スルモノ多ク悲歌感慨鬼神爲ニ哭ス彼レ善ク酒ヲ飮ム而シテ醉ヘハ則チ劍ヲ拔テ掀舞放吟旁ラ人無キカ若シ弊衣破衲頭髮栗茨ノ如ク數旬剃ラサルニ至ル而シテ憂國ノ誠天良ヨリ發シ護國扶宗ヲ以テ自ラ任ス先師ノ詩中ニ

堂堂君子何顏色　方外却看憂世人

ト云ヒ

豈圖文敎隆興後　扶植綱常屬緇流

ト云フモノ固ヨリ誣ヒサル也

月性一日西蕃紀傳ヲ讀ミ葡萄牙カ天主敎ヲ以テ爪哇ヲ誘ヒ遂ニ其國ヲ奪フニ至リ慨然トシテ謂ラク彼已ニ敎ヲ以テ民ヲ誘フ我亦敎ヲ以テ民ニ結ハサルヲ得ス而シテ民ノ感シ易ク入リ易キモノ我眞宗ニ若クハアラシ我將ニ我敎ヲ以テ此民ヲ結ハントスト其法ヲ講スル先ツ此意ヲ言ヒ尊攘ノ大義ニ論及ス其至誠懇到反覆丁寧言泣ト共ニ下ル士民皆感激流涕爭テ其講ヲ聽キ常ニ數千人ノ多キニ至ル先師ノ詩中ニ所謂

四種報恩惟一軌　敎遍水濱與山背

トハ是也藩老益田福原浦ノ三氏最トモ之ヲ愛シ之ヲシテ其采邑ニ講說セシム是ニ於テ月性ノ名遠邇ニ喧シ呼テ「海防僧」ト曰ヘリ或人之ヲ嘲テ曰ク「髡ニシテ時事ヲ論スル狂ノ甚シキモノニアラスヤ」彼曰ク吾レ固ヨリ清狂ト號ス何ソ汝輩ノ吠佐ヲ顧ミンヤ顧フニ世ヲ擧テ國家ノ深憂ヲ忘レ首ヲ搖カシ尾ヲ掉ヒ士名ニシテ狗行ナルモノ吾レ深ク之ヲ耻ツ且ツ濁ニシテ愿ナルト清ニシテ狂ナルト孰カ得孰カ失ソヤ何ソ汝輩ノ吠

恠ヲ顧ミルニ遑アランヤ

彼レ生前先師ト交厚シ彼曾テ曰ク

　兵庫津東是湊川　微軀願向水邊捐
　勤王一戰死埋骨　便與楠公共墓田

先師其韻ヲ賡キ之ニ贈ルノ詩アリ

　雄文不但若長川　性命乃期爲國捐
　安心借問知何處　楠子墓邊卜墓田

是レ實ニ彼ノ本領也彼ハ僧侶トシテハ能ク法ヲ說キ志士トシテハ能ク國ヲ憂ヒ詩人トシテ文人トシテハ亦能ク詩ヲ賦シ文ニ長ス而シテ其ノ志ニ至テハ則チ「便與楠公共墓田」ヲ期ス赤心以外彼無ク彼ノ胸中唯熱血ノミ

彼曾テ松齋村田清風翁ノ囑ニ應シ一篇ノ詩ヲ賦シテ之ニ贈リ潤筆トシテ甲冑ヲ以テ之ニ酬キンコトヲ請ヒヌ翁ハ武器ハ他人ニ貽ルヲ禁スル

ヲ以テ法ノ爲ニ固辭スト云テ之ヲ謝シケルニ彼ハ之ヲ聞テ詩ヲ賦シテ之ヲ罵リ

所請狂妄甚　不允固其宜　雖然翁磊落
因循猶如斯　太平舊法弊　改革終有誰

ト云ヘリ彼カ眼中僧侶ノ區別アラサルナリ僧侶ヲシテ武器ヲ持シ武臣ト同シク國難ニ殉セシメント期スル者此ノ如クニシテ始メテ宗教ノ主義ニ適ストスルナリ故ニ曰ク

願翁令闔國　不論素與緇　人人假武器　揮槍被鐵衣

ト

久坂秋湖曾テ彼ヲ追懷スルノ詩アリ

國恩主張擴　洋敎極排防　至誠布人腹　蠢愚發天良
涅衣敝不補　寸髮如鍼芒　土木其形骸　噫公爲國狂
蒼天一何遠　誰知我心傷　何啻七里地　犬羊太跳梁

是レ實ニ彼ノ小傳トシテ誦スヘキ也

（第十）　田中綏猷

品川子尊攘志士ノ事ヲ談シ事田中河内介綏猷ニ及フヤ涙ノ零ルヲ禁スルコト能ハサルモノ屢ハナリキ

田中河内介名ハ綏猷字ハ士德恭堂ト號ス但馬美食郡香住村ノ人ナリ彼ハ天保六年乙未七月六日京都山本亡羊翁ノ門ニ入リ同十四年癸卯中山大納言ノ侍田中近江介ノ嗣ト爲リ河内介ニ任シ正六位ニ敍セラル

彼ハ伏見寺田屋ノ事件ニ關シ其參謀ト爲リ事未タ起ラサルニ當テヽヤ眞木和泉守ヲ始メトシ列藩ノ志士ト共ニ伏見ニ會シ將ニ一擧シテ京師ニ入ラントセリ適マ寺田屋騷動起リ薩ノ志士多ク之ニ殉シケレハ計全ク跌キ彼ハ其子磋磨之介（名ハ嘉猷東郊ト號ス）其甥千葉郁太郎義弟中村主計ト共ニ拘ハレテ鹿兒島ニ送ラルヽコトヽハ爲リヌ、五月一日夜船淡路島ヲ過キ風雨暴ニ起レルトキ船中守衞ノ士彼ニ向ヒ薩藩吏ヨリ海上ニ

テ殺スヘシトノ慘酷ナル內沙汰ヲハ父子ニ告ケヽルニ彼ハ從容トシテ命ヲ知ルモノヽ如ク少シモ驚カス「然アルヘシ」トテ口ニ左ノ

なからへてかわらぬ身を見るよりも
死して掃はん世々のうきくも

テフ悲壯ナル一首ヲ賦シ「疾ク殺セ」ト云ヒツヽ襟ヲ披キ胸ヲアケ兩手ヲサシ上ケテ快ヨク殺サレヌ尋テ其子磋磨之介モ殺サレ其死屍ハ海底ニ投セラレ翌旦讃岐小豆島福田濱ニ漂著シケレハ福田村ナル大莊屋三木權左衞同年寄三木貫朔同百姓惣代高木又兵衞吉田村宇野雄二ノ四人之ヲ引揚ケ之ヲ同地ニ葬レリトソ又甥及義弟別船ニ在リシカ是レ亦日向細島ニテ大ナル樹木ニ括リ付ケラレタルマヽ殺サレタリト聞ケリ予(予ハ品川子ヲ指ス)嘗テ小豆島ニ遊ヒ親シク彼父子ノ遺墳ヲ弔シ深ク其不幸ヲ悲シミタリキ嗚呼彼ハ實ニ不幸ナル死也ト品川子ハ聲ヲ呑テ語リヌ

彼曾テ歌テ曰ク

吾身すら兎やせん角や天皇の

國を憂ふる人もありけり

是レ至誠國ヲ憂ヒ一身アルヲ知ラサルモノニ非スヤ

いたつらにたゝ涙の落つるなり

我身ひとつの世の中ならねと

一讀志士ノ腸ヲ斷タシム

武士の思ひ定てはなつ矢は

かねも岩をもとほすへらなり

如何ニ其大節ノ奪フヘカラサルヲ知ラスヤ

大君の御旗の下に死してこそ

人と生れし甲斐はありけれ

ニ至テハ所謂丹心日ヲ貫キ氣節霜ヲ凌クモノ眞個ニ我大和魂ノ本領ヲ

顯ハシ出シタルモノナラスヤ余之ヲ品川子ニ聞ク此歌ノ如何ニ天下ノ士氣ヲ鼓舞シタリシカハ當時ノ志士ト稱スルモノ此詩ヲ誦セサルモノナキヲ以テ知ルヘシト彼ハ慘忍ナル最後ヲ遂ケタリト雖モ其精神ハ大君ノ御旗ノ下ニ死シタルト異ナラス是レ以テ瞑目スヘキ也

尊攘堂叢書

二

（第十一）伏見殉難九烈士

サカシクモ荒ヒナスカモ外國ノ夷狄ニ諂ヒテカリコモノ乱レテサヤク東人曲事ナレテ八年ノ年モ來經行キ（夷狄等浦賀ニ來リシヨリ既ニ八年ニナンナリヌ）長月ノ長キ恨ミモ身ニシミテイザ言向ム天雲ノ向伏ス國ノ物部ノコトタラバシテ敷島ノ都ノ空ヲコメテ出立行ケハ大空ノ彌清キカモ月影ノ光リニ匂フ大内ノミ山オロシニ吹カヘス衣手寒シ鴨川ノ瀬々ノサヽ波立渡リタツキモシラス粟田山木ノ間ガクレニ立騷ク百ノ醜人（奸党等茲ニ百人餘ノ人ヲ隱置テ探索スルトゾ聞ケリ）イリ居ルト人ハ云ヘトモ掛マクモ綾ニ畏キ大君ノ御稜威カヽブリ大御コト畏ミ奉リ行ク我ヲトヽムル關モ荒駒ノ岩根蹈ミサクミ安ラケククイユトホシテ平ラケク又モ昔ニ立復ル御代ノ榮ニ相阪ノ手向ノ山ノ木間ヨリ近江ノ海ニ立浪ノエナラヌ浦ノクマモナク思ヒコラハス大空モ雲マヨヒ來テ時雨降ル志賀ノカラ崎ヒトツ松アハレ幾代ノ年ヤヘシ人ニ有リセハコト問ハマシヲ舊リニシ跡モ聞カマ

シ物ヲ

品川子余ニ示スニ此歌ヲ以テシテ曰ク是レ薩ノ俊傑有馬新七ガ敕書ノ寫及三條公ノ直書ヲ奉シテ東下セントスル途上ニ於テ詠マレタル歌ナリ當時彼カ京都ヲ發スルヤ以爲ラク今日ノ使命甚タ重シ假ヘ敵黨ノ咎ムル所ト爲ルモ首尾ヲ欺キテ關東ニ下ラン然シナカラ彼若シ之ヲ諒セサレハ恐レナカラ御書ヲ裂キ之ヲ呑ミテ戰死セント崎嶇間關首尾ヨク江戸ニ至リ之ヲ土越両藩ニ致スコトヲ得タリト云ヘリ

有馬新七カ諸同志ノ領袖ニシテ亦其傑出物タルハ言フヲ俟ス彼一日老西郷ノ家ニ至リケルニ椎原某(西郷ノ叔父)彼カ狀貌風采ノ揚ラサルヲ見之ヲ慢ルノ色アリ彼ハ横臥一笑毫モ意ニ介セサルモノヽ如シ老西郷椎原ニ謂テ曰ク此人ヤ當世ノ俊傑也敬セサルヘカラスト其老西郷ノ爲ニ推重セラルヽヤ此ニテ其一斑ヲ推知スヘシ

田中謙助ハ忠義滿腹ノ人其及ニ斃ルヽヤ「皇天后土我罪ヲ恕セヨ」ト叫ヒ

藩主ノ在城ヲ遥拜シ死セリ其忠厚眞實ノ情人ヲシテ感發セシムルモノアリ

柴山愛次郎ハ堅志疆《彊カ》行ノ人少小苦學一顆ノ團飯終日ノ食ニ充テ飢ヲ凌キ其記錄所ノ書記生ト爲ルヤ四季ノ間公勤ニハ時服ヲ用ヒ家ニ歸レハ單衣一枚ヲ服スルノミ嚴寒重襲セス盛夏蚊蟵ヲ張ラス鷄鳴机上ニ一睡セハ母脊ヨリ綿衣ヲ蔽フ此ノ如キモノ三年亦以テ其堅志力行ヲ見ルヘシ老西郷柴山、橋口ノ二人ヲ賞シテ曰ク今ヤ此ノ如キ人物無シト號慟シテ自ラ措カサリシト

橋口壯介モ亦有爲ノ人物也彼曾テ人ニ謂テ曰ク士大事ヲ成サント欲セハ先ツ其身ノ礫セラルヽコトヲ甘ンスヘシ然ラスンハ事終ニ成ル能ハスト其淀川舟中ノ際

大君の御代を昔に囘さんと
盡す心は神もたすけよ

テフ歌ヲ詠シ自ラ之ヲ襟背ニ書セリト其節烈如何ト想見スヘカラスヤ
橋口傳藏曾テ歌アリ
あつま路の花と散とも大御代の
春の光を見よしも哉
亦以テ其志ノ在ル所ヲ知ルニ足ラン
又弟子丸龍助ノ刀術ニ精シキ西田直五郎ノ深沈森山新五左衛門ノ慷慨山本四郎ノ剛毅要スルニ是レ皆有爲ノ男兒ニシテ薩摩純正勤王ノ精華タラサルハナシ此等ノ人々ノ早ク斃レタルハ深ク薩摩ノ爲メニ惜ム可也
品川子更ニ言ヲ繼キ「昨年四月二十三日九烈士殉難ノ三十三回忌辰ニ際シ伏見ノ有志者銅碑ヲ寺田屋ノ舊趾ニ建テ其英靈ヲ祭リケルトキ予モ亦一首ヲ詠セリ」トテ左ノ歌ヲ余ニ示セリ
鬼神も泣かさらめやは玉の緒を

たちてつきなし薩摩男の子等

有馬又曾テ柴山橋口ノ東行ヲ送ルノ歌アリ左ニ錄ス

天雲廼向伏須國ノ丈夫ノ充滿ス眞心ハ霞ト共ニ大空ヲ立渡ケル隼人

農ハヤクモ急キ鳥カ啼東ノ國ニ行向ヒ千々ニ心ヲ盡シツ、荒マナス

醜ノ醜臣打拂ヒ功業立テナム其ノ時ニ我モヤカテ敷島ノ平廼都ニ馳

參テ錦ノ御旗大內ノ御山オロシニ吹靡カセ我大御心靖メ奉テ大御代

ノ御代ノ光ヲ外國ニ彌輝シ常シヘニ動キナク仕奉ランカモ

外國も承服ひ奉れ大君の

御稜威の光徹るかきりは

源　正　義

(戊正月廿四日ノ日ニ向田ニ於テ書ケル)

(第十二)　瑞山武市先生

鬢髮蓬ノ如ク鬚髯毿然神貌淸癯嘐々タル古壯士ヲ見ルカ如キモノ是レ

豈瑞山先生武市半平太ノ肖像ニ非スヤ其肖像ニ題シテ

花依清香愛　人以仁義榮　幽囚何可耻　只有赤心明

ト曰フ亦先生カ心胸面目如何ノ人タルヲ知ルヘカラスヤ

癸丑以還天下ノ人物何ソ限リアラン而シテ氣象高潔心術正大改革的本領ト建設的頭腦トヲ具スルモノ瑞山先生ヲ推シテ其一人ト謂ハサルヲ得ス

品川子先生ノ肖像ヲ指シテ曰ク「予ハ生前瑞山トタヽ一面識アルニ過スト雖欽仰ノ情自ラ禁スルコト能ハサリキ維新ノ後予ノ高知ニ遊フヤ彼カ墓ニ詣テ尋テ其未亡人ヲ訪問シ其書ヲ見テ深ク感スル所アリ乃チ之ヲ借リ受ケ東歸ノ後版刻ノ上同志ニ頒チタル畫卽是也所謂彼カ獄中ニ於テ其顏色ヲ盥水ニ照ラシツヽ之ヲ描キテ家人ニ遣ハサレタリト云フモノ其書ヲ讀ムモノ以テ其人ト爲リ如何ヲ知ルヘキ也」ト其畫ニ添ヘタル書左ノ如シ

暑ツヨク候ヘトモミナ々々サマ御キゲンヨクメテタクゾンジ候チト
雨ガフリ候ヘハコノホノキガウスラギ候トオモヘドモドフモエ〱
フラス私事カワル事モナクキノフケフハ繪ヲカキ申候御コシノカミ
ヘハネサガシ候ドフモモフ々々繪ヲカク氣ブンニモナラスヨフ々々
シタヽメ候モシ私ガシンダレハコノ詩ノ書テアルガハ內ヘオキテ其
外ヲコトヘモ小笠原姉上サマヘモ御上ゲ被遣度ゾンジ候扨衞吉モチ
ト々々ハレテワルヒト申事ナレド先ツ々々格別ノ事モナキヨシドフ
ゾ々々々ハヤクナホラネハナラヌトオモヒ候何分ニモ病デズビ死ニ
ハナトトモナク候丑モ又チト々々風ノヨシ格別ノ事モアルマジクト
ヲモヒ候田內オバサン前ノ御祖母サン內村元衞ナドミナ々々ソノイ
タミモナキ事トオモヒ候小笠原姉上サマノ御目ニテイカヾニヤチト
々々御コヽロヨキ候事ニテ候哉ト氣遣申候扨ジブン繪ヲカキ候處チ
ト々々男ブリガヨスキテヒトリオカシク候カヽミデ見テ見ルトマス

々々ヤセテ口ヒゲハヌビハフヘカドガデテ誠ニヤツレハテ申候サレドモコヽロハ大丈夫ニ候マヽコレバカリハ氣遣被遣マジクゾンジ候口ヒゲガヌブト顔ヲアラウニ誠ニワルクヒタイ髮ハヨフ々々ク、レダシ申候ゾンイヌヒヌクイモノデゴサリマス扨ミシ遣ノ内下番サシ出シマヰラセ候アラ々々カシク

牛平太

姉上サマ

オトミドノ

一ヱノグインニクインフデ繪ノグザラレミナ々々カヘシ申候

一コノ本前ヘトヾケ

其精神流露天眞爛熳嬰兒ノ如キ處其眞摯忠厚和氣靄然春風ノ如キ處其從容自若深沈動カサル山ノ如キ處如何ニ先生ガ死ニ臨ムニ際シテ天命ニ安ンスル大丈夫タルヲ知ルニ足ラン歟

品川子更ニ一幅ノ書ヲ出シテ曰ク是レ瑞山カ文久年間其門人腹心ノ一人タル島村衞吉(後拷問ニテ死セリト云フ)ニ贈リタルモノナリ乃チ把テ之ヲ讀ム

一筆啓上致候暖和之節ニ御坐候處太守樣益々御機嫌ヨロシク御著城可被遊當方老公御同樣日々御周旋昨日ハ御參內重々恐悅之至ニ奉存候貴君方御供著爾後ハ御盛最早御落合御周旋ト奉存候小生事ハ別後ヒキモツレ迷惑致居候處ヤフ々々全快其後不相更繁多御察可被下候第一此間中山侍從樣甚御迫リニテ岩倉卿ヲサストト申ニテ無據玄瑞、武兵衞、忠三郎三人ウケ合翌日吹山へ相談ニ參リ野生考候處只今岩倉卿ヲ殺シテハ不宜ニ付トヾメ夫ヨリ事ヲ替へ朝廷ノ模樣專一言路等事ヒラキ度論談イタシ終ニ右三人書取持參ニテ關白樣へ出此事ノ被行候マテ一寸モ不引勿論絕食湯水モノマストト決心ニテ出候處姉小路樣頗御憤發ニテ同志ノ御方十二卿御ツノリ血判マデ被遊引續キ參殿侍従様御同様一寸モ不引候處關白様大ニ御同意ニテ直様參内被遊　主上へ言上ニテ一時ニ言路モヒラケ人物御用ヒノ事攘夷ノ期限等モ速ニ相定マリ已ニ今日ハ公卿不殘　主上ヘ御拜被爲遊候明日ハ諸大名トモ被召御直ニナニカ御意被遊候筈ニ御座候實ニ朝廷ノ模様ハイカニモヨロシク相成萬人落涙恐悦至極御同慶ノ事ニ候是迄ノ舊弊一時ニ御變格實ニ不思議ナル事ニテ候則チ別紙ノ通ニ相成其後別段變リタル事モ無御坐候薩ノ處ハイカニモ不審ニテ御座候

一鼎大夫抔イカヽトモ相分不申此上ハ御國一定ノ事實ニ急務

土方佐平ト岩神両人御國ニ歸リ候間著ノ上萬事御聞取可被下候

アラ〳〵如此ニ御座候也

二月十七日夜　吹山事　瑞山

清香　賢兄

明日ハ諸侯二十人餘參内ノ筈ニ御座候御所近邊賑々シクイカニモ御

世ニ相成申候乍併內ノ處ハ薩長ノ隔意可恐事ニ御坐候イツレ戰爭決定申スモ愚カニ候也

一將軍家當月十三日江戶御發駕ノ旨慥カニ御坐候御道割十九日泊リ二十日著ノ由水戶、下野、隼右衞門ヨリ繰返シ慥ニ承ハリ申候水戶中納言ハ今日江戶出立ノ由ナリ

一橫濱ヘ夷船參リ候趣慥ニ御座候

山ノ如キ御話アレトモ今日モ甚ダツカレ草々申留メ候

子曰ク「當時朝議因循姑息ニ流レ是ヨリ先キ關東ニ內通スルトノ嫌疑ヲ以テ蟄居中ナリシ岩倉友山(卽チ贈太政大臣岩倉具視)再ヒ起テ公武ノ間ニ斡旋セントスル風聞サヘアリケレハ中山侍從ヲ始メトシテ尊攘堂ノ志士皆切齒扼腕シテ止マス久坂玄瑞、寺島忠三郞、轟武兵衞等密ニ田中村ナル中山侍從ノ別墅ニ會シ之ヲ刺殺セントスルニ決シ予ハ實ニ岩倉村ナル公ノ處ニ至リ之ヲ探索シタルコトモアリキ瑞山之ヲ聞キ宮部鼎藏

ト共ニ來リ其極メテ不可ナル所以ヲ痛論シ反覆鄭寧至ラサルナシ久坂ハ初メ之ヲ首眉《肯カ》セサリシカドモ終ニ其言ニ從ヒ死ヲ以テ三箇條ヲ關白殿下ニ建言スル事ニ決シタリ次日久坂寺島轟ノ三士早晨ヨリ關白殿下ニ拜謁シテ建言スル所アリ曰今ヤ一橋慶喜公後見職ト爲リ越前春嶽公總裁職ト爲リ皆上洛セラレタルニ拘ラス攘夷ノ期限未タ奏上セラレス而シテ朝議模稜何等ノ御沙汰ヲモ在ラセラレス人心動搖變故測ラレス故ニ速ニ攘夷ノ期限ヲ確定シ第一ニ汎ク言路ヲ洞開シ壅蔽ノ患ナカラシメ御近習ハ勿論堂上ノ御方ヲモ時々御前ニ召出サレ胸臆ヲ盡シテ言上セシメラルヘキ事、第二ニ近來諸大名モ追々參内仕リ天杯頂戴ヲモ仰付ラルヽ程ナレハ非常ノ御破格ヲ以テ直ニ赤心ノアル所ヲモ叡聞遊サルベキ　以下欠

（第十三）　林子平

鎖國孤立滔々一世、桃源洞裡長夜ノ睡眠ヲ貪リツヽアルトキ洋警ヲ叫破

スルモノアリ曰ク「西北諸蠻概シテ地ヲ奪ヒ彊域ヲ拓クヲ以テ勢トナス威力日ニ强ク又航海ノ術ニ長ス然ルニ我日本國タル周圍皆海ニシテ凡ソ江戸日本橋ヨリシテ歐羅巴洲ニ至ル其間一水路ノミ彼來ラント欲セハ何時ニテモ來ルヘシ備ヘナクンハアルヘカラス」ト嗚呼是レ何人ソヤ松陰先生ガ「尊王ノ功ナシ攘夷ノ功アリ」ト言ハレタル東北ノ偉士林子平先生ニアラスヤ子平ガ千古獨識ノ先見ハ奇禍ヲ以テ酬ヒラレタリ而シテ子平獄中最後ノ絶筆ハ最モ悲ムヘキ心事ヲ吐露シ盡シテ遺ス所無シ其書左ノ如シ

拜呈候愈御壯健ニ被成御坐候ヤ

一家兄ハ言ニ不及惣テ仙臺ノ人ヘハ一人ヘモ不申遣候足下ヘモ不申遣置候處危ク相成候故足下ハ格別ノ知己ナレハ申遣ス也乍然家兄始メ誰人ヘモ必々御口外被成間敷候云ヘハ損カ出來又騷動モ出來候ガイヤ也必ス只一人祕シテ被差置小子カ死ダサタガアラハ其時御賴ノ

一巻ノ御屆可被下候小子ガ死ザル以前ハ足下ノ箱中ニ御アヅカリ置可被下候

一小子ハ不幸ニシテ二月六日ノ頃ヨリ陰證《マヽ》傷寒ニテ危キ目ニ逢申候大邪ハ除キ候得トモ食氣一圓無シ甚タ勞レ申候命數盡ルカモ難計奉存候

一二月晦日閏二月八日兩度呼出モ有之候得共病氣故不罷出殘念如山也餘リ殘念サニ十二日ニ別紙ノ如ク相達申候ドウスル事ヤラ不相分候

一小子ハ病死ニナル歟刑死ニナルカニテ可有之候ドノ道ニモ小子ガ死ヲ御聞被成候ハヽ此書狀三人ノ由子共ノ内ヘ御屆可被下候活候ハヽ御引サキ可被下候

外ノ用デハナシ死期ノ言葉ヲ若年共ヘ遺スニテ御坐候世ノ中ハヲカシナモノニ御坐候小子カ遺言アルトハ不似合樣ニ御坐候

一小子病氣ノ事ハ家兄始メ仙臺ノ人ニテ一向ニ不申遣候アジン《マヽ》サセテ益ナシ珍平ヲ登セル抔トテ錢ヲ遣ハセテ益ナシ必々御沙汰御無用ニ被成可被下候至而益ナキ事也死タ時云出シテスム事也

一再會難期奉存候御閨中樣衞盛子直ク被仰達可被下候呉々モ世間デ小子ガ死ダサタノナイ内ハ何方ヘモ御知セ被下間敷候草々頓首

閏二月十五　　林子平

小川只七樣

尙以テ別紙達《マヽ》ハ目ニ懸候

此書ハ寛政四年二月子平カ小川只七翁一名ハ道隆萬笑ト號ス宮城縣人小川道高ノ祖父ニ與ヘタルモノ蓋シ翁ト子平トハ竹馬ノ友ニシテ其交最トモ親密ナレハ此書ヲ贈テ訣別ヲ告ケタルモノ也末尾ニ藤田東湖先生ノ跋アリ曰ク「余曾目子平以慷慨之士今觀其獄中之書語氣從容綽綽有餘裕古人所謂談笑於死生之間者子平其庶幾乎」是ハ只七翁ノ宗家ナル小川道一氏ノ養父草延翁（名ハ

道敎)曾テ仙臺藩士夫人德川氏夫人名ハ孝子八代姬ト稱ス水戶景山公ノ女ナリノ尚藥トシテ江戶ノ藩邸ニ住セシトキ之レヲ小梅村ノ水戶邸弘化甲辰景山公幕府ノ嚴譴ヲ蒙リ駒籠邸ニ幽閉セラル時ニ東湖モ禁錮セラレ小梅村ノ水戶邸ニ在リキニ送リテ東湖ニ示シタルニ東湖乃チ此跋文ヲ書シ荒川晴海(仙臺藩ノ畫員)ニ介シ之ヲ草延翁ニ送還セルモノナリト云フ

又大槻盤溪翁曾テ草延翁ニ乞テ此書牘(一小子云々ヨリ不似合ニ御坐候ニ至ル)一節ヲ得自ラ臨書シテ其前後ノ文ヲ補ヒ以テ之ヲ其家ニ藏シ左ノ跋文ヲ書セリ

林子平吾藩一奇士也　嘗著海國兵談若干卷　詳言海防之策　當此之時　海內淸平　四邊無警　而所謂西洋之學　未甚行於世　子平乃能見機未然　察禍於無形　謂東北諸夷之侵略不可測也　宜設臺置砲森嚴海防　以備不虞　而其設立宜自安房相模始焉　子平沒十餘年　北陲果有赤狄擾乱之警　而後來幕議　置戍房相　亦實有取子平之言　則先見之明　豫謀之遠　不獨爲吾藩奇士　謂之海內一偉男子　誰爲

不可哉　小川國手家　藏子平贈其從祖只七君俗牘一通　荅子平之著兵談　有觸忌諱　官召而詰問　其禁錮之命下　實在寛政四年五月十六日矣　此牘乃作於其閏二月十五日者　而志氣慷慨　從容閑雅　絶不見推(マヽ)挫哀颯之色　可以概其半生可養矣　余曾欽子平之爲人　因請國手　得其中一片斷而珍藏之　及還此卷　遂書此報厚意云

此書中ニ所謂家兄トハ先生ノ兄嘉善(名ハ友諒)珍平トハ嘉善ノ子子平ノ甥ナリ又衞盛トハ只七翁ノ子衞守(名ハ道則白英ト號ス)ニシテ守ト盛トハ其訓ヲ同クスルヲ以テ衞盛ト書セシナラント云ヘリ

先生又辭世ノ歌アリ

すくふへきちからのかひもなかそらの
めくみにもれて死そくやしき

水戸景山公曾テ二人ノ近臣ヲ先生ノ甥ナル良伍ノ家ニ遣ハシ其遺筆ヲ求メラレシニ良伍乃チ命ヲ奉シテ其眞蹟ヲ獻シタリ景山公當時ノ版刻

ニ附シ之ヲ世ニ傳ヘタリトゾ良伍之ヲ聞キ感激ニ堪ヘス左ノ歌ヲ詠シタリト云フ

水戸黄門齊昭子平友直大人ノ和歌ヲ心ノ花ノ櫻木ニアゲテ世ニシメシタマフトイフヲ得テ

もれしとはおもひかけきや大君の
めくみの露のあまぬ《れカ》かる世に

子平ハ蒲生君平高山正之ト寛政ノ三偉人ト稱セラレタル者而シテ其赤心王ニ勤シ熱涙國ニ濺キ死猶避ケサル献身的氣魄ハ子平固ヨリ正之ニ若カス其名義ヲ明ニシ綱常ヲ植テ立言正大流俗ノ外ニ挺立スルノ經世的抱負ハ子平固ヨリ君平ニ若カス然レトモ眼光蜻洲ニ局セス識力域外ヲ照ラシ進取經略ノ大志ヲ懷キ一世ヲ睥睨スル對外的偉略ニ至テハ是レ子平獨歩ノ擅場タラスンハアラス子平ヲシテ今日ニ在テ東邦ノ現勢ヲ目撃セシメハ之ヲ何トカ謂ハン

（第十五）　來島政久

議論より實を行へなまけ武士
　國の大事を餘所に見すして

是ヲ長州男兒來島政久カ當時ノ所謂ナマケ武士ヲ罵リタル歌ナリトス嗚呼此人ニシテ斯快句アルヘシ他人ニ在テハ則チ未ダ奇ト謂フヲ得サル也

品川子曰ク「來翁ハ長州ノ飛將軍タリ彼ハ劍技馬術ニ長シ傍ラ經濟ニ通シ安政六年所帶方頭人ニ擢テラル文久三年壬戌七卿ノ西下スルヤ彼ハ憤然筆ヲ投シテ起チ數千ノ兵ヲ募ツテ七隊ト爲シ之ヲ遊擊軍ト稱シ自ラ之レヲ率ヰテ上京セリ其七隊トハ鍾秀、膺懲、荻野、金剛（僧兵）郷勇（農兵）力士（角觝）市勇（商人）是也元治甲子六月彼ハ告ケスシテ東ニ上ル一日親戚故舊其行ヲ送ンガ爲ニ置酒ス彼レ一大巨觥ヲ擧ケ衆ニ謂テ曰ク此行ヤ我レ生キテ還ラス願フニ我公ノ精忠ヲ天下ニ明カニセスンハ何ヲ以テ皇威ヲ震耀センヤ闕下ノ奸臣ヲ掃蕩センハ何ヲ以テ我公ノ寃枉ヲ雪カンヤ大惡ヲ爲スモノハ其身ヲ愛スルニ由リ大善ヲ爲スモノハ其身ヲ愛セサルニ由ル之レ今日留別ノ好下物ナリ我一身何ソ惜ムニ足ランヤ諸君其レ快酔ヲ盡セ」ト直ニ劍ヲ提テ去ル衆拍手快哉ト叫フ彼ハ進ミテ嵯峨ニ至リ天龍寺ニ據リ七月十八日ノ夜京師ニ向ヒ帷子衢ニ至リ兵ヲ三隊ニ分チ國司信濃一隊ヲ率キテ中立賣門ニ彼ハ兒玉小民部ト共ニ一隊ヲ率キテ蛤門ニ至リ一隊ヲ伏兵トス彼乃チ大砲小銃二小隊ヲ前ニ狙擊(獵夫ノ狙擊ニ熟スルモノヲ撰ヒテ一隊ヲ組織セリ)二小隊ヲ左ニ力士一隊ヲ右ニ備ヘ翌曉直ニ進ミテ蛤門ニ逼ル會桑ノ兵之ヲ拒キ砲戰之ヲ久ウセシニ我伏兵朝紳ノ第ヨリ起リ其後ヲ襲ヒケレハ敵兵大ニ苦ム彼ハ重鎧ヲ被リ左ノ手ニ幟ヲ把リ右ノ手ニ劍ヲ揮ヒ馬ヲ躍ラシ颺言シテ曰ク援ケヨ拔ケヨト其聲鐘ノ如シ我兵突進シテ敵兵ヲ走ラシケレハ彼ハ門ヲ奪テ御花畠ニ逼リ雌雄ヲ一擧ニ決セントセリ是時コレマテ屹然山

ノ如ク動カス彼我ノ勢ヲ傍觀シツヽアリシ薩兵(卽チ西郷翁部下ノ精兵ハ幕兵披靡事急ニ機逼ル一刹那驀然馳セ來リテ我兵ヲ横撃シケレハ會桑ノ兵勢ヲ得テ返戰ス適マ國司信濃已ニ幕兵ヲ破リ馳セテ之ヲ援ク薩兵奮進我背ヲ襲フ彼ハ屈セス勇往直前衆ヲ励マシテ進ミ呼テ曰ク我ハ長藩ノ森鬼太郎(當時變名シテ森鬼太郎ト稱セリ)ナリ誰カ尊攘ノ擧ヲ妨クルモノソレ我レ將ニ之ヲ鏖ニセントス」ト萬衆目ヲ注キ之ヲ狙撃ス彈雨啾々一丸飛テ其腕ヲ貫キ馬ヨリ墜ツ喜多村某乃チ力士ヲシテ之ヲ負ハシメテ退キ天王山ニ至リ之ヲ埋ムト云フ

其後予京師ニ於テ桐野利秋(當時中村半次郎ト稱ス)ト相會ス桐野來翁ノ事ヲ語リ「十九日御藩(長州ヲ指ス)ノ兵會桑ノ兵ヲ破テ來ル我等馳セテ之ヲ援ク一人馬ニ跨リ日ノ丸ノ鐵扇ヲ揮テ進ム軀幹長大顏色陽々重棗ノ如ク怒髮逆ニ上リ目眦皆裂ク部兵奮進馳驟縱横其勇其悍一以テ十ニ當ラスト云フコト無シ我兵爲ニ披靡シテ退ク是レ卽チ來島ナリシ也彼ノ

死セサルマテハ我到底其鉾ニ當ルヘクモアラサリキ」ト云ヘリ來翁カ意氣ノ盛ナル亦想フヘキ也
來翁ノ墓ハ維新後改葬シテ東山靈山ニ在リ久坂入江寺島諸士ノ墓ト相並ヒテ立テリ余曾テ靈山ニ遊ヒ其墓ニ謁シ其忠魂ヲ弔シ感慨之ヲ久ウシ今又品川子ノ談ヲ聞キ益ス其人ト爲リヲ想ハスンハアラサル也

（第十六）　寺島昌昭

しらぬひの盡してたにもまかつ神
　誠をとかぬ世こそうてたき
小倉江に浮ふ水鳥心せよ
　さゝ浪高き世の中はしも
　　　まさあき

是レ寺島昌昭カ鉄扇ノ面ニ書セル歌ニシテ初メ寺島家ニ傳ハリタルヲ同家ヨリ更ニ尊攘堂ニ納メラレタルモノナリト云フ

品川子曰ク「寺島昌昭年十五ノトキ先師ニ從ツテ敎ヲ受ク予ハ彼ト同齡ナルヲ以テ交最トモ密ニ終始事ヲ共ニセリ先師ノ間部總州ヲ要擊センヲ謀ルヤ彼ハ其血盟十七人ノ一ナリキ先師ノ再ヒ獄ニ繫カル、ヤ予ハ彼及ヒ入江等ト共ニ執政ニ面シテ其罪名ヲ詰問シタリ所謂暴徒七名ト稱セラレタル一人ナリシ也甲子ノ變彼ハ久坂ニ繼テ副督タリ事敗ル、ニ及ヒテ久坂ト共ニ鷹司邸内ニ自双セリ彼人ト爲リ深沈寡默中犯スヘカラサル氣アリ平生好テ孫子評註ヲ誦シ常ニ之ヲ座右ニ措ケリ」ト云ヘリ

彼レ常ニ詩歌ヲ賦スト雖大率稿ヲ留メス故ニ存スルモノ甚タ希レナリ而シテ其歌聲韵並ヒ至リ琅々誦スヘキモノアリ先師ノ東行ヲ送レル歌ノ如キ卽チ其一ナリ

吉田先生ノコタビ故アリテ東ノカタヘ駕ヲ向ケラレナン折カラ予ニ留別ノ高吟其外數多ノ言草ヲ傳ラレケレハ余モ師トシ交ルコト

數月ノ因ヲ結ヒ芳書ヲ拜シハベリテ

武士のみちこそ多き世の中に
たゝ一すちのやまと魂

關の戸は雲やとさゝん五月雨の
今朝ふく風に君は何方へ

先生ノ駕已ニ東ヘ行キナン頃五月雨ノ頻ニフルヲリカラ慕シク思ヒ侍リテ

道みちもさそかしやらん五月雨の
そらは東もふるさとのそら

いくとしか君は東に宿る《ら、カ》やん
古郷さひし五月雨のころ

言の葉もつきさりにけん五月雨も
われも東へ行て待へし（當時寺島郷里熊毛ニ歸レリ熊毛ハ萩城ノ東ニ在リ故ニ云フ）

先達てわきハ東へ向ふなり
いつか來にけんきみの車も
其歌ヲ讀テ其人ト爲リ如何ヲ想フニ如何ニ其眞摯ノ人タリ如何ニ其忠厚ノ人タリ如何ニ其血誠ノ人タリシカハ之ヲ知ルニ餘アラン

二十二

寺島昌昭通稱ハ忠三郎字ハ子大刀山ト號ス斃不休齋ハ其別號死スル年

明治二十九年中央新聞所載

尊攘堂

中

（第十七）　星巖梁川先生

余曾テ京都ニ遊ヒ靈山ニ上リ殉難烈士ノ靈ヲ弔ス歸途孤松蒼鬱ノ處一碑ノ屹立スルヲ見ル是レ卽チ絕代ノ詞宗勤王ノ名士タル星巖梁川先生ノ碑也余乃チ俯仰低回去ルコト能ハス其碑ヲ拜シ其裏面ノ碑ニ刻セル文字ヲ讀ム左ノ如シ

孟緯今年犬馬之齡　忽及七十　親朋友言沿例爲壽者　乃復曰古人德與年進　而某也則資性拙劣動輙得罪於天　去日多而來日少　三省三視補過之不暇　而覥面受諸君之賀　尤非鄙心之所安　況頻年洋夷來請互市　國事紛擾　竊惟　聖上宵旰勤憂　不遑寧處　當是之時　置酒宴會　引觴自快　雖云林下散人　亦無有可然之理　宜謹愼以自守焉耳　諸君幸諒吾寸衷　勿復强言　遂賦詩兼寄示四方知舊以豫防壽詞賀儀等贈遺　時安政戊午夏六月

逝去如斯徒自傷　曾無涓滴報蒼蒼

従今一準李家例　毎日學程三炷香、
駑劣無能年已高　眼看鯨鼉鼓風濤
生涯不受諸朋賀　爲憶大君宵肝勞、
霜田開港已恠事　何況三都諸要城
只許前條不容後　一寛一猛太分明、
爲臣豈得建私議　通信通商是禍胎
若弄空權忘大本　內憂外患一時來、
普天率土仰相望　葵藿心皆向大陽
諸老何心梗朝命　不知梗得自家亡、
命世之才古亦稀　八方今日事乖違
人心得失君須鑑　即是興亡一大機

星巖逸民粱孟緯具稿於鴨沂小寓

嗚呼是レ星巖先生ノ人ト爲リ如何ヲ知ヘキ也

品川子曰ク「星巖先生ニ取ル所ノモノハ獨リ其處士トシテ一世仕ヘス市利朝名ノ外ニ卓立スル高風アルノミナラス亦其詩人トシテ一代風騷ノ主ト爲リ紅塵紫埃ノ表ニ超出スル逸標アルノミナラス實ニ勤王志士ノ領袖トシテ尊攘ノ大義ヲ首倡シタルニ在リ嘉永癸丑米艦ノ始メテ浦賀ニ來ルヤ先生詩アリ曰ク

一道礮聲雷震天　邦家從此事騷然
何須警報更爲備　轉海書來已十年

其ノ後幕府ノ外交毎事宜ヲ失シ海内議論騷然タルヤ先生ハ尊攘ノ志士ト相結ヒ隱然勤王派ノ長者タルカ如キ有樣アリキ而シテ其詩高渾雋靈ノ調ハ一變シテ悲壯激越ノ音ト爲リ以テ一世ノ士氣ヲ鼓舞シタリキ彼ノ堀田備州カ黃金ヲ以テ諸公卿ノ口ヲ箝セントスルヲ聞クヤ

賄賂一開公議滅　可能不峻防其微

ト云ヒ又其開港ノ事ヲ詠スルヤ所謂

只許前條不容後　一寬一猛太分明

ト云ヒ幕府廢帝ヲ謀ルノ風評ヲ聞クヤ

皇上只要殲海佐　未嘗一刻外關東

ト云ヒ其大將軍ヲ責ムルヤ

今日不能除外釁　征夷二字是虛稱

ト云フカ如キ字々激昂句々慷慨殆ト快刀斷痲ノ概アリトス先生ハ決シテ風雲月露自ラ喜フ詩人ニハ非サル也

先生ハ京都ニ在テ勤王派ノ推ス所ト爲リ每ニ當時志士ノ意見ヲ朝紳ノ間ニ達スルコトニ盡力シタリキ佐久間象山ノ建白ヲ九條關白ニ上リシカ如キ又松陰先生ノ奏議ヲ乙夜ノ覽ニ供シ奉リタルカ如キ是也而シテ井伊直弼ノ政權ヲ弄シテ天下ノ志士ヲ一掃セントスルヤ先生モ亦尊攘ノ志士ト同シク縲絏ノ禍ニ罹ラントスルニ際シ俄ニ虎列剌ノ襲フ所ト爲リテ逝ケリ先生生前一日其高足即チ彥根ノ家老岡本黃石ニ謂テ曰ク

卿ハ我子弟タルカ黄石曰ク然リ先生又曰ク已ニ我子弟タル以上ハ社稷ノ臣タル所以ノ道ヲ知ラン黄石曰ク聖賢ノ書ヲ讀テ粗ホ大義ヲ知レリ先生曰ク卿井伊大老ノ所爲ヲ見スヤ　敕許ヲ俟スシテ擅ニ條約ヲ結ヒ私意ヲ以テ妄ニ親藩ノ諸侯ヲ幽シ上ハ以テ天朝ヲ蔑ミシ奉リ下ハ以テ幕府ヲ誤ラントス卿ニシテ我子弟タリ亦其身社稷ノ臣タル以上ハ義宜シク之ヲ諫メサルヘカラス是レ吾カ切ニ卿ニ囑スル所卿其レ遲疑スル勿レト其言凜凜眞ニ宋忠簡死ニ臨ムノ概アリ而シテ先生ハ將ニ自ラ起テ間部ノ西上ヲ路ニ要シ論爭スル所アラントセリ「俟采擇錄」中ニ云フ

星巖梁川翁　病歿前二日　余（久坂ヲ指ス）過翁家　談及時事　翁推衾曰　鯖江侯（間部ヲ指ス）將西上　余本與侯有舊　余將要之大津驛有所論　及事未果　竟歿　實可悲也

其志亦以テ見ルヘキ也

子又曰ク「先生生前佐久間象山翁ト交リ最トモ厚ク其ノ文書往復虛日無

キカ如シ天保年間先生象山及ヒ大槻士廣ト共ニ會シ墨戲ヲ弄シタルコトアリ後象山ノ之ヲ記スル文アリ

天保間　余之寓于江都玉池之瀕　與梁川公圖比隣交情至親　往來無虛日　大槻士廣亦來會　一日會飲　與及墨戲　余作石　士廣寫竹　公圖添枯木　亦一時之適也　既而各自在西　不得合併　戊午之秋　公圖殉於京師　後日餘見此紙於古笥中　俯仰疇昔　爲之慨然

象山外史平啓書于松城聚遠館

「公圖殉於京師」ト云フ象山ハ能ク先生ノ心ヲ知ル是レ豈先生ノ知己ニアラサランヤ先生生前歌テ曰ク

武夫の弓矢とる身も耻るらめ

我大君の猛きみこゝろ

先生ハ善ク先帝中興ノ大志ヲ知ル者嗚呼先生ハ豈詩人ナラン哉

（第十八）　藤森洪庵先生

後天下之樂而樂　我聞其語矣　未見其人　先天下之憂而憂　豈無其人哉

布衣憂國似陳亮　淸議買禍如范滂　人擧笑其狂　獨曰今之時何時哉

我怙人之不狂也　是眞可謂狂矣

是レ弘庵先生藤森大雅ノ自賛ニアラスヤ

世或ハ先生カ天下ノ文人タルヲ知テ而シテ忠孝ノ大節ヲ有スル志士タルヲ知ラス世先生カ一代ノ詞宗タルヲ知テ而シテ尊攘ノ大義ヲ持スル仁人タルヲ知ラス蓋シ星巖先生ト弘庵先生トハ共ニ一代風騷ノ泰斗トシテ而カモ其氣節ヲ砥礪シ世道人心ヲ提醒シタルニ至テハ則チ両者未タ嘗テ其揆ヲ一ニセスンハアラス先生ノ曾テ西京ニ遊フヤ星巖ト相會シテ時事ヲ論シ肝胆相照ス所アリシモ其貫名海屋ヲ訪ヘルトキハ唯書畫ノ談ノミナリシト云フ先生人ニ語テ曰ク「星巖ハ志アル人ナレハ議論モ出來タレト海屋ハ何モ譯ノ分ラヌ人物ナリ」ト云ヘリ星巖先生ガ西ニ

在テ尊攘志士ノ長者タリシカ如ク先生ハ東ニ在テ重キヲ有志ノ間ニ有シタリキ是レ其尙フヘシト爲ス所也

嘉永癸丑米艦ノ浦賀ニ來リシヨリ以來和戰ノ議湧クガ如クナリキ一日松浦竹四郞先生ヲ訪ヒ縉紳家ノ談ニ及ヒケルトキ先生ハ松浦ニ向ヒ「君カ稱スル所ノ堤殿モ無志無力ノ人ナラン君モ亦時勢ヲ論スト雖何事ヲ縉紳ニ云ヘルニヤ無用ノ事ヲ云ヘルナラン今ヤ幕府因循和議ニ及ハントス之ヲ憂ヘテ事ヲ計ラサルハ無用ノ人ナラスヤ」ト云ヒケレハ松浦憤然トシテ「先生一書ヲ草セヨ吾之ヲ攜ヘ直ニ上京シテ堤殿ニ呈シ事ヲ成サン」ト云フ先生乃チ徹宵筆ヲ把テ上書ヲ認メ之ヲ松浦ニ授ケ丶ルニ松浦直ニ上京シテ之ヲ堤殿ニ呈シタリ然ルニ其時武家傳奏三條亞相坊城公ナリシニ外國ノ事モ仰ラレルヘキ事ニテ最早出京ノ跡ナレハ如何トモスヘキナク空シク歸レリトナン松浦ノ未タ歸ラサルヤ一夜鹽谷宕陰先生ノ宅ヲ訪ヒタルニ不在ナリナケレハ一紙ヲ殘シテ去レリ其大意ハ

阿部閣老ヘ出入セル醫者公用人某ニ聞ケルニ藤森恭助水戸烈公ノ内命ヲ受ケ松浦某ヲシテ上京セシメ院宣ト錦旗ヲ乞ヒニ遣ハシタルニ拜戴シテ歸リケル途上ニテ松浦ハ拘捕ニ就キタレハ用心アルヘシトノ事ナリ尋テ松浦歸リシカ此評判甚タ高カリシカ故ニ先生ハ姑ク潜居セリトソ

戊午黨獄ノ起ルヤ先生一代ノ名儒ヲ以テ人心ヲ鼓動セシカハ最トモ其惡ム所トナリ酷吏鍛錬處クニ重刑ヲ以テセントセリ而シテ事實無キヲ以テ終日追放ニ處セラレヌ今其獄中問答ノ筆記ヲ讀ムニ先生ノ傲骨ヲ見ルニ足ルモノアリ

町奉行ニテ吟味アリ尋ニ其方水戸前中納言殿ノ　御事ヲ心配致ス歟ト有リケルニ答　如何ニモ御出入扶持ヲ被下候事故深ク心配スト申シケレハ

又其方水戸木村ト申者ヘ大目附ノ手ヲ以重キ御役人ヲ取替サレハ御

政事不改ト申シテ一通ノ書附ヲ大目附ニ出ス事ヲ謀リ其木村右ノ書附ヲ大目附ヘ出シ行方不知ナレリ弥左樣ノ事ヲ計リケルヤ又木村ト申者ヲ其方カクマヒ有筈ナリトアリケレハ

答ニ　是ハ不存寄御尋ナリ其木村ト申者ハ名モ唯今聞始ニテ更ニ不存左樣申出候者アラハ此ニ御出シ可被成全躰又重キ御役人ヲ取替ルニ大目附抔ノ手ニテハ參ルヘキ樣ナシト心得候然ルニ左樣ノ道理ナキ事ハ恭助ハ申サスマタ大目附ノ手ニテ重キ御役人ノ取替候事出來候モノニヤト答ケレハ

又尋ニ其方勝野豐作ト懇意ナリヤト有ケレハ

答　如何ニモ豐作トハ懇意ナリ申シケレハ

近頃モ往來セシヤ

答ニ　近頃モ往來イタセリ

何事ニテ行シヤ

答　是ハ水戸前中納言樣此節御謹愼被仰出候ハ何故ノ御事ニヤ私モ御出入扶持被下候事故深ク心配仕豐作ハ交リ廣キ者故樣子存シ候儀モ有ヘキヤト尋ニ參リ候ナリト答ケリマツ木村トイフモノ相分ルマテ愼居候樣トノ事ニテ主人古賀謹一郎ニ預ケ申渡シケレハ表向古賀預リニテ内實ハ在宅シ居レリ

マタ

評定所ニテ三奉行ノ尋ニ勢州松坂世古恪太郎ト申者懇意ナリヤマタ文通モ致セシヤ

答　懇意ト申程ノ事ニテモ無之候得トモ一昨年遊歷ノ節京都俵屋ト申旅宿ニ滯留中認物ヲ賴ミ致シ遣シ其節始テ面會致シ其後勢州ニ參リ同人別莊ニ滯留致講釋其後ハ疎遠ニ有之處一度筆ノ事ヲ賴ミコシ候樣存スル旨答ケル處

其方重キ御役人ヘノ内間ニ間諜ヲ入レ機密ヲ捜リ京都ト内通致シ候

儀有之哉

答　是不存寄事也全躰重キ御役人ヘ恭助如キモノ間諜ヲ入捜リ候迚機密ノ事可相分モノトハ不存故左樣ノ事ハ致サス機密ノ事ヲ洩シ被成候樣ノ人物ヲ重キ御役人ニ御用被成候モノニ候哉ト詰ケレハ

マタ其方恪太郎ヘ文通シ江戸表ノ形勢ヲ送リタル中ニ太田侯内間ニ手ヲ入捜リ候處今般水戸殿ヘ被下タル敕諚ハ全ク僞書ニテ作者ノ相知候趣ニ申候旨申送候也右書翰ヲ恪太郎ヨリ鵜飼幸吉ニ差送リタル事アリ其儀ハ幸吉申立ル也相違ナキヤトアリシニ

答　一切左樣ノ儀ハ不存證據モノニテモ有之候哉幸吉如キ若輩ノ申立候迚夫ヲ取用被成候也証據モノアラハ此ニ御出シ可被成ト嚴敷爭ヒテ伏サヽリシトナリ

先生追放ニ處セラレ総州古河邊ニ往キ尋テ行徳ニト居ス當時詩アリ曰

逐客何須嘆索居　從來天地有乘除
自今剩得閑年月　半學耕漁半著書

（先生カ天山ト號セシハ此時ニテアリキ）

先生涙アリ而シテ國ノ爲ニ灑クヲ禁スル能ハス病中ノ詩ニ曰ク

伏枕期年鶴骨支　猶間時事思如絲
空餘滿腹經綸作　把筆枉書絕命詞

又其臨絕ノ詩ニ曰ク

撫枕無眠喚苦何　關心東海晩來波
中宵起把離騷讀　自古詞人感慨多

其詞清妙深穩中ニ悲壯淋漓ノ氣ヲ挾ム亦以テ先生カ熱血溢ルカ如キ處アルヲ知ルヘシ先生ノ布衣國ヲ憂フル陳同甫ヲ以テ自ラ期スル者亦宜ナラスヤ嗚呼古ヨリ詞人豈必スシモ世ト相隔絕スルモノナラン哉

（第十九）　毛利英雲公

寶暦明和ノ頃德川氏積漸ノ威武モ地ニ墜チテ一世滔々醉夢死ノ中ニ沈醉スルニ當リ一封疆ノ中ニ出スシテ活眼百代ヲ射リ洞識千古ヲ貫キ後世子孫ヲシテ維新中興ノ首倡タラシムルモノアリ是レ長州ノフレデリツキ大王トモ稱スヘキ不世出ノ明主毛利重就公卽チ英雲公其人ニ非スヤ

毛利氏カ元治甲子馬關ニ於テ英佛米蘭四國ノ軍艦ヲ擊テ攘夷ノ先鋒ト爲リ慶應丙寅幕府ノ兵ヲ四境ニ引受ケテ討幕ノ先驅ト爲リ終ニ天下ニ率先シテ勤王ノ首倡ト爲リタルモノ忠正公ノ精誠一藩ノ士氣ヲ鼓舞シタルニ由ルト云ト雖䟦ヲ百年以前ニ放テ一タヒ英雲公ノ事ニ思ヒ到ラハ其由テ來ル所以ノモノ決シテ偶然ナラサルヲ知ルニ足ラン而シテ英雲公一代ノ事業中其實效ノ遠クシテ且ツ大ニ百年ノ後ニ及ボシタルモノハ實ニ彼ノ有名ナル撫育局ノ事ニソアル

余撫育局ノ事ヲ擧テ之ヲ品川子ニ問フ子毅然襟ヲ正ウシテ曰ク「我英雲

公ハ洞春公即チ元就公ヨリスレハ十代寛延四年藩ノ支封長府毛利家ヨリ出テ、本家ヲ繼キタルモノ公ハ農桑ノ事一トシテ知ラサルナシ其出テ、世ヲ嗣クニ當テヤ天下驕奢士氣柔軟、國力疲弊、財政危迫翌年ノ租稅ヲ收ムルニ尙足ラス加フルニ積年旱魃洪水等ニ依テ田畝荒廢豪猾ノ徒兼併ノ欲ヲ逞クシ人民ノ困厄殆ド名狀スヘカラサルモノアリキ公乃チ斷然財政ヲ大革シ以テ百年ノ大計ヲ畫センコトヲ思ヒ人民ヲ諭シ地面ノ廣狹肥瘠ヲ量テ餘地ヲ出シ有餘ヲ以テ不足ヲ補フノ古法ヲ用ヒ凡ソ民間ノ生產ヲ平均シ追損永否戾シ等ノ新物成ヲ合シ若干ヲ會計局ト引分ノ法ヲ定メ六七万石ノ余地ヲ生シタルヲ以テ其物成ヲ貯蓄スルノ方法ヲ設ケラル所謂撫育局ナルモノ是也而シテ此撫育局ヲ設ケラレタル主趣如何ハ公カ親ラ起草セラレタル申聞ノ條文ニ詳カナルヲ以テ之ヲ拜讀スヘシ」ト筐底ヨリ一幅ノ書ヲ出シテ示サル

大膳大夫重就朝臣代所帶方ト撫育方引合之仕方左之通申付候

申聞條々

今度土地秤之儀貞享之例ニ隨ヒ加フルニ圖籍ヲ以テ小村帳繪圖是ナリ共ニ別記アリ両國中土地之肥瘠廣狹七十餘年ヲ隔自然ト變スル所多シ有餘ヲ以テ不足ヲ補ノ古法ヲ用ヒ民間生産頗均シ今年今月役人功竣依之自今以後ノ法ヲ定メ有國ノ要ヲ嚴重ニ申付所左ノコトシ

一別記ニ有之追損永否戻等ノ新物成合而若干（別記其數詳也）此物成引分之法ヲ定メ自今所帶方ヘ混雜スヘカラサル事

但引分之義此度新規之事ニ付嚴法ヲ以テ手堅可被申付事

一所帶方ハ去寶曆九年定ル所ノ仕組帳請之物成ヲ以自今凡テ分際ト定メ年々諸入用其分ニ過ル事莫大ニ及ハヽ當職役身ニ引受儉約省略之手段ヲ盡シ日夜心ヲ用ヒ定ル分際ヲ以是非トモニ内外渇之モ相調候樣ニソノ時々ノ職役幷裏判役其外手元所帶方役人思慮ヲ盡シテ可計策事就中所帶方引請之者ハ此段職分ノ第一ナリ

一家來中幷諸郡ヨリノ馳走多分ニ出來數十年打續今之分ニ候ヘハ甚不相濟事

一於于時重キ公役之儀ハ國中之人力ヲ盡シ出勤候事古ヨリノ定例此以後勿論タリ雖然其年々豐凶ニ隨ヒ士民ノ時トシテ可難令畫之事但兩條ハ別而當職役常ニ心ヲ用ヒ不可有怠儀ナリ尤當時ハ所帶方至極ノ差問之事ニ付近年之內此存念宜敷可相調義ニアラストイヘ共引請之諸役人常々此意ヲ心頭ニサシ挾ミ其謀ヲ設ル時ハタトヒ速ニ其効アラストモ不善ニ至ラス徒ニ所帶日用之繰合ノミヲ職ト心得遠慮ヲ忘レ其儘ニ指置時ハ終ニイツマテモ今ノブンタルヘシ因玆當職役ヨリ所帶方役人中ニ至迄追年此義ニ思慮ヲ凝シ士農ノ衰病ハ國ノ病因ト成義ヲ思ヒ心ヲ安スヘカラサル事

一此引分之物成ヲ以所帶方ヨリ不足ヲ補フヘキ事必然ノ理ニ似タリ

トイヘトモ甚以可加遠慮義ナリ所帶方請ノ物成滿足ノ儀ハ災ノ基ナリ此理ヲ能辨ヘサルモノハ政事ニ參ハルヘカラス

一年來所帶方差問トイフヲ以國政姑息ノ義多シ是只所帶方ノミヲ要事トシ大躰ニ怠ル所ナリ尤當時ハ所帶方程大切成モ無之トイヘトモ諸役人皆爲其心得之故ヲ以時トシテ國政急務ニアラスト心得要務ニ怠リ所帶方豐饒之期ヲ俟ハ後年殆國政ノ闕シ補ヘカラサルニ至ラントス卽此度引分ノ義ヲ申付ル趣後年迄モ執政シ職ヲ掌ルモノハ深ク考フヘキ事

一時トシテ爲指義有之嚴法ヲモ破ルヘキ時ハ此義伺ヲ以如此トイフ事古今ノ例ナリ是機ニ臨テハ其理有之事トイヘトモ役人共思惟有ヘキ義ナリ譬ハ此度引分ノ物成如此嚴重申付置候處後年所帶不足差問ノ時役人共此物成ヲ目當トシ手段ヲ緩々ニシテ是非此物成ヲ以不償時ハ所帶方作略ニ盡キ忽チ危ニイタルト手詰之伺ニ及フ時

ハ此法ニ悖トイフトモ引分ノ法ヲ敗リ免許スルノ外ナシ然ハ後年引分ノ法ヲ敗ルハ免許之非ニ似タリトイヘ共其實ハ手詰ノ伺ニヨル此等之義自今以後職役以下其事ニ與ルモノ、可有心得事

一今度土地坪〻之義所帯方補ノタメ企タル義ニアラス近年國中ノ窮巷〻只樣民戶モ減シ其外追損ト號シ物成高ノ減シタル事既ニ萬石ニ及フ則國中土地ノ弊事ナリ是捨置ヘカラサルノ義ニテ土地坪ヲ企ルハ不得止ニイツル所ナリ追損永否戾等ハ其自然ノ餘度ナリ此義全所帯方ノ智計ヨリ出ルニアラス向後以所帯方役之者ハ此義無之以前ト心得定ル物成ヲ以テ其職ヲ守ルヘシ若後年此物成ヲ目的トスル役人ハ作略ニ怠リ不任其職モノナリ

一諸郡ノ代官役以下此以後ハ就中其人ヲ撰ミ可申付猶常以其在役之者ノ邪正ニ心ヲ付其才ノ優劣ヲ考ヘ或ハ褒貶賞罰之道速ナルヘシ城下手近キ役人ハ其能不能忽チ明カナレトモ諸郡ノ義ハ常ニ心ヲ

付不考ハ則執政之過ト成ヘシ

一諸郡ノ奸曲ト民間ノ疾苦ヲハ政ヲ執ルモノ常ニ心ヲ付テ可知義也

一諸郡之事ヲ勤ルモノ民事ニ委カラス農家ノ情ヲ知ラスシテ在勤セハ後年ニ至リ諸郡ノ盛衰大キニ片寄其災又起ルヘシ後年土地坪之義ハ容易ニ行ハサル義ナリ大凡百年ヲ期スヘシ依之諸郡之義ハ國政之要務諸令爾今之災ハ役人之可爲怠者也

右此度土地坪相調ニ付自今國政要務ヲシメシ近憂ヲ招クヘカラサルカ爲ニ引分ノ義ヲ堅申付ル所ナリ然上此掟後年以敗ト不敗トハ當職役ノ功不功タルヘシ向後當職役交代シ度々此一通ヲ早速受渡シ新役ハ此條々ヲ會得シテ相勤候覺悟一般奉職シ急務者也

寶暦十三五月十四日判(重就公御判)

毛利内（匠カ）直殿其外後進當職中

又英雲公ヨリ添直書付ニテ申渡サレタル三通ノ書面アリ卽チ左ノ如シ

近年國元江戸方共ニ仕組申付イマタ無間合義ニ付諸事折合ン期ニ至ルマテハ直ニ差圖ヲモ加ヘン此引分之義モ同様ニ暫ク直ノ物數寄ヲ以申付義モ有ヘシ此本文ハ永々以家法トス當分ヨリ堅行ハレ候樣ニ嚴密ニ可有沙汰事

右一通

一追損糸《マヽ》否戻リ石ノ事

但當年之義ハ先達而伺之筋ニ任セタル趣モ有之候ヘトモ仕法之仕立ハ當年ヨリ申付勿論來所務ヨリ嚴重ニ引分申付候事

一手置銀之事

但只今マデ所帯方之兼帯タルヨリ物緫ナル銀子ヲモ近年申付ル作法ニ不相備畢竟直ニ随ツテ取盡無ケレハ止ム義ト見ユルニ付今度引分ニ申付事

一倍役、幷減少石等之事

但先御代被相定所々家法有トイヘトモ所帶方ヨリ引渡之義ヲ相滯リ此等纔之義所帶方之補ト相成道理無之候得共風儀惡敷家法ハ敗レトモ所帶方之理ニ迫リ方法追々廢セル事笑止之義ナリ依之先御代ノ仰ト家法再興申付度此度之新役座ヘ引請申付年々現物所帶方ヨリ渡方之時直目附ヨリ見屆可差出事

一山銀之事

是亦郡方ヨリ寶藏ヘ納ル作法ニ近年相成候ヘトモ是又所帶方每々引當トシテ拂底迄ハ取出シテ當用ヲ辨スル風儀ユヘ今度之引分方ヘ請サセ候事

一諸郡入替米每年〆リ聞屆之事

但是ハ現物城下ヘ取越義ニアラス此義ニ付先御代御黑印ヲ以被仰付タル旨モ有之處ニ件之風儀故イツトナク其旨ニ違ヒ不締リ相出タル樣ニ相見候何トソ御黑印之旨相置候樣ニ申付度此度之

役人ヨリ毎年入リ可申付事
右廉々只今迄不埒ノ流例ヲ改今度申付候撫育方引請ニ可申付候條夫々之役々ヨリ請渡之作法手堅相調候樣ニ可被申付候近年以繩之引分之義ヲモ申付候通リニ不相成所帶方一方之便リ相成ト云物位之儀ニテモ無之此物成無之時ハ所帶方夫ユヘニ大事ニ及フトイフ道理モ無之事ニ候處流例ノ風儀不改故ニ付今度手堅相改候事

一此度ノ新物成ハ餘分ノ儀ニ付決而所帶方引當ノ存念〔不脱カ〕可有之候此儀所帶方償ノタメ申付タル事ニテ全無シ所帶方ヨリ毛頭氣付無之以前ト心得銘々引請ノ職分ヲ以盡忠節候樣手堅可被申付候今度國政大ニ闕タル事出來スヘキト氣遣捨置カタキ筋有之候故此義ヲ存立頃日漸成就ノ期ニ相成去々年已來内外ヘ掛ケ我等心勞モ如形ニテ此節大ニ安堵セシムル事ニ候依之後日御方役座幷裏判役手元役所

帯方役人迄モ此引分ノ法ニ相障リ候沙汰筋仕候トキハ我等心労無詮相成道理ニ候イツマデモカヤウノ嚴法能行ハルヽハ夫々其人ニ有之事ニ候條當分ノ役人ハ猶更此已後交代之者モ手堅〔可脱カ〕被申傳候

一右引分ノ物成此已後無據要用有之於于時所用候ハヽ我等ヨリ被申付候下ヨリ引當伺等ノ義全以可爲無用事

一此以後請拂有之毎年勘定〆リノ仕法吟味被申付追而可被相伺候尤此勘定ハ取分可爲密事ニ付見届ノ事直ニ目附役へ可申付事

右一通

　役人定候事

別紙條々申付通リ引分ノ所務全以所帯方へ不可混雑義所存有之申付處也仕組折合候迄ハ我等直々モ差圖ヲ加ヘタク存事ニ付則當分ヨリ役人定メ申付事ニ候

此引分ノ所務トアル上ニ付紙左之通役名ノ儀ハ撫育方ト唱サセ

候事

一引請ノ所務引請ノ役人トシテ小村帳方頭人布施忠右衛門朝野正兵衛両人共ニ直様此役義可申付候三戸四兵衛モ直様本〆役トシテ可申付候此外今一両人モ可相加候也

此度之引分トアル迄ニ付紙之通

此度引分之物數モ有之事ニ候へ共此外ハ請渡シ度々直目付役手元ヲ指出見屆可申付候本文新物成請渡之義ハ廉有之事ニ付直目附役自身ニ藏元ニ出勤立會見屆候樣申付ニテ可有之事但此米銀餘分ノ事ニ候ヘハ現物不殘藏元ニ取揃候樣ニ不相成事モ可有之ニ付現物目前ノ〆リヲ以請渡之仕法アルヘキ事

一此度之引分新物成每年春定止ヲ以諸郡ヨリ令上納一應ハ所帯方請ニ備候儀之由然ハ所帯方ヨリ每年日限ヲ極早速無遅滯引渡之法ヲ定サセ右申付候役人於藏元可請取之此時直目附藏元立會ニ沙汰可

被申付事

右一通

之ヲ一讀スルモノ誰カ其用意ノ深密其規模ノ濶大其眼識ノ敏明ナルニ驚カサランヤ而シテ其特ニ第七ニ於テ「時トシテ爲指義有之嚴法ヲモ破ルヘキトキハ此儀伺ヲ以如此トイフ事古今ノ例ナリ是機ニ臨ミテハ其理有之事トイヘトモ役人共思惟有ヘキ義ナリ」ト云ヒ「後年引分ノ法ヲ敗ルハ免許ノ非ニ似タリトイヘ共其實ハ手詰ノ伺ニヨル」ト云フガ如キ其烱眼炬ノ如ク一点一畫モ侵スヘカラサルモノアルヲ知ルニ足ラン世或ハ時局可ナラサレハ動モスレハ責任ヲ人ニ嫁ス胥吏過アレハ曰ク是レ長官ノ命ノミ長官過アレハ曰ク是レ大臣ノ命ノミ大臣過アレハ曰ク是レ伺ニヨルト互ニ相推諉シテ責任ノ歸スル所果シテ安クニ在ルヤ殆ト知ルヘカラサラントス是レ古今ノ通患法ノ行ハレサル實ニ此ニ在リ公ノ明夙ニ之ヲ洞觀シ痛ク其非ヲ指ス是レ其後世子孫能ク此法ヲ守リテ

之ニ違背セサリシ所以也

品川子云フ「公カ英斷雄決此革新ヲ實行セントスルヤ重臣中往々其急進ヲ議シ之ヲ諫メ奉ルモノアリシカ公直ニ之ヲ黜ケ少シモ假借セサリキ而シテ公ハ前代ノ積弊ヲ洗滌シ撫育局ヲ設立シテ富國ノ計ヲ成シ又學館ヲ起シ武道ヲ励マシ勤儉質實武健ノ風ヲ養成シ一國革新ノ基ヲ啓キタルノ後天明壬寅老ヲ請ヒ國ヲ嗣侯ニ讓リ長府ノ花月樓ニ閑居シ日夜豪華ヲ縱ニシ肯テ自カラ吝ム所ナカリシト云フ是レ即チ幕府ノ嫌忌ヲ避ケラルヽニ外ナラス公カ大志ノ程モ此ニテ粗ボ察シ得ラルヘキニアラスヤ曾テ毛利内匠ヨリ所帶方撫育方引分ノ儀ニ付窺書ヲ差出サレタル際公ノ之ニ之《マヽ》ニ答ヘラレタル書中ニ

此條本文之通リ凡近年之仕組可被相心得候今度引分之儀申付ルトイヘトモ徒無用之金銀ヲ貯ントスルニアラス委敷ハ言語筆紙不能盡之志厚役人ハ自然ト此意ヲサトリ存念ヲ成就スヘシ政ハ人ヲ撰在

トアルカ如キ無言ノ中自ラ其大含蓄アリ其大抱負アリ其大雄略アルヲ認識スヘカラスヤ後來我長藩カ內憂外患幷ニ迫リ危急存亡ノ機間髮ヲ容レサリシ際善ク其千艱萬難ヲ排キタリシモノ誰カ撫育局ノ賜ニアラスト謂ハンヤ

我忠正公カ撫育局ニ積立テラレタル金ヲ以テ軍費ニ支拂ヒタルコト實ニ尠ナシト爲サヽレトモ維新後藩籍奉還ノ際猶撫育局ニ古金銀凡ソ七十五萬両卽チ今ノ紙幣ニ換ユレハ何百萬圓ト云フモノヲ遺シ後之ヲ朝廷ニ献納セラレタリ公ノ遺澤百世ニ及ホスモノ此ノ如シ予ハ今日熟ラ公ノ事業ヲ察スルニ一ハ以テ其用意ノ周密ナルニ驚キ一ハ以テ其雄圖ノ遠大ナルニ驚カサルヲ得ス

公ノ隱居セラレタル「花月樓」ハ後來七卿西下ノ際之ニ居リ「招賢閣」ト稱セラレ其後奇兵隊ノ屯營ト爲リシモノ亦奇ナラスヤ而シテ今日毛利家ニ於テ之ヲ保存シ之ヲ修繕シ依然トシテ其舊址ヲ存セシメラルト云フ公

ノ靈ニシテ知ルアラハ其感果シテ如何ソヤ

(第二十) 島津順聖公

品川子曰ク「幕府ノ末路三百諸侯ノ中聲望海內ヲ蓋ヒ尊攘派ノ泰斗タリシモノ東ニ在テハ水戶景山公アリ西ニ在テハ則チ島津順聖公アリ一方ハ資質英明器識洞達疎ニ入リ密ニ入リ一方ハ天分英靈氣宇宏濶乾ヲ呑ミ坤ヲ呑ミ一方ハ精識偉度一世ヲ擔當シ一方ハ洪懷雅量宇宙ヲ籠蓋ス其資質天分相齊シカラサル所アルニ拘ラス尊王愛國勤儉尙武敬神勸農ノ大本領ニ至テハ未タ嘗テ其揆ヲ一ニセスンハアラス而シテ順聖公ノ事蹟如何ハ特ニ今日ニ傳フヘキモノ尠ナシト爲サス」ト余ニ說クニ左ノ事實ヲ以テセリ

安政四年五月順聖公ノ江戶ヨリ國ニ就ントスルヤ途伏見ヲ過ク一日近習數人ヲ隨テ嵐山ニ遊ヒ歸途洛中ニ入リ九門內ヲ拜覽シ南門ノ前ニ至リ地ニ跪キ皇居ヲ拜シ終テ御築地內ニ廻リ宮城ノ御模樣ヲ窺ヒ後櫻本

街近衞家ノ別邸ニ憩ヒ夜ヲ犯シテ伏見ニ歸リシコトアリキ此日公ハ伏見邸ニ在リシカ突然嵐山ヲ遊覽セントテ近習ト共ニ馬ニ乘シテ嵐山ニ至リ一茶店ニ入テ午餐ヲ喫シ終リテ京都留守居伊集院某屬役士師某ヲ呼ヒ「歸途洛中及ヒ九門内ヲ拜覽セント欲ス汝等之ヲ嚮導セヨ但シ是レ固ヨリ微行ナレハ決シテ人ヲシテ薩摩守タルヲ知ラシムルコト勿レ萬一問フモノアラハ薩摩ノ供方ニシテ吾等ノ知友タリト答フヘシ」ト命シ遂ニ服ヲ變シテ野裝束ニ改メ從臣ト共ニ馬ニ乘シ中立賣門外ニ至リ馬ヨリ下リ徒歩シテ御築地内ニ入ル偶マ細雨頻ニ降リケレハ公自ラ手笠ヲ用ヒ從臣ノ中ニ打雜ハリ南門ノ前ニ臻リシ頃其著ケタル陣笠ヲ脫シテ之ヲ從者ニ與ヘ地上ニ跪キテ恭ク皇居ヲ拜スルモノ之ヲ久ウス此間近習傍ヨリ手笠ヲ翳シテ纔ニ雨ヲ蔽ヒタリトゾ尋テ公ハ公家御門通リ乾門内近衞殿邸前猿ケ辻日ノ御門前ニ出テ仙洞御所ヲモ遊覽シ九門外ニ出テ櫻木街邸ヘ入リ留守居等ヲ膝邊ニ呼テ曰ク速ニ洛東岡崎邊ニ於

テ一邸地ヲ見立置クヘシ來秋琉球人ヲ倶シ出府ノ途伏見大坂ノ間ニ滯留シテ琉人ノ著坂ヲ待タントスルモ伏見邸ハ狹ク京都錦小路ノ藩邸ハ市街ニ挾マリテ多數ヲ容ルヽニ足ラサレハ新ニ東山ノ麓ニ於テ一地ヲ求メントスルナリ」ト然カレトモ當時留守居ノ輩ハ其命ヲ領スルモ其邸地ヲ必要トスル所以ヲ曉ラサリシト云ヘリ蓋シ公ハ此日嵐山ヲ歷テ九門內ニ入リ地理ヲ相シテ邸地ヲ京洛ニ求メントシタル所以ノモノハ遠略ノ存スル所名ヲ琉人參府ニ托シタリシモ其實ハ形勝ノ地ニ據リテ大ニ爲ス所アラントセシ也

是ヨリ先キハ西鄕南洲公ノ密旨ヲ帶テ關東ニ遊ヒ幕府ノ動靜ヲ窺ヒシカ翌年五月薩摩ニ歸リ一日公ニ磯邸ニ謁シ潛ニ天下ノ大勢ヲ陳述シ且ツ曰ク井伊大老ノ勢威赫々トシテ之ニ抗スルモノ無ク有爲ノ諸侯皆屛息シ勤王ノ策將ニ施スニ處ナカラントス」トテ大息痛嘆之ヲ久ウス公之ヲ聞テ「時勢斯ノ如シ他ニ施スヘキ策ナキヤ」ト問フ南洲之ニ應テ曰ク「今

日ノ事最早策ノ出スヘキナシ勤王ノ擧暫ラク御思止マリ給ハスンハ禍測ラレス」ト公之ヲ聞　頭ヲ掉テ曰ク「否々吾レハ策ノ在ルアリ其策ヲ云ヘハ此上ハ緩手段ニハ依賴シ難シ吾自ラ精兵三千ヲ率キテ京洛ニ出テ禁闕ヲ守護シテ狐疑ノ諸侯ヲシテ其去就ヲ決セシメントス果シテ然ラハ天下ノ大勢玆ニ定マラン豈手ヲ束ネテ彼ノ制馭ヲ受クルニ忍ヒンヤ汝速ニ往テ其地ヲ定メヨ」ト手ツカラ金及ヒ物ヲ南洲ニ賜ヒケレハ南洲ハ始メテ公ノ大志遠略ノ在ル所ヲ知リ躍然劍ヲ撫シ直ニ命ヲ奉シテ出發シ大坂ニ過キリ吉井友實ト共ニ出京シテ周旋スル所アリシニ七月ニ至テ公ノ訃音ニ接セリ南洲ハ其失望言ハン方モ無ク已ムヲ得ス月照ヲ伴ヒテ國ニ歸リタルハ此後ノ事ニテアリキ

彼ノ井伊大老カ酷手險腕一世ノ膽ヲ破リ以テ國論ヲ壓倒セントスルヤ當時之ニ抗スルモノハ或ハ斬ラレ或ハ囚ハレ或ハ蟄居ヲ命セラレ其之ニ抗セサルモノハ多クハ屛息爲ス無キ侯伯ノミナリキ而シテ順聖公ハ

黨爭ニ關セス獨リ天外ニ超然トシテ爲ス無キモノヽ如クシカモ其西鄕南洲ニ命シテ地ヲ京師ニ相セシメ機來レハ直ニ之ニ應シ京師ヲ挾ミテ天下ニ號令セントスルノ抱負ト膽略トアルニ至テハ是レ豈公ノ公タル所以ニシテ他人ノ企テ及フ所ナランヤ不幸ニシテ公俄ニ薨シ其雄圖畫餅ニ歸シタリト雖後來南洲翁カ長藩ノ俊傑ト相合シテ皇政維新ノ基ヲ啓キタルモノ公ノ遺志ヲ繼キタルニ非ストセンヤ

マタ順聖公カ內外ノ經綸施設ニ於ル事業ノ一斑ヲ問ヘハ左ノ如シ

公ハ最モ能ク經濟ノ大法ニ通シ農工商ノ三業ヲ奬励シ弘ク內外ノ模範ヲ取リ之ヲ取捨折衷シ之カ改正革新ヲ企圖シタリ是ヲ以テ藩內ノ殖產事業鬱然トシテ起リ內ハ以テ需用供給ヲ足シ外ハ以テ物產ノ販鬻ヲ開キ民富ノ增進ヲ謀レリ而シテ公ノ勸業ニ勉ムルヤ唯一ノ至誠ニ出ツ故ニ人民皆感銘皆業ヲ怠ラス古老相唱和シテ曰ク公ハ實ニ生物殖育ノ神ナリ公ノ治世時順ニ氣和ニ百物熟成セサルナク家每ニ給リ人每ニ足ル

皆公ノ賜リヿト今公カ著名ナル事蹟ヲ概擧セハ嘉永三年八月城内花園ヲ撤シテ製煉所ト云ヘル一局ヲ設ケ製藥化藥《マヽ》諸科ノ研究ヲ開キ弘ク泰西ノ原書ヲ飜譯シテ之ニ則リ公自ラ之ニ臨ミテ指揮敎示シ電信（安政三年ノ開始）寫眞（安政四年ノ開始）紅硝子（安政三年ノ開始）瓦斯（安政四年ノ開始）製煉其他理科ノ諸業ヲ開始セルカ如キ嘉永六年夏集成館ヲ磯別邸ニ創設シ軍器及ヒ百般ノ工業ヲ興シ大ニ製作事業ノ興起ヲ謀リタルカ如キ（後來機械ヲ西洋ニ購ヒ益々之レヲ擴張シ全國屈指ノ製鉄場ト爲リヌ、當時其開始シタル重ナルモノハ反射爐、製鉄熔鑛爐、大小砲鑽開基、鋼鉄製造、硝子製造、磁器、陶器、抄紙、胡粉搾油、刀劍、農具、工器、柔革、皮器等是也嘉永六年藩内各地ノ原野ヲ相シ大ニ植木ヲ爲サシメタルカ如キ皆永遠ノ功利ヲ主トスルニアラサル無シ公嘗テ曰ク予ハ常ニ儉約ヲ主トスルヲ以テ心トスルモ千両以上或ハ萬両以上ノ金ノ如キハ之ヲ出スニ毫モ惜ム所無シ是レ止ムナル《クカ》出ス所ニシテ多クハ有益ニ供スルノ資ナレハ也然レトモ十両以下二三百疋ノ小金ニ至テハ之ヲ出スコト前ノ萬両ヨリモ惜マサルヲ得ス是レ猥ニ出スモノニシテ冗費ニ属スルモノナレハ也」ト是レ豈千古ノ金言ナラス哉

公又深ク意ヲ外交ニ用ヒ天保年間佛艦ノ琉球ニ來リテ互市ヲ乞フヤ公ハ幕府ニ請テ彼ノ要求ヲ容レ之カ外交ノ衝ニ當レリ蓋シ公ノ本志ハ域外進取ニ在ルコト疑フヘクモアラス隨テ鎖國ノ舊法ヲ固守スルノ不可ナルコトヲ知ルト雖當時太平日久シク上下安逸士氣腐敗國論人心一定セサルニ當リ輕卒ノ擧動アルトキハ國辱ヲ招クニ至ランコト必セルカ故ニ暫ク琉球ヲ以テ外交折衝ノ地ト定メ公自ラ其方面ニ當リテ內地ノ進入ヲ緩メ兵備ノ完實ヲ期シ徐ロニ開國ノ策ヲ決セラレントスルノ志ナリシト云フ後來米艦ノ浦賀ニ來ルニ當リ公カ少シモ狼狽セサリシモノ亦故アル也又其軍務ノ振整兵備ノ完實就中軍艦ヲ製造シ其砲臺ヲ築キ其兵器ヲ革メタルカ如キ又心ヲ教育及ヒ民政ニ用ヒタルカ如キ其効

果亦皆偉大ナルモノアリ

安政五年春正月公ハ一門及ヒ國老及ヒ若年寄大目附等ヲ召シ前年賜ハリタル勅詠及宸翰ヲ拜覽セシメ終リテ宸翰ヲ下賜セラレタル所以ヲ説キ且ツ將來尊王ノ旨趣ト禁闕守護ニ關スル要件ヲ密示セシメラレヌ此日公ハ恭シク

武士とこゝろあはして秋つすの
國をうこかすともになさめん
（右寄國祝　安政四年ノ春）

ノ勅詠ヲ床前ニ供シ儼然久光公ニ告ケテ曰ク予不肖ニシテ無限ノ光榮ヲ負フ今ヤ邦家多難默視スヘカラス仍テ本年八月琉球人參府ノ際精兵三千人ヲ率キテ京路《洛カ》ニ出テ諸侯ノ去就ヲ決シ天下ノ大勢ヲ定メントス汝宜シク一方ノ大將タルヘシ」ト久光公固辭スルモ聽サレサリキ而シテ此歳七月八日観兵式ヲ鹿兒島ノ天保山ニ指揮シ終リテ歸城シ卽夜下痢

ヲ發シ翌曉俄ニ薨セラレタリ
顧フニ公志成ラスシテ薨スト雖其域外進取ノ抱負ト尊王愛國ノ本領トニ至テハ則チ百世ニ亘リテ滅スヘカラサルモノアリ而シテ其經濟外交兵事敎育工業農業等ニ關スル經綸施設前述ノ如シ公ハ豈特ニ經世的手腕アル政治家ノミナランヤ

尊攘堂叢書

三

（第二十二）　玉松眞弘

玉松眞弘トハ何人ソ彼ハ迂腐ノ叔孫通ニアラス活ケル經綸的識見ヲ有スル名士也而シテ其識見ノ確乎トシテ動カサル處其氣節ノ凛然トシテ奪フヘカラサル處眞個丈夫ノ本領ヲ見ル

彼ハ少ウシテ醍醐寺ノ僧ト爲リ猶海ト號シ大僧都法印ニ任セラル彼ハ已ニ僧トナルモ碌々讀經ヲ甘ンスルモノニアラス乃チ僧律ヲ釐革セント欲シ深ク儕輩ノ憎ム所ト爲リケレハ斷然髮ヲ蓄ヘテ山本毅軒ト稱シ尋テ氏ヲ改メテ玉松ト曰フ彼カ江湖ニ處シテ國事ニ奔走セシハ此時ヨリセシ也彼嘗テ和泉ニ遊ヒ願泉寺ニ寓シ屢ハ尊王ノ大義ヲ説キ寺僧ニ勸メテ還俗セシメントシ應セサルヲ以テ去テ近江阪本ニ隱レヌ此時天下騷然岩倉具視公嫌疑ヲ以テ北山岩倉村ニ屛居シ密ニ四方ノ雋傑ヲ招キ將ニ爲ス所アラントス人アリ公ニ薦ムルニ彼ノ才用ユヘキヲ以テス岩倉公ハ慧眼ノ士也一見彼ヲ奇トシ引テ以テ腹心ト爲ス彼ハ是ヨリ其

奇才ヲ伸ルヲ得タリ

慶應丁卯討幕ノ密敕薩長諸藩ニ下ル攝籙門流ヲ廢シ三職ヲ置クカ如キ諸大《脱アルカ》・處分公實ニ彼ヲシテ謀議ニ參セシム已ニシテ車駕東ニ幸シ六師征討、制詰《誥カ》文移織ルカ如シ彼等ヲ援《マヽ》レハ事立ニ辨セサルナシ彼カ公ニ於ルハ恰モ大江廣元ノ賴朝ニ於ルカ如ク楠《横カ》井小楠ノ松平春嶽ニ於ルカ如キ關係アリシ也

維新ノ初メ公建武中興ノ制度ニ則ント謂フ彼笑テ曰ク小ナルカナ公ノ規模ヤ某復言フ所ヲ知ラス」ト辭シテ將ニ去ントス公固ク之ヲ留メテ其意見ヲ問フ彼曰ク今日ノ事タ、神武創業ノ規模ニ基クアランノミ苟モ然ラスンハ天下復武家ノ有タラン」ト因テ其内國是ヲ確定シ外萬國ニ對峙スル所以ノ長計ヲ說ク公深ク悟ル所アリ之ヲ納ル是レ其維新ノ詔敕ニ神武ノ創業ニ基クト云フ語アル所以也維新ノ政其制詰《誥カ》磊々落々日月ノ皎然タルカ如キモ亦宜ナラスヤ

彼通稱ハ操從四位下侍從山本公弘ノ第二子也性寡欲布衣蔬食室ニ妻妾無シ而シテ博學多才世其比ヲ見ス常ニ水戸西山公ノ人ト爲リヲ欽シテ曰ク西山公ハ聖人ナリト又僧一休ノ人ト爲リヲ慕テ曰ク一休和尙ハ眞個ノ佛ナリト其品識ノ高キ觀念ノ遠キ亦以テ其人ト爲リヲ想フヘシ岩倉公カ往事ヲ談シ言彼ニ及フ每ニ追惜嘆嗟垂泣スルニ至ルモノ亦宜ナラスヤ

（第二十二）　三好清房

大勢ノ潛運默移往々人意ノ表ニ出ツタ、明眼達觀ノ士之ヲ知ルノミ而シテ俗士之ヲ知ラス自ラ逆境ニ陷キリテ賊ト爲ルア、是レ何ノ心ソヤ癸丑甲寅外難一タヒ興リショリ大義名分ノ說漸ク天下ノ人心ニ浹洽スルニ當リ東北諸藩大時人事ノ一大變遷スル趨勢ヲ知ラス甘ンシテ大義ノ賊ト爲ルヲ辭セス明眼大勢ヲ看破スルノ士ナキノミ獨リ三好清房大義ヲ群疑紛々ノ際ニ持シ終ニ節ニ賊焰熾烈ノ日ニ殉ス豈啻ニ其節烈臣

子百世ノ鑑ト爲スノミナランヤ其ノ明眼達識亦多シトセサランヤ
品川子カ淸房臨終ノ書ナリトテ余ニ示セル書牘ハ左ノ如シ
忠臣孝子皆薄命ワレ獨リ年壽ヲ願ハンヤ仰ネカハクハ公等伊達ノ御
家御斷絕ナキヲハカレ我死トイヘトモ一念惡鬼ト爲リ奸賊ヒシキ捨
ン必々國家ノ爲力ヲ盡シ給ヘ、監物源淸房終ニノソミテネキ奉ル
生きかへり死にかはりても國を思ふ
赤きこゝろの色はかわらし
ゑんま王ゑやうすかはゝや十王に
みにいるもたせ奸賊を討
モハヤ此時ニ當リ輕君重國ノ場合ト奉存候明公此語ヲ知ラス傍觀被
下候ハヽ死後御怨ト奉存候仙台ニ一人忠義臣無之於泉下貞山公へ拜
謁モ不成候先陳仕候奸賊國事ヲ誤國ヲ賊ノ手ニウリ候條々言上仕可
申仰願クハ明公淸房平素心ヲ御洞察被下何卒十萬テモ五萬石ニテモ

伊達ノ御家跡被爲建候儀ニ御座ナクテハ不相成尤尊家ハ御公族ノ御内ニテモ御庶流ニ無紛御家筋ニ有之候間何卒是ノミ祈念仕候御一門等一人正義心得之人物無之モノト切齒罷在候小生一身モ指逼候遠藤御宿老ハイカカ相成候哉松本、坂、但木如キ奸賊ニ國ヲ賊手ニウラレ無念難止惡鬼ト相成一々蹴殺シ可申ト含笑地ニ入候

八月　　三好監物清房

大條綠三郎様

岡千仭此書ニ跋シテ曰ク

大條君示三好清房臨絕囑國事書一通　求余題言　豈非以余當時與清房爲賊黨所陷之故乎　清房之遁黃海　余亦奉母氏　遁入谷　入谷距黃海一日程　一夜大雨　將就眠　有敲門而呼者　出迎之　則門人國分生也　意色共惡　曰昨日三好參政爲賊黨之所逼　自刄　不敢不報余延之問事由　恐驚母氏　强顏談笑　與之飮食　夜半就枕　雨愈急

渥溜如注　憂欝纏胞　轉輾徹曉　翌日國分生與大內叔姪二階堂兄弟進見曰　清房參藩政　責任極大　宜死其職　而先生非有祿位於藩盍少屈其節　以爲保身之計　余慨然曰　余論是義　非爲區區一藩也今日之事有得正而斃耳　因歷擧近時烈士斃國事者　滿座慷慨　或有淚下者　後數日逮卒來逼　入白母氏　母氏不敢驚　曰我知汝　不爲惡　汝莫以母在爲念　余拜跪奉訓　送者失泣　余曰取義成仁在是行驅迫而發　路出松島　嚴兵充斥　問之曰德川氏發海軍來援　余仰天咄咄　不復覺斯生之可甚惜也　旣而大條君與遠藤後藤二宿老　出斑宰職　藩論一變　是時榎本武揚等　繋軍艦八隻　助之虛勢　賊焰如火　而三君所以能得乘機出力者　未嘗不由清房一死　鼓舞闔藩義氣也　吁亦烈矣　此書作于臨絕前日　滿腔憤熱　發見紙表　而辭理簡透　推洒自在　亦足以想見其精神不少乱　讀至閻維云々語　陰風颯然　鬼氣襲入　回憶當時　意緒頓惡　猶覺淋琅雨聲如在耳底

品川子曰ク「將軍德川慶喜公ノ政權ヲ奉還スルニ當テヤ朝廷薩長藝尾越土諸藩ヲ召シ尋テ仙臺藩主伊達慶邦ヲ召シタリ時ニ淸房擢テラレテ參政ト爲ル彼レ乃チ慶邦ニ西上ヲ勸メテ曰ク我藩始祖以來王家ニ積勞ス今日ノ事豈獨リ關西諸藩ニ委シ而カモ之ヲ坐視スヘケンヤ」ト慶邦之ヲ容レ先ツ淸房ニ命シ兵ヲ率キテ禁闕ヲ護セシム會マ伏見ノ變起リ四方ノ義師往々輦下ニ集マル朝廷仙臺ニ命シテ特ニ會津ヲ討セシム九條道孝奧羽鎭撫使ト爲リ澤爲量副總督ト爲リ醍醐忠敬參謀ト爲リ海路東ニ下ル淸房兵ヲシテ三使ヲ護セシメ兼行シテ歸リ復命スル所アリキ是ヨリ先キニ仙臺藩ノ執政坂英力江戶ヨリ歸リ松本但木等ト相謀リ佐幕ノ議ヲ主張シ一唱百和牢乎トシテ拔クヘカラス是ニ於テ淸房大義ヲ指陳シ侃々屈セス百方辯論ノ末斷然三使ヲ迎フルニ決シ慶邦ヲ賛ケテ軍ヲ總ヘ隣近諸藩ヲ督シテ會津ヲ伐ツ然ルニ坂以下ノ徒陰ニ會庄兩藩ニ通シ淸房ヲ除カント欲シ讒構至ラサル所無ク終ニ彼ヲシテ辭職ノ已ムヘ

カラサルニ至ラシメタリ已ニシテ坂黨王師進テ白川磐城諸城ヲ拔キ賊鋒日ニ蹙マルヲ見テ清房ノ再ヒ起タンコトヲ恐レ兵ヲ伏シテ清房ヲ召シ之ヲ殺サントセリ清房其免ルヘカラサルヲ知リ慨然トシテ以爲ラク事此ニ至ル若カス斷然引決センニハト母氏ニ見テ訣別ス母氏ハ女丈夫ナリ彼ヲ勵マシテ曰ク汝王事ニ殉ス吾復何ヲカ恨マント清房乃チ醍醐參議ニ上ルノ書ヲ裁シ二子ニ付シテ曰ク六師疆ニ臨ム汝宜シク之ヲ持シ母ノ爲ニ命ヲ請フヘシト又一書ヲ裁ス卽チ大條孫三郎ニ寄スルノ書是ナリ清房已ニ後事ヲ囑シ從容酒ヲ命シ書畫ヲ作リ和歌ヲ賦シ夜半左右ヲ屛ケ端坐自刄ス氣未タ絕セス目ヲ瞋ラシ大息シテ曰ク咄兇賊大義名分ノ何事タルヲ知ラス斯頑獷ヲ奈何セント乃チ絕ス實ニ明治戊辰八月十五日ナリキ

此書中「一念惡鬼ト爲リ奸賊ヒシキ捨ン」ト云ヒ仙臺ニ一人忠義臣無シ於泉下貞山公拜謁モ不成候」ト云フカ如キ如何ニ彼カ其憤熱火ノ如キ氣魄

アルカヲ知ルニ足ラン又其「仰ネカハクハ公等伊達ノ御家御斷絶ナキヲハカレ」ト云ヒ「何卒拾萬テモ五萬石ニテモ伊達ノ御家跡被爲建候儀ニ御座ナクテハ不相成」ト云フカ如キ其滿腔ノ俠熖一片ノ眞血脉々トシテ筆墨ノ間ニ流レントスルヲ知ラン而シテ又其「含涙地ニ入リ候」ト云フ一句ニ至テハ如何ニ其觀念ノ靜カニシテ其胸襟ノ優ナルヤ嗚呼天下人心アル人ニシテ此書ヲ讀ムモノ誰カ泣カサルモノアラン哉而シテ其達識明眼亦及フヘカラサル者アリ

(第二十三) 三宰ノ殉節

尊攘堂ニ於テ「文臣不愛錢武臣不惜死則天下太平」ノ十五字ヲ書シタル扁額アリ筆者ハ長州三家老ノ一人益田右衞門介(親施)其書ヲ覩テ其人ト爲リ如何ヲ想フヘシ

品川氏元治甲子ノ變ヲ談シ且ツ曰ク「甲子七月久坂玄瑞入江九一ノ諸士藩ヲ脫シテ西ニ上リ藩公父子ノ寃ヲ雪ントスルヤ益田右衞門國司信濃

福原越後ハ身家老ノ職ニ居ルニ拘ラヌ志ヲ久坂入江ト同ウシ慨然劍ヲ撫シテ起チ鎭撫ヲ名トシテ西ニ入リ同志ヲシテ其目的ヲ達セシメントセリ而シテ益田ハ天王山ヲ守リ國司ハ天龍寺ヨリ福原ハ伏見ヨリ齊シク闕下ニ向ヒ長軍ヲ指揮シタリ已ニシテ戰利アラス心算蹉跌計圖瓦解事萬々爲スヘカラサルヤ國司逃レテ益田ト天王山ニ會シ慨然トシテ天ヲ仰テ長嘆之ヲ久ウシ「事此ニ至ル其責任皆吾儕ニ在リ宜シク速ニ歸テ從容公ノ命ヲ仰クヘシ」ト言ヒ共ニ倶ニ其采邑ニ返リヌマタ福原ハ百敗ノ餘傷ヲ負ヒ逃レテ天王山ニ至リケル頃ハ益田國司業ニ已ニ營ヲ拔テ去リタル後ナルヲ以テ終ニ家人ヲ從テ其采邑ニ歸リ徐カニ罪ヲ待チ欠マヽキ而シテ彼等三宰ノ劍ヲ賜ハリテ死ニ就キタルハ實ニ甲子十一月十二日ノ事ナリキ

益田ハ先師松陰先生ニ從テ兵書ヲ學ヒ藩政革新ノ功アルモノ嘗テ歌テ曰ク

今更に何怪まん空蟬の
よきとあしきも名のかはる世を

如何ニ其富貴利達ノ外ニ超立シテ死生禍福ヲ度外ニスルノ氣宇ヲ見ル
ヘカラスヤ

國司將ニ自殺セントシ家臣ヲ召シテ其刀ト髮トヲ藏メ祠ヲ建ツルコト
ヲ命セシトキ歌アリ

あとたれて君を守らんひとりそふ
まくらの山の松のこかけに

重臣萬古ノ心孤松後凋ノ節ニ托ス一讀凜然再讀凄然タルヲ覺ユ

よしやよし世をさるとても吾心
御國の爲になほ盡さはや

又是先生滅賊ノ心ニアラスヤ

福原ハ沈厚ノ人其花ヲ觀ルノ歌ニ曰ク

玉しきの都もひなもおしなへて
櫻ににほふ日の本のはな

流麗ノ中感慨ノ情限リ無シ

マタ

もり人のやとるかりやのうち浪に
よらは碎かん夷らかふね

尊王敵愾ノ氣躍々トシテ短句ノ中ニ迸發スルニアラスヤ彼ノ三人ナル者ハ長藩ノ重臣也家老也而シテ其藩ノ爲ニ一身ヲ志士ノ犧牲ニ供シ萬死ヲ辭セス至誠天日ヲ貫クニアラサルヨリハ安ソ能ク此ニ至ランヤ長防ノ奮興亦偶然ナラサルモノアリ益田死スル年三十二國司年二十四福原年五十吁嗟偉ナルカナ

(第二十四) 平井隈山

百千たひ生きかへりつゝうらみんと

思ふこゝろも晴れにけるかな

是レ土州ノ名士隈山平井義比ノ歌聞ク舊土州藩ニ於テハ士族以下ヲ罪ニスルニハ斬首ノ刑ヲ以テシ之ヲシテ自刄セシメサル法アリト彼ハ元ト卒族ナレハ斬首ノ刑ニ遇ハント豫期セシ所ナルニ特ニ命アリテ自刄ヲ賜ハリケリ是レ彼カ此歌ヲ詠シタル所以亦其心事ノ程ヲ察スヘキ也

品川子曰「平井隈山ハ武市瑞山ト相對シテ土州尊攘派ノ双璧《マヽ》ナリシ也文久壬戌ノ際彼ハ瑞山ト共ニ京師ニ在テ尊攘ノ大義ヲ唱道シ隱然正論ノ中樞ト爲リ屢ハ姉小路公知ニ謁シ之ニ説クニ朝廷ノ國是確定セサルヘカラサル攘夷ノ詔敕頒布セサルヘカラサルヲ以テス姉小路卿深ク彼ヲ信シ肝膽相照ス所アリタリ三條實美公ノ攘夷ノ敕ヲ奉シテ關東ニ下ルニ當リテ姉小路ノ之ニ副タルハ彼カ力與リテ多キニ居レリ彼マタ長州尊攘派ノ領袖タル久坂寺島諸士ト相結托シ力ヲ尊攘ニ致セシカ當時薩長ノ主義感情相反對背馳セシカハ彼ハ其間ニ立チ苦心スル所アリシモ

薩ノ忌ム所ト爲リ其調停終ニ畫餅ニ歸シタリキ彼ノ著ハセル「歸南日記」ニ左ノ如ク云ヘリ

初薩與長不和　薩人屢譏長於朝廷及宮　而我藩(土州)之至時　人稱三藩　天下賴焉　本田弥右衛門　藤井良節　高崎伊太郎之徒　欲以我新來之故深與我結也　務惡長於我藩　我輩固知二藩不協則天下之事不可濟也　居間不偏　以至誠當二藩　於是薩人以不如意遂忌我及譏我於朝廷　目爲長士之暴論　久坂玄瑞　武市半平太　余等(隈山等)數人實爲彼之標的也

彼カ如何ニ重キヲ志士ノ間ニ有シ敵黨ノ目指スル所ト爲リシヤハ是ニテ推測セラルヘキ也

彼ハ一身タヽ血誠最トモ久坂ト其志ヲ同ウシ將ニ大ニ爲スアラントセリ而シテ其尊攘的運動ハ藩主容保《マヽ》公ノ精神ト相容レス終ニ其忌諱ニ觸レ其職ヲ褫ハレ尋テ粟田宮ノ令旨ヲ請フノ事發覺シ本國ニ護送セラル

・コト・ハナリヌ瑞山モ同一ノ運命ニ遭遇シ是ヨリシテ一時長州ノ尊王派ト肩ヲ比シテ正論讜議ノ中心力ト爲リツヽアリシ土州尊王派ノ勢力ハ烟ノ如ク消滅シタリ是レ豈疑モナク土州尊王派ノ一大頓挫ニ非ス哉

彼カ將ニ京師ヲ發シ土州ニ歸ントスルヤ同盟志士其行ヲ送ル肥人住江甚兵衞宮部鼎藏來リテ別ヲ告ク彼一詩ヲ賦シテ曰ク

欲去戲欷恨滿胸　孤舟何處接談鋒

今朝一別終難遇　無際奔波思萬重

「欲去戲欷恨滿胸」ト云ヒマタ「無際奔波思萬重」ト云フ如何ニ彼カ胸中ニ鬱勃タル感慨ヲ知ルヘカラスヤ而シテ是レ彼カ實ニ同志ト永訣ノ辭ト爲ル也

古澤迂郎(今ノ奈良縣知事古澤滋)時ニ年僅ニ十六志ヲ抱キテ京ニ上リ隈山ノ許ニ寓ス彼カ去ルヲ聞キ一絕ヲ賦シテ其行ヲ送ル

共憂國事結寒盟　今日難堪戀々情
若是此行非死別　苦辛屈指待先生

何ゾ知ラン却テ是レ死別ノ詩ト爲リシコトヲ隈山之ニ和スルノ詩アリ

掃除神敵願終盟　離別何爲婦女情
死莫傲吾倣楠氏　黄泉屈指待迂生（迂郎號古迂々生）

彼ハ自ラ死ヲ知リシナリ

マタ彼カ發途ノ一絕ニ至テハ彼カ精神ヲ寫シ出シタル者

迂收志大卒無聊　空出關門思乍消
苦節未央身被譎　海南何業報清朝

ト云ヒ

蹇步泥行一里程　回頭雲雨壓神京
世人不識蜻蜻恨　行路猶用歌太平

ト云フカ如キ亦其忠慨義憤ノ氣躍々トシテ筆墨ニ溢ル、ヲ見ルヘカラ

ス脱カ
ヤ

彼ハ山崎ヲ過キ遥ニ石清水ヲ拝シテ

死なむ身の今は何をか石清水
　清きこゝろは神そ知るらむ

ト云ヒマタ櫻井驛ヲ過キテ

色も香と其枝なから遺しけむ
　芳野に匂ふ櫻井の花

ト云フカ如キ是レ實ニ志士ヲシテ滿襟ノ涙ヲ湛ヘシムルニアラスヤ

彼カ家ニ歸ルヤ家人ハ彼ノ運命旦夕ニ在ルヲ知ラサリキ亦彼カ心事如何ヲ知ラサリキ家族相集マリ芳樽ヲ倒シ美酒ヲ酌ミ佳餚ヲ擧ケ其歸國ヲ賀セリ彼自ラ其心事ヲ歌テ曰ク

歸來依舊酌佳餚　堪笑男兒空窃生
郷里今朝有何事　厭聞雲外杜鵑聲

一讀愴然

彼ハ文久壬戌四月十一日ヲ以テ家ニ幽閉セラレ五月十三日獄ニ下リ六月九日劍ニ伏シテ自及セリ絶命ノ詩ニ曰ク

嗚呼悲哉兮綱常不張　洋夷陸梁兮邊城無防　狠臣倔强兮憂在蕭墻

憂世患國兮忠臣先傷　日居月諸兮奈我神皇

是レ所謂忠烈入汗青、碧血斑々照」ト云フ者文々山ノ衣帶贊ニ比シテ一層其激壯淋漓ナルヲ覺ユ嗚呼彼カ其名ヲ瑞山ト齊フスルモノ豈偶然ナラン哉

古澤介堂ハ隈山ノ弟子也介堂曾テ詩ヲ賦シテ其靈ヲ弔ス

君目何時瞑九原　妖氛依舊捲乾坤

憤來獨把遺稿讀　月暗狂風陰雨村

（第二十五）　德山七士

德山七士トハ誰ソャ兒玉次郎彥、本城清、江村彥之進、河田佳藏、淺見安之丞

信田作太夫、井上唯一是也

彼等ハ德山ノ尊攘派ニシテ長州ノ久坂、入江諸士ト共ニ王事ニ奔走シ讜議ヲ主張セシカ元治甲子ノ變長軍利アラサルヲ以テ終ニ國ニ歸レリ是時藩內ノ奸黨漸ク志ヲ得正義ノ士ヲ捕フ甚タ急ナリ同志河田佳藏等奸黨ノ巨魁富山源次郎ヲ刺サントシテ果サス是ヨリ同志相踵テ或ハ殺サレ或ハ捕ニ就ケリ兒玉次郎彥第一ニ兇徒ノ圍ム所ト爲リテ死シ(元治甲子八月十二日)尋テ本城清、淺見安之丞、信田作太夫ハ濱崎ノ獄ニ繫カレ後チ新宮海邊ニ於テ海底ニ投セラレテ死シ(慶應元年正月十四日)江村彥之進ハ兇徒ノ毒刃ニ斃レ河田佳藏井上唯一ハ濱崎ノ獄ニ繫カレ刑ニ處セラレ皆非命ニ斃レタル也

兒玉次郎彥名ハ忠炳青田ト號ス卽チ今ノ兒玉源太郎(陸軍次官兒玉中將)ノ義兄ナリ彼曾テ詩アリ曰ク

當年黑氣侵邊陲　天下無端羽檄馳

只爲士風歸萎靡　終使帝德漸陵夷」
丈夫酬國心當斷　寸刄斃姦毫不疑
今日海隅兵馬足　從茲不使妖夷窺

亦以テ丹心國ニ許ス鐵骨丈夫タルヲ知ルヘシ

本城清名斐字ハ仲章素堂ト號ス甲子八月十七日獄ニ下ルトキ作アリ

家亡何處托兒孫　月暗虛窓斷我魂
屠卒朝分一孟《盂カ》飯　嘗來粒粒亦君恩

所謂一飯モ君ヲ忘レサル者忠厚ノ至リナラスヤ江村彥之進名ハ厚字ハ季德風月ト號ス本城清ノ弟述懷ニ曰ク

有乘必有除　有夷豈無險　得失百年事
區々吾何慊　孤蘭五衆草　香芬不必掩

知己ヲ後世ニ待ツ丈夫ノ志ニ負カスト謂フヘキカナ

河田佳藏字ハ圭又月波ト號ス獄中ノ詩ニ曰ク

幽窓影冷日初傾　丁語砧聲相共淸
身在家郷似千里　毎思爺孃不堪情
忠臣孝子鍾情ノ至リニアラサル無シ「毎思爺孃不堪情」眞箇眞情眞血ノ句
其刑場ニ臨ムヤ
疎狂無術攘妖氛　一片赤心聊報君
劍響忽醒廿年夢　他年誰辨正邪分
ト云フ其志ヲ見ルヘシ
マタソノ生前獄中父ニ贈テ
子を思ふおもひ胸にみつるとも
やめてなくさめ君か千とせを
大理石ヲ以テ鍛ヒタル志士ノ膓モ爲ニ烈《裂カ》クルヲ覺ユ
淺見安之丞名ハ正度字ハ伯恭煙溪ト號ス卽チ兒玉次郎彦ノ兄獄中ノ作
ニ曰ク

烟籠殘月氣凄清　枕上愁多睡不成
想到秋風慈母苦　寒砧遠送五更風
卒讀スルニ堪ス
信田作太夫名ハ徽字ハ伯懿秋琴ト號ス獄中ノ詩アリ
南至逢佳節　猶成愁裡人　一陽始來復
萬物欲清新　逝水哀良友　孤雲望老親
唯憐夜來夢　猶遶玉梅香
逝水孤雲志士感慨ノ情眞ニ一字一涙
井上唯一名ハ和彥其刑ニ臨ムヤ高吟シテ曰ク
潜身報國帝京間　幸脫重圍歸故山
此日終然逢斬戮　勤王未變赤心般
彼七士ナル者其人才ノ高下姑ク置キ齊シク是レ尊攘ノ大義ヲ持シ藩主ヲシテ勤王ノ首倡タラシメントシ或ハ骨ヲ海砂ニ埋メ或ハ頭ヲ刑場ニ

曝シタル者ナリ其俠腸俠血長ク汗青ヲ照ラスニ足ル本城素堂ノ詩ニ曰ク

兎盡狗烹百事空　交顧血涙滴成紅
可知一片勤王志　惟在爲仁取義中

彼等ノ心事モ亦壯トスヘカラサランヤ

（第二十六）　景岳橋本先生

狀貌婦人風骨ハ仙而シテ膽天ノ如キモノ余實ニ景岳橋本先生ニ於テ之ヲ見ル其經世的眼識ニ於テハ彼ノ風岸孤峭天下ノ第一流ヲ以テ自任スル佐久間象山ニ讓ラス經世的雄略ニ於テハ意氣軒昂天地ノ風雲ヲ叫破スル吉田松陰ニ讓ラス經世的手腕ニ於テハ巨眼烱々一世ヲ睥睨スル藤田東湖ニ讓ラサルモノタヽ先生アルノミ

景岳先生ト松陰先生トハ東西ノ俊傑也而シテ彼ノ二人ナルモノ其志ヲ同ウスルモ手ヲ握テ肝膽ヲ披クコトヲ得サリキ品川氏曰ク先師ノ「留魂

錄」ニハ景岳翁ノ事ヲ說ケリト乃チ其一節ヲ把テ讀ムニ

越前ノ橋本左内二十六歲ニシテ誅セラル實ニ十月七日ナリ左內東奧ニ坐ス五六日ノミ勝保同居セリ後勝保西奥ニ來リ余ト同居ス余勝保ノ談ヲ聞テ益々左內ト半面ナキヲ嘆ス左內幽囚邸中資治通鑑ヲ讀ミ註ヲ作リ漢紀ヲ終ルヤ又獄中數學工作等ノ事ヲ論セシ由勝保余ニ是ヲ語ル獄ノ論大ニ吾意ヲ獲タリ益々左內ヲ起シテ一議ヲ發センコトヲ思フ嗟夫

品川子曰ク松陰モ亦獄制改革ノ論アリ是レ其「獄ノ論吾意ヲ得タリ」ト言フ所以景岳ノ未タ刑セラレサルヤ松陰書ヲ同志ニ寄セテ獄中ノ景況ヲ敍シ且ツ越前藩カ景岳ニ對シテ懇切ナル待遇ヲ爲ス所以ト我藩ノ吾ニ對シテ冷淡ナルトヲ比較シ我藩ノ品位ニ關スヘキヲ言ヘルコトアリ松陰ノ景岳ト相遇ハサルヲ嘆スル天ナル哉

景岳ハ開國家也進取的開國家也彼ノ井伊直弼的苟安開國家ニアラサル

也此點ハ松陰ノ素論精神ト相默契ス特ニ其域外進取航海雄略ノ主義ニ至テハ未タ嘗テ其揆ヲ一ニセスンハアラス

景岳カ村田蘐堂ニ與フル書中ニ云フ

當今ノ勢日本之事務國内ノ御處置ト外藩御待遇トノ二件ニ可歸奉存候外藩御待遇ニ付テハ海外之事情第一御推察有之度候方今ノ勢ハ行々ハ五大洲一圖ニ同盟國ニ相成盟主相立候テ四方ノ干戈相休可申相運候半ト奉存候右盟主ハ先英魯ノ内ニ可有之候英ハ慓悍貪欲魯ハ沈鷙嚴整何レ後ニハ魯ヘ人望可歸奉存候偖日本ハ迚モ獨立難相叶候獨立ニ致候ニハ山丹滿州之邊朝鮮國ヲ併且亞弗利加洲或ハ印度地内ニ領ヲ不持シテハ迚モ望ノ如クナラス此ハ當今ハ甚六ケ敷候其譯ハ印度ハ西洋ニ被領山丹邊ハ魯國ニテ手ヲ附試居候其上今ハ力不足迚モ西洋諸國ノ兵ニ敵シテ比年連戰ハ無覺束候間却テ方（マヽ）ノ内ニ同盟國ニ相成可然候然處亞國其外諸國ハ交候モ不苦候ヘ共英魯ハ両雄不立並

國故甚以扱兼申候其意ハ既ニハルリス口上ニ歴然其上近年爭鬩之迹ニテ明白ニ御座候依之後日英ヨリ魯ヲ伐チ先手ヲ頼候歟又ハ蝦夷箱舘借呉候旨可願出候其時斷然英ヲ斷候歟定策可有之事小拙ハ是非魯ニ從ヒ度奉存候其譯ハ魯ハ信アリ鄰境也且魯ト我トハ唇齒ノ國我魯同盟致候ハヽ魯我ヲ德トスヘク候サスレハ英怒リ可伐我此我願ナリ我孤立シテ西洋同盟ノ諸國ニ敵對ハ難致魯ノ後援有レハ仮令敗ルヽトモ皆滅ニ不至ハ了然ニ候然レハ此一戰我弱ヲ强ニ轉シ危ヲ安ニ變候大機關ニ御座候テ此ヨリ我日本モ眞ノ强國ニ可相成候此上其戰爭迄ニハ是非魯國幷亞國ヨリ人ヲ倩ヒテ我國ノ大改革始水陸軍共精勵可爲致候事ト奉存候

(中略)何分亞ヲ一箇ノ東藩ト見西洋ヲ我所屬ト思ヒ魯ヲ兄弟唇齒ト爲シ近國ヲ掠略スル事緊要第一ト奉存候

同盟論ノ是非ハ姑ク置キ其「山丹滿州之邊朝鮮國ヲ併亞弗利加洲或ハ印

度地内ニ領ヲ不持シテハ迚モ望ノ如クナラス」ト云フニ至テハ當時苟安者流ノ夢想シ及フ所ニアラス段《マヽ》ノ志アリテ以テ東邦ノ革新ヲ謀ルヘキ也段《マヽ》ノ志アリテ日本ノ興隆ヲ謀ルヘキナリ松陰カ

癸丑甲寅一大機會　乃坐失之　然事已往矣　爲今之計　和親以制二虜　乘間富國强兵　墾蝦夷奪滿洲　來朝鮮　並南地　然後拉米打歐則事無不克矣

ト云ヒマタ

主戰者　鎖國之設也　主和者航海通市之策也　以國家大計畫之　欲振雄略馭四第《マヽ》　非航海通市　何以爲哉　若乃封開鎖國　坐以待敵勢屈力縮　不亡何時

ト云ヒマタ

凡爲皇國士民者　不拘公武　不同貧賤　推薦拔擢　爲軍師　舶司打造大艦　習練船軍　東北而蝦夷唐太　西南而流虯對馬　憧憧往來

無月虚日　通漕捕鯨　以習操舟暁海勢　然後　往問朝鮮滿洲及清國
然後廣東　咬嚠吧　喜望峰　豪斯多疏理皆設官置將士　以採聽四方
事　且征互市利　此事不過三年略辨矣　然後往問加里蒲奮尼亞　以
酬前年之使　以締和親之約　果能如是國威奮興才俊振起　決不至失
國躰也

ト云フモノ是レ豈景岳ノ見ト相一致スルモノニアラスヤ其卓犖跌宕縦横活達當時ノ所謂開國論者ノ卑屈奴隷自ヲ甘ンスルモノト同日ノ談ナランヤ

マタ景岳カ内治經綸ニ就テ胸中ニ蘊蓄スル所ノ意見ハ大躰左ノ如シ

右樣大變革相始メ候ニ就テハ内地ノ御處置此邊ノ舊套ニテハ不相濟第一建儲第二我公水老公薩公(齊彬公)位ヲ國内事務宰相ノ專權ニシ肥前公ヲ外國事務宰相ノ專權ニシテ夫ニ川路永中、岩瀬位ヲ指添其外天下有名達識之士ヲ御儒者ト申名目ニシ陪臣處士ニ不拘撰擧致シ此モ右專權ノ宰相ニ派別ニ致シ附置尾張因州ヲ京師ノ守護ニ其差添ニ彦根、戸田、位蝦夷ヘハ伊達遠州土州侯位相遣シ其外有名有志ノ向ヲ擧用候ハヽ今ノ勢ニテモ隨分一芝居出來申候事歟ト奉存候其ノ上魯西亞亞墨利加ヨリ諸藝術之師役五十人計借受諸國ニ學術稽古所相起物産ノ道ヲ手廣ニ始メ内地之乞兒雲介ノ類ニ頭ヲ立テ相應ノ賄遣シ山河ノ營爲致往來ハ重ニ海路ヨリ致シ候ハヽ蝦夷モ忽開墾可相成航海術モ直ニ可熟奉存候

今日ヨリ論スレハ其議スヘキ處尠ナシト爲サヽレトモ當時ニ在テ其能ク建設的經綸ノ本領ヲ具スルモノ果シテ幾人アルカ是レ固ヨリ慷慨扼腕快ヲ一時ニ取ルモノヽ解スル所ニ非ス

マタ同時ニ景岳カ松田東吉郎ニ贈リタル書中ニ云

被仰越候通リ夷情色々變出誠ニ神州之御大事ト奉存候皇威ノ外蕃ニ達シ候モ屈シ候モ亦當今御處置之上ニ有之實ニ安危存亡之秋共可存

中我小輩モ神祖天孫之御厚澤ニ浴シ居候義御坐候ヘハ所詮精々ノ心力可盡固ヨリノ義ニ候併世間ニ學者儒生何モ舊見陋識ニ拘泥シ時代ノ變遷沿革ヲ不考利害强弱ヲモ不慮徒ニ俗耳俗膽ヲ愕シ候モ可惡可厭之至ト奉愚考候

其倒波奔濤ノ中ニ卓立シテ動カサル識見ヲ知ルヘキ也

景岳ハ其規模偉大ナレトモ其籌畫切實也其誠見崇高ナレトモ其思慮沈著也安祥和平ノ中確乎抜クヘカラサルノ大氣象ヲ具ス是レ豈養フ所ナクシテ而シテ此ノ如クナラン哉景岳曰ク「吾宋人ニ於テハ寇準、韓琦、范仲淹ニ服ス寇ノ剛壯韓ノ沈湛范ノ爽達皆師トスヘキモノ吾品格ハ韓ヲ學ヒ氣象ハ范ヲ學ヒ事ニ處スルハ寇ヲ學ハン但三士己ヲ潔クスルニ過キテ包荒ニ乏キハ是中士以下ノ用ユル能ハサル所其才力ヲ竭スヲ得サル此ニ在リ」ト景岳蓋シ此三人ノ長所ヲ學フ宜ナリ其識見器度ノ一世ニ超脱スルヤ

景岳ハ松陰ト相見ルニ及ハサリシト雖西郷南洲トハ莫逆ノ友タリ翁常ニ人ニ語テ曰ク吾先輩ニ於テハ藤田東湖ニ服シ同儕ニ於テハ橋本景岳ヲ推ス」ト而シテ翁ノ景岳ヲ訪フヤ必ス手ヲ闕ニ於テ刺ヲ通シ案内者之ヲ誘フニ及ヒテ始テ入リ酒アルモ容易ニ杯ヲ把ラス夜深ニ至ルモ猶危坐シテ變セス往來親密ナルモ一度モ初ニ變スルコトナカリシト云フ景岳一日南洲ニ謂テ曰ク「余ハ君ニ先テ死セン天下ノ事君能ク之ヲ爲セヨ」ト南洲其人ニシテ景岳ヲ推重スル此ノ如シトスレハ景岳ノ景岳タル亦想見スヘカラスヤ

景岳獄中作アリ

苦寃難洗恨難禁　俯則悲痛仰則吟
昨夜城中霜始隕　誰知松柏後凋心」
二十六年夢裡過　回著平昔感滋多
天祥大節嘗心折　土室猶吟正氣歌

之ヲ以テ松陰ノ

親をもふこゝろにまさるおやこゝろ
　けふの音信いかにきくらむ
たとひ身はむさしの野へにくちぬとも
　と〔と脱カ〕・めおかましやまとたましひ

ノ絶吟ニ比ス其自誠自ラ天地ニ塞カリ凜然トシテ千古朽チサルヲ覺ユ顧フニ景岳ハ象山ニ比シ松陰ニ比シ東湖ニ比シ或ハ其足ラサル所アルヘシ然レトモ其建設的頭腦ト改革的本領トヲ兼備スルニ至テハ自ラ其間ニ獨歩スルモノ無ンハアラス東邦ノ風雲日ニ急ナル際志アル丈夫ヲシテ斯人ヲ懷ヒ出サシムルモノ豈偶然ナランヤ

(第二十七)　膳所烈士

膳所ニ烈士アリ保田正經、田河武整、阿閉信足、槇島光顯、森祐信、高橋正功、高橋幸祐、關敏樹、増田正房、深栖當道、渡邊緝是也彼等ハ膳所ノ一小藩ニ生レ

夙ニ尊攘ノ大義ヲ主唱シテ一藩ヲ鼓舞シ以テ大ニ爲ス所アラントシ小人ノ誣フルトコロト爲リ終ニ《脱アルカ》處セラレタルモノ也

保田ハ膳所藩家老柴田勝正ノ子其家ヲ嗣キ側用人番頭ヲ經テ中老職ニ進ミ祿五百石ヲ食ム彼ハ人ト爲リ沈深醇藉文才ノ才アリ一藩正義ノ士推シテ以テ巨擘ト爲ス辭世ノ歌アリ

數ならぬ賤か玉の緒絶るとも
　たえぬはきみか涙なりけり

弓矢とる神もいまさは武士の
　かいなき死をや憐みたまへ

至誠惻々涙ノ零ルヲ禁スル能ハス田河ハ保田等ト同シク獄ニ下リ慶應元年十月廿一日死ヲ賜ハル時ニ歌アリ

我骨はつちに朽ても鬼となりて
　草々むすふ數にいらなむ

所謂死シテ厲鬼ト爲リテ姦賊ヲ滅セントスルノ概アルモノ
阿開《閉カ》述懐ニアリ曰ク

世に晴ぬなかめのみして果ん「の」《剰カ》身の
跡たにてらせ秋の夜の月

彼ノ死ニ臨ムヤ従容刀ヲ引テ自ラ腹ヲ裂ク（蓋シ自裁ノ法本犯先ツ腹ヲ烈《マヽ》キ然シテ後劊手之ヲ馘スルヲ例トス）劊手倉皇措ク所ヲ失シ急ニ刀ヲ下ス未タ殊《マヽ》セス彼レ其輕率ヲ責メ傍人代テ之ヲ刎セリト云フ
槇島ハ元ト羽州天童藩士膳所藩槇島喜三郎ノ嗣ト爲リ保田等ト尊攘ヲ唱フ同士ノ獄ニ下レルヤ彼レ江戸ニ祗役セシカ藩命シテ之ヲ檻送シ死ヲ賜ハル辭世ノ歌ニ曰ク

わか身には赤き心の一筋に
思ひたかへしことそかなしき

丹心千古朽チス

森、詩アリ

全節乃知死若生　枉寃何恨竟難明
唯悲失鹿中原日　破却吾家萬里城

高橋(正功)獄中ノ作ニ云フ

屈指幽囚已七旬　禁嚴諸物覓無因
藥丸爲墨髭爲筆　强寫胞中幾苦辛」
也見獄窓秋月斜　憂心耿々切思家
如聞燈下諸兒話　半待門圍(闈カ)半待爺

眞情流露獄中ノ實景ヲ盡シ盡ス

高橋(幸祐)絕筆アリ

曾欲徵(微カ)軀當倒淵　如今一死表吾肝
幾魂不滅千秋後　長爲主公靖國難

關モ亦氣男子元治甲子神原、澤島、村田ト共ニ尊攘ヲ主張シ慶應元十月廿

一日死刑ニ處セラル

増田獄中妹子ニ贈ルノ詩アリ

一死報君忠義肝　唯哀父母切悲嘆

幽魂頼汝聊堪慰　膝下朝慕《暮カ》敬奉歡

忠臣忠子両ナカラ義ヲ盡シ情ヲ盡ス

深栖絶筆ニ云フ

何圖奇禍及斯身　今日空嗟生不辰

二十五年如夢覺　寒風吹作故山塵

渡邊ノ絶筆ニ云フ

元期一死報君思　志操従今闘衆論

不管徹《微カ》軀連刑戮　豈汙天稟大和魂

此烈々タル十一人ノ外更ニ五烈士アリ澤島正會、村田宗武、粟屋達道、本多秀行、川瀬定、是也」澤島ハ奇兵隊ニ加ハリ屢幕兵ト戰テ功アリ慶應年間病歿シ村田ハ幕府西征ノ際義ニ仗テ之ヲ拒キ自刎シテ死ス粟屋ハ長州ノ兵ニ屬シ堺町御門内ニ戰歿ス本多ハ銀山ノ義擧ニ與ミシ事敗レタル後縛ニ就キ元治甲子七月平野次郎ト共ニ六角ノ獄中ニ於テ殺サル

川瀨定字ハ子靜枉庵ト號ス通稱ハ太宰膳所藩家老戸田資能ノ子ナリ出テ、園城寺役僧池田恭雄ノ嗣トナリ後養父實家ノ姓川瀨ヲ冒ス聖護法院ニ仕ヘテ其有司トナル川瀨慷慨義ヲ好ミ天下ノ志士ト交ヲ結ヒ京師ノ間ニ奔走セシカ終ニ縛吏ノ捕フル所ト爲リテ獄ニ下リ慶應二年六月二日刑ニ處セラル其夫人ハ烈婦也川瀨ノ獄ニ下ルヤ其三日前捕卒其門ニ逼ル夫人從容出テ之ニ接シテ曰ク謹テ命ヲ領セリタ、婦人褻服外ニ出ツヘカラス謹〔請カ〕フ暫ク之ヲ竢テト徐カニ起テ室ニ入リ書牘ノ機事ニ關スルモノヲ把テ之ヲ燒キ竟ニ刀ヲ抽テ自ラ刺セリ捕卒其久シク出テサルヲ怪ミ入テ之ヲ檢スルニ彼ハ未タ殊〔死カ〕セス鮮血淋漓タリ捕卒其刀ヲ奪ヒ之ヲ捕フ創深ク後三旬ニシテ終ニ歿セリ夫人名ハ孝本姓ハ飲島氏園

城寺池田氏ノ養フ所ト爲リシモノ

余曾テ京都靈山ニ登リ川瀬夫妻ノ碑ニ謁ス三條實美公篆額ニ書シテ「双烈聯芳」ト曰フ彼等ハ累々タル殉難烈士ノ墳墓ト相對シテ安眠セリ忠魂毅魄カ以テ慰スルニ足ラン

嗚呼彼ノ十一士ト五士トハ死其外ニ異ニストト雖モ侔シク是レ膳所ノ一小藩ニ生レテ尊攘ノ義ヲ唱ヘ終ニ節ニ殉ス亦膳所ノ爲ニ氣ヲ吐クニ足ラストセン哉

明治二十九年中央新聞所載

尊攘堂

下

共三

（第二十八） 松陰吉田先生ト松下村塾

長門ノ國萩城ノ東一荒村アリ松本ト曰フ南ハ河流ヲ帶ヒ東北ハ山岳ヲ蔽フ村ノ南端ニ一草堂アリ是レ實ニ松陰吉田先生ノ家塾ノ在リシ處維新ノ後品川先生此地ニ遊ヒ其家塾ノ跡歳月久シキ草月ト共ニ荒廢ニ歸セシコトヲ慮カリ先生ノ阿兄タル杉民治氏ト謀リテ之ヲ修補セシメタレハ其家塾ノ跡ハ松陰在世ノ時ノマヽニテ保存セラレ所謂當時ノ學堂タリシ八疊座敷ニハ松陰先生ノ肖像ト先生カ平生用ヒタル硯石トヲ神主トシテ祭レリ先生ノ刑ニ處セラレントスルヤ小田村久保、久坂ノ三人宛ニテ贈レル書翰アリ

両北堂樣隨分御氣躰御厭專一ニ奉存候私被誅候共首マデ葬呉候人アレハ未天下ノ人ニハ棄ラレ不申ト御一笑奉願候兒玉小田村、久坂之三妹へ五月申置候事忘レヌ樣御申聞奉願候呉々モ人ヲ哀ンヨリハ自ラ勤ムルコト肝要ニ御坐候

私首ハ江戸ニ葬呉家祭ニハ私平生用候硯ト本年十一月六日呈上仕候書トヲ神主ト被成候様奉願候硯ハ己酉ノ七月カ赤間關廻浦ノ節買得セシ也十年餘著述ヲ助タル功臣也

是レ家塾ノ跡ニ肖像ト共ニ硯石ヲ祭レル所以實ニ松陰先生ノ志ヲ躰セル也

先生ハ安政元年航海ノ策破ル、ヤ江戸ノ傳馬獄ニ繫カレ尋テ郷國ナル野山獄ニ投セラレタリ同二年十二月獄舍ヨリ家ニ蟄居セシメラレ翌年七月蟄居中更ニ家學ヲ授クルノ自由ヲ得蓋シ毛利氏吉田家ヲ師トシテ山鹿流兵學ヲ限テ之ヲ子弟ニ授クルコトヲ許サレタル也而シテ維新改革ノ大精神ヲ鼓舞シタル本山松下村塾ノ成リタルハ此時ナリシ也

「萩城之將大顯、其必始于松下邑也歟」トハ先生ノ村塾ノ記中ニ豫言セシ所然リ此豫言ノ如ク萩城ハ松下邑ニ因テ顯ハレ長州ハ萩城ニ因テ顯ハレ松下村塾ハ維新ノ天地ヲ改造シタル熱血志士ノ精神的學校トシテ顯ハ

レタリ而シテ此松下村塾ノ名稱ハ先生ノ之ニ命シタルモノニアラス是ヨリ先キニ先生ノ叔父玉木文之進書生ヲ集メテ教授シ其堂ニ扁シテ「松下村塾」ト曰フ玉木仕ニ就クニ及テ塾廢セラレ外叔父久保氏子弟ヲ會シテ業ヲ授ケテ塾號ヲ襲用セリ先生ノ赦サレテ家居スルヤ乃チ之ニ就テ子弟ヲ教授スルコトヽ爲ル卽チ是レ「松下塾」ノ成ル所以也村塾記中ニ云フ

誠能敎誨一邑子弟　上明君臣之義　華夷之辨　又不失孝悌忠信　然後奇傑非常之人　起而從之　以一變山川忿俛之氣　馴致邦家休美之盛　則萩城之眞顯　將於是在　豈特一勝區一都會而已哉　果然　則長門雖僻在西陬　其奮發天下　而震動四夷　亦未可量也

村塾ノ主旨亦實ニ此ニ存ス而シテ子弟ノ爲ニ三等ヲ設ケ分チテ六科ト爲ス曰ク進德曰ク專心是ヲ上等ト爲シ曰ク修業曰ク励精是ヲ中等ト爲シ曰ク怠惰曰ク放縱是ヲ下等ト爲ス

然レトモ先生ハ區々礼法ニ拘泥スルモノニアラス先生ハ當時天下泰平風敎地ヲ掃ヒ虛僞ニ流レ刻薄ニ陷キリ活潑地ノ境界ナキヲ見一ニ質實武健孝悌忠信以テ之ヲ矯揉セント欲セリ先生曾テ大和谷三山ヲ訪フ三山先生ニ謂テ曰ク吾學ヲ畎畝ノ間ニ講ス喜フ所ノモノハ書生相親愛シ兄弟骨肉ノ如ク然リト先生歆羨已マス屢ハ子弟ノ爲ニ言フ子弟相感シ疾病アレハ相扶ケ艱難アレハ相救ヒ力役事故アレハ相勞働シ手足ノ如ク骨肉ノ如クナリシナリ彼ノ家塾ノ修繕ノ如キ工匠ヲ煩サス子弟ノ手ニ由テ爲レルモノ之カ爲メノミ

先生マタ曾テ王陽明ノ年譜ヲ讀ミ其門人ヲ警發スル山水泉石ノ間ニ多キヲ悟リ謂ラク朋友ノ切瑳亦當ニ斯ノ如クナルヘシト是ヲ以テ會講連業未タ嘗テ繩墨ヲ設ケス米ヲ舂キツヽ敎ヲ受クルモノアリ先生云フ「學之爲功、氣類先接、義理從融、非區々禮法規則所能及也」ト先生ハ同感ノ情ヲ以テ子弟ヲ率ヒ子弟モ亦同感ノ情ヲ以テ先生ニ對セリ所謂名敎ノ中ニ

樂地アリトハ「松下村塾」ヲ指シテ言フニアラスヤ
先生ハ天地ヲ以テ一大學校ト爲シ國感同愛同情ヲ以テ天下ノ人ニ接セリ左レハ其獄中ニ在ルヤ囚徒ヲ感化シ其僧清狂ニ與フル書中ニ

平生之志　確然乎拔　愈益與同囚切瑳　近日獄中駸駸從風　其來就學者　十僅二三耳　乃至于司獄　亦來請敎　皆言四十年前　浮居大痴在獄　亦善以書誨人　事傳至今　而來未曾有今日之盛也

ト云フカ如キ其檻輿東ニ送ラルヽニ當リ播州途上護卒大石良雄徴行ノ畫ヲ獲テ之カ故事ニ問フモノニ對シテ方今國家多難忠義ノ氣ヲ励スコト宜シク良雄ノ如クナルヘシト諭シ左ノ一詩

深知老僕鐵心肝　情事千秋欲誰難
一筆留無限意《マヽ》　長使志士以心觀

ヲ賦シテ之ヲ與ヘタルカ如キマタ江戸獄中水戸ノ士鮎澤堀江諸同士ト神州興隆ノ道ヲ講シ書ヲ高杉久坂諸氏ニ與ヘテ王事ニ勤セシメンコト

ヲ諭セシカ如キ先生ノ在ル所敎化スヘカラサル時ナク感化スヘカラサル人ナシ辭ヲ換テ之ヲ言ヘハ先生ノ居ル所卽チ是レ松下村塾ナラサル無キ也先生云フ「已無可語、則已、苟有可語、雖牛夫馬卒、將與語之、況同友乎」ト先生ハ此点ニ於テハ宛然タル東洋ノソクラテス也

先生ハ眼光常ニ人物ニ注ケリ實物ニ注ケリ活世界ノ人物ヲ把テ直ニ之ヲ子弟ニ說キ活世界ノ實物ヲ捉ヘテ當世ヲ論ス金子重輔敎ヲ請フヤ曰ク「離地而無人、離人而無事」トマタ自ラ云フ吾讀書力ヲ得タルハ歷代沿革圖ニ在リト文卽チ武武卽チ文學問卽チ事業事業卽チ學問松下村塾ノ松下村塾タル此ニ在リ至誠眞摯天地ヲ動カスカ如キ久坂秋湖意氣颯爽心胸脫灑一世ヲ叱咤スル高杉東行智慮深沈識見宏遠事ニ臨テ奪フヘカラサル入江子遠經綸素裕乾坤ヲ擔當スル木戸松菊其他濟々タル文武ノ士ヲ出シタルモノ亦宜ナラストセンヤ先生自ラ村塾ノ聯ニ書シテ曰ク「自非讀萬卷書寧得爲千秋人自非輕一己勞寧得致兆民安」トマタ其村塾ノ壁

ニ題スル詩ニ曰ク「寶祚隆天壤、千秋同其貫、何如今世運、大道属糜爛、今我岸獄投、諸友半及難世事不可言此擧旋可觀、東林振季明、大學持衰漢、松下雖陋村、誓爲神國幹」ト

品川子常ニ余ニ語テ云フ世先生ヲ以テ慷慨悲歌ノ人ト爲セトモ決シテ然ラス德行ノ人ナリ靜愼ノ人也自ラ知ルヨリ明カナルハ無シ左ノ書ヲ把テ之ヲ讀メ

平時喋々臨事必啞、平時炎々臨事必滅、孟子浩然之氣、助長ノ害ヲ論スルヲ見ルヘシ八十(佐世八十郎卽チ前原一誠)送行ノ諸友有拔劍、比叉聞暢夫在江戶有斬犬之事、是等ノ事ニテ諸友氣魄衰萎ノ由ヲ知ルヘシ僕今死生頭全ク絕ヌ斷頭場ニ登リ候ハヽ血色敢テ諸氏ノ下ニアラス然レトモ平時ハ大抵用事ノ外一言セス一言スルトキハ必溫然和氣婦人好女ノ如シ是カ氣魄ノ源ナリ愼言謹行卑言低聲ニナクテハ大氣魄ハ出ルモノニアラス張良鉄椎當時ノ面目ヲ想見ルヘシ僕去月二十五日ヨ

リ一臠ノ肉一滴ノ酒ヲ給ス是レテサイ氣魄ヲ増ス事大ナリ僕已絶諸友諸友亦絶僕然共平生ノ友義ノ爲メ區々一言ヲ發ス是僕カ鑿空ノ語非ス實踐ノ眞又聖賢傳心ノ教ナレハ輕視スル勿レ

血氣尤是害事、暴怒亦是害事、血氣暴怒ヲ粉飾スル其害更ニ甚シ

中谷久坂金杉ヘ傳ヘ示シ度候

先生ハ血氣暴怒ヲ粉飾スルノ人ニアラス平時ハ大抵用事ノ外一言セス一言スルトキハ必ス溫然和氣婦人好女ノ如シ是レ先生ノ心胸面目マタ實ニ先生實踐ノ精神也

品川氏マタ曾テ生死ノ道ヲ擧ケテ之ヲ先生ニ問フ先生書ヲ以テ痛ク之ヲ責ム其書中ニ云フ

死生ノ悟リカ聞ケヌト云フハ餘リ至愚故詳カニ云ハン十七八ノ死カ惜シケレハ三十ノ死モ惜シ、八九十百ニナリテモ是テ足ルト云フコト無シ草蟲水蟲ノ如ク半年ノ命ノモノモアリ是以テ長トセス天地ノ

悠久ニ比セハ松柏モ一時蠅ナリ只伯夷ナトノ如キ人ハ周ヨリ漢唐宋明ヲ經淸ニ至テ未タ滅セス若當時太公望ノ恩ニ感シテ西山ニ餓死セスハ百迄死セストモ短命ト云フヘシ何年限リ生タレハ氣カ濟ムコトカ前ノ目途デモアルコトカ浦島武內モ今ハ死人ナリ人間僅カ五十年人生古來七十稀何カ腹ノイヘル樣ナ事ヲ遺テ死ナネハ成佛ハ出來ヌソ吾今ヨリハ當世流ノ尊攘家ヘハ一言モ應答セヌカ古人ニ對シテ少シモ耻ケ敷事ハナシ足下輩若シ膽アラハ古人ハ耻カシ今人ハウルサシ此世ニ居テ何ヲ樂シムカ陳モ凡夫ノ淺猿サ併耻ヲ知ラスト孔子曰志士仁人有殺身爲仁孟子云舍生取義者也トカ一生ヲ送ルモノモアル足下輩モ其仲間ナリ

子云フ予時ニ年少氣銳此書ヲ見テ意平ナルコト能ハス直ニ其書ヲ壞リタリ已ニシテ書中ノ精神ヲ尋繹シ大ニ悟ル所アリ深ク之ヲ悔ヒ敗紙ヲ拾ヒテ之ヲ補綴スルコト、爲シヌト嗚呼先生ノ子弟ニ於ケル其陶鑄其

啓誘至ラサル所無シト謂フヘキ哉
一年ノ計ハ穀ヲ植ルニ在リ十年ノ計ハ樹ヲ植ルニ在リ百年ノ計ハ人ヲ植ルニ在リ一人ノ精神ハ千萬人ノ精神ナリ其子弟ヲ感化スル所以此ニ在リ其風氣ヲ革新スル所以此ニ在リ其維新ノ偉業ヲ成就スル所以モ亦此ニ在リト謂ハサルヘカラス松下ハ一荒村ノミ村塾ハ一小塾ノミ而シテ其一代ニ及ホシ其後代ニ及ホシタル效果ニ至テハ得テ比スヘキモノニアラス

身はたとへ武藏の野邊に朽ちぬとも
　留め置かましやまとたましひ

我今爲國死　死不背君親　悠悠天地事　感賞在明神

先生ノ妹芳子兒玉氏ニ適ク先生ノ松下村塾ヲ開クヤ兒玉氏厚ク子弟ヲ視同志ノ士來ルトキハ酒饌ヲ供シテ之ヲ欵待ス先生ノ子弟ヲ誘掖スルモノ兒玉氏與リテ最トモ力アリト云フ嗚呼是レ以テ傳フヘキ也

（第二十九） 加賀烈士

徳川氏ノ末路外難一タヒ起リシヨリ攘夷開港勤王佐幕ノ論大ニ起ルニ當リ両端ノ間ニ彷徨シテ其是非ヲ決スルコト能ハサルモノアリ是皆大義名分ノ在ル所ヲ知ラサルノ致ス所彼ノ舊加賀藩ノ如キ亦其一ナリ然リト雖モ堂々タル大藩是一人ノ義ヲ知ルモノ無ラン哉萬延ノ頃福岡惣助藤田會澤ノ「回天詩史」「新論」ヲ讀テ大ニ感スル所アリ之ヲ藩中ニ輸セシニ當時俗儒曲學ノ士目スルニ異端ヲ以テ痛ク之ヲ排斥セリ然レトモ二三ノ士屈セス益ス尊王ノ義ヲ唱ヘテ國人ヲ鼓舞シタリキ是ヨリシテ勤王派ナルモノ始メテ國中ニ起リ維新ノ際其藩論ヲシテ其方嚮ヲシテ誤ル・（ナキ脱カ）ニ至ラシメタリ是レ其功豈特ニ表出シテ之ヲ錄セサルヘケン哉

嘉永癸丑ヨリシテ慶應丁卯ニ至ル間彼ノ加賀ハ滔々タル俗論一般ノ社會ヲ支配シ適マ福岡惣助一派ノ勤王家アリ藩主父子ヲシテ尊王ノ義ヲ唱ヘシメントセシモ其數落々タル晨星モ啻ナラサリキ今試ニ元治元年

十月所謂勤王派處分事件ニ際シ處刑ヲ蒙リタル人々ヲ問ヘハ其姓名實ニ左ノ如クニテアリキ

切腹　（世子附大小將頭）不破富太郎
同　（明倫堂助教）千秋順之助
同　（人持組大野木・〔將脫カ〕人弟）大野木忠三郎
同　（料理人）青木龍三郎
流刑（流所ニ於テ錮ス）　（世子附大小將組兼聞番）大野木源藏
同　（世子附物頭）堀四郎左衛門
同　（使番）久德傳兵衛
腰斬　（青山將監與力）福田總助
刎首　（定番歩士組）小川幸三
永世主人ヘ預ケ入獄　（國老横山三左衛門家臣給人）野口斧吉
永牢　（人持組大野木將人家臣給人）高木守衛

同　（同心柴田喜大夫附籍駒井躋庵事）柴田躋庵
同　（金澤町人）淺野屋佐平
閉門　（青山將監方與力）福田文平
公事場內ニ禁錮ス　（儒者）石黒圭三郎
同　（大小將組岡野判兵衛第三子）岡野外機四郎
永牢　（町醫者）谷村直
閉門　（大小將組）岡野判兵衛
逼塞　（六組步士横目役）行山康左衛門
親戚ニ預ケ中病死　（世子附大小將組會所奉行）廣瀬勘右衛門
（病死世子上京前病死罪及ハス）　（大小將組高岡町奉行）水原恒太郎
切腹（海津ニ於テ）　（家老兼世子附）松平大貳

亦以テ當佐幕派カ氣焔ノ甚タ熾ンナリシヲ察スヘシ而シテ此等勤王家ハ要スルニ世子ヲシテ勤王ノ實行ヲ效サシメントセシ佐幕派ノ陷ル所

ト爲リシニモ係ルト云フ然レトモ慶應二年藩侯退隱世子封ヲ襲キ越テ三年將軍職ヲ辭シ尋テ伏見ノ變起ルニ際シ時ニ在京ノ勤王派關澤安左衞門等單身國ニ歸リ兩侯ニ勸メテ上京勤王セシムルニ及テ一藩ノ方嚮始メテ定マリヌ是レ豈勤王派ノ殉節之カ倡タルニ非スヤ

今烈士ノ遺墨ヲ把テ之ヲ讀ム亦當時ノ事ヲ察スヘシ

多年之御高恩只筆紙ニモ難盡而御礼申上候今日公命之次第有之最早今生之御暇乞ト奉存候處御勤仕ニ付不得拜面是而已殘念奉存候尙更跡々ノ義殊ニハ老母之事乍此上宜奉願上候種々奉申上度共意情難盡候へ共不能其儀委細ハ文平マテ申殘置候御序之刻仁作へモ宜敷仰遣被下度候早々絕筆頓首

六月十七日　　　　福岡惣助義比

寶三郎樣

流石ハ加賀勤王派ノ首領タケアリテ其絕筆血ヲ以テ描ケリト雖一點餘

裕ノ存スルモノアリ

義比うしの事共懐しぬひろよめる

紅葉ちる梢に月はさゆれとも
　晴れぬ懐のつもるけふかな
散はてしたら《マヽ》そのもりにひとはたゝ
　さひしく更るふゆの夜のつき

福岡文平兼義

タヽ眞摯ノ情惻々トシテ天地ヲ動カスモノアルヲ覺ユルノミ

敷島の我かあきつすの武士は
　死ぬともくちしやまとたましひ

小川幸三

死生奪フヘカラサル大節寥々短句ノ中ニ鬱勃タルヲ知ラスヤ

緑蕚梅

姑射眞仙有別姿　綠裳梅去自淸奇
呈情纔露靑娥黛　含耻猶掩白雪肌
楚々影兼苔色映　芬々香任笛聲吹
忽疑碧玉滾於地　正是瑤宮月上時

雨霽春色燦然

雨霽虛屋春色鮮　山明水媚遠相連
千條染綠柳先動　一簇釀江花欲然
芳草池頭迷蝶夢　鬢絲榻畔颺茶煙
閑生事業時方是　取次收來滿彩箋

千秋順之助

熱血ノ人爾ク淸麗ノ筆ヲ弄ス

廻首鴻聲天外過　低頭草露月光多
閑居僻地甘濡默　一縷素懷無奈何

久徳傳兵衞

里夕言

粟つのや昔おほへて今も猶
うちなひきあふは《マヽ》薄にも

青木新三郎秀枝

源二位

御とうしの梓の眞弓我かこに
いきてかへらぬやたけ人《マヽ》かも

高木守衞有制

身し死なは風となりても我君の
梅のよき香を四方に廣めん

大野木忠三郎克敏

其字句ノ工拙ハ論スル所ニアラスタヽ其一片忠愛ノ精神凜々トシテ滅

スヘカラサルモノアルニ至テハ亦多トセサルヲ得ス誰カ堂々タル大藩一人ノ義男子ナシト謂フカ

（第三十）梅田雲濱

妻臥病床兒叫飢　挺身直欲掃戎夷
今朝死別兼生別　唯有皇天后土有ヽ

嗚呼其妻ハ病褥ニ臥シ蓬々タル鬢髮乱レテ麻ノ如ク兒ハ呱々トシテ飢ニ叫フ而シテ梅田雲濱志士ノ推ス所ト爲リ身ヲ挺シテ外難ニ當ラントス仮ヘ其心ハ鉄其腸ハ石ト云フト雖モ如何ソ千斷萬折セサランヤタヽ其一片忠義ノ心凛々トシテ自ラ禁スルコト能ハス生別死別ノ苦心ヲ顧ミルニ遑アラサルノミ當時彼ハ露艦ノ攝海ニ入ルト聞キ至レハ則チ露艦已ニ去レリ而シテ家ニ歸レハ則チ妻ハ已ニ斯世ノ人ニアラサリキ生別死別タヽ皇天后土ノ知ルアリトハ彼ノ心情ヲ説明シテ餘リアルニ非スヤ

彼ハ尊攘派ノ領袖トシテ其名ヲ知ラレ而カモ洛閩派ノ儒士トシテ其名ヲ知ラレ就中梁川星巖翁頼三樹トハ斷金ノ友トシテ共ニ倶ニ國事ニ奔走セシ也左レハ戊午黨獄ノ起ルヤ彼ハ首トシテ幕府ノ指目スル所ト爲リ幾多ノ志士ト共ニ江戸ノ獄ニ繫カレ未タ幾ナラス病ミテ忠義ノ鬼ト爲レリ實ニ安政六年三月十四日也

彼ハ常ニ千古ノ憂ヲ抱キ殆ト其一身アルヲ知ラス一片國ヲ憂フル丹心ハ火ノ如ク鬱勃禁スル能ハス而カモ其高明ノ氣一世ヲ蓋フモノアルヲ見ル一方ニハ

冬枯れしのきの妻木も焚すてゝ
　　にはに落葉のつもるまそなき

ト詠ミ他ノ一方ニハ

さくらさく花の浮世を下ょ見て
　　心高くも鳴く告天子かな

ト詠ムカ如キ何等ノ洒々落々ソヤ

あしたつはあしまかくれに身を隠し
そらに思の音〔を脱カ〕のみそなく

ノ一首ニ至テハ一腔ノ熱血洩ラシ盡シテ餘ス所ナシ

賴三樹雲濱ノ囚ニ就クト聞クヤ曰ク

臨縛慨然賊〔賦カ〕節詩　此詩幾万泣男兒
報天大義何辭死　爲國深仁豈顧危
澹庵曾封誅賦〔賊カ〕表　文山空詠憂國詞
竹窓一夜慘垂涕　家母驚添感悲

久坂秋湖亦タ雲濱ト交厚シ鴨川ノ涯東山ノ麓酒ヲ酌ミ詩ヲ賦シ共ニ時事ヲ縱論ス、其囹圄ニ斃ル、ヤ秋湖詩ヲ賦シテ曰ク

要港控上國　豈容黠虜窺　方夷舶闌入　妻病兒叫飢　大劍起應募
國難安遲疑　賊遁志乃躓　詞賦鬼神悲　嗟公囹圄斃　頹廈孰能支

雖則斃囹圄　忠魂護皇基

「忠魂護國基」一句實ニ彼カ一世ノ精神ヲ盡スニ足ル其耿々タル浩氣千載ニ亙リテ滅スヘカラス此ニ至テ彼ハ朽チストト謂フヘキ也

尊攘堂叢書

四

（第三十一）　長州七士

元治甲子十二月十八日長州七士節ニ死ス毛利武前田利濟大和直利山田公章楢崎清義渡邊暢松島久誠是也

甲子ノ變長軍ノ京師ニ敗ルヽヤ幕府尾州侯ヲ總督トシテ兵ヲ率キテ其罪ヲ問ハシム藩内二ツニ分レ正義派ハ主戰ヲ主張セリト雖俗論派ハ一意恭順ヲ主トシ其勢甚タ熾ンニ終ニ藩主父子ヲシテ萩城ニ退キ罪ヲ待タシメタリ而シテ正義派ノ人々其罪無クシテ皆其白刄ヲ賜ハル彼ノ毛利以下七士即チ是也

毛利武通稱ハ登人芹田又ハ主靜庵ト號ス辭世ノ歌アリ

皇の道しるき代をねかふかな
　我身は苔の下にすむとも

梓弓ひきてかへさぬ武士の
　正しき道に入るそうれしき

武士殉道精神如何ヲ見ルヘカラスヤ

前田利濟通稱ハ孫右衞門陸山ト號ス彼人ト爲リ雅量アリ松陰之ヲ目スルニ我國ノ樂正子ヲ以テス松陰ノ東ニ送ラルヽヤ彼ニ寄スルニ左ノ詩ヲ以テセリ

自勤王議興　老丈深右予議　時或下間《問カ》及余獲罪　老丈救解尤力
此行檻輿護送　防禁甚嚴　而老丈議除　其苛法數條可謂終始愛余
矣

世態遷移大義存　斯行我敢訴吾寃
梅天黯淡啼鵑苦　夏木陰森包棘繁
本擬抽身當國難　肯於謝私恩
伴林飜想十年事　一卷易經曾細論

彼カ絶命ノ詩ニ曰ク

一死始飴豈敢辭　居官半世値淸時

酬君心事何須辨　只有青天白日知

天ヲ怨ミス人ヲ尤メサル氣象自ラ其中ニ在ルニアラスヤ

大和直利通稱ハ國之助辭世ノ歌ニ曰ク

君か爲め乃に染る眞心の

いと〻うれしき心地こそすれ

國の爲め世の爲め何かおしからん

君にさ〻くる大和心を

死生不貳ノ大節山ノ如キモノアルヲ見ルヘシ

山田公章通稱ハ亦介愛山又ハ含章齋ト號ス松陰カ幼時敎ヲ請ヒタルハ即チ彼也松陰ノ安政戊午年七月廿二日彼ニ與フル書中ニ云フ

因思十四年前　僕年甫十六　謁先生含章齋　先生一見招僕　謂曰

近時歐夷日盛　侵蝕東洋　印度先蒙其毒　而滿清繼受其辱　餘焔未熄　朶頤琉球　突來崎碁　天下人士　方痛心疾心　以防禦爲急務

殊不知夷之東侵　彼必有傑物　傑物之所在　其國必强　國强無敵
將振長策建雄略　使人備己之不遑　何區々防禦云爾哉　維我神州屹
立萬國之上游　自古耀威海外者　上則神后　下則時宗秀吉數人耳
吾子年富才足　不能激昂以建勳名折萬國　則非夫也　當時僕不自揣
度　慨然自任　謂時宗秀吉誠不易及　然義律　伯麥馬里邇　陋夷小
材　何足與校哉
松陰之ヲ稱シテ雄才ト爲ス其豪傑ノ士タル亦知ルヘキ也辭世ノ歌ニ曰
ク
ちるもよし芳野の山の山さくら
　花にたくひし武士の身は
其心事ノ光明磊落天日ヲ覩ルカ如シ
楢崎淸義通稱ハ彌八郎辭世ノ詩ニ曰ク
日出之邦事義方　不飢不凍送星霜

今宵一死酬明聖　二十八年更覺長
彼ハ馬關攘夷ノ際三田尻海岸ノ參謀ト爲リシ事アリ
渡邊暢通稱ハ内藏太絶命ノ詩ニ曰ク
人間行路盡風波　一死報君豈有他
姦吏不知賈生志　流涕奈ゝ國家何
マタ其歌ニ曰ク
はやさけははや手折る梅のはな
清き心を君にしらせて
彼ハ文久二年右筆ニ擢テラレ機密ニ參シ頗ル老練ヲ以テ稱セラル
松島久誠通稱ハ剛藏韓峰ト號ス辭世ノ歌ニ曰ク
かねてよりたてし心のたゆむへき
たとへ此身は朽ちはつるとも
文久二年長州ノ海軍局ヲ三田尻ニ置クヤ彼ハ頭人及檢使ノ事ヲ兼テ功

績アリキ
要スルニ彼等ハ有爲ノ才ヲ抱キテ有爲ノ時ニ際シ空シク俗論ノ毒牙ニ罹リテ斃ル、モノ豈國家ノ爲ニ痛惜セサルヘケン哉

(第三十二)　池田屋殉難烈士

元治甲子六月五日宮部增實松田範義北添正佶大高又次郎西川幸藏節ニ京師ニ殉ス翌日吉田秀實杉山律義卒庄助佐伯鞆彥廣岡正恭亦節ニ殉ス所謂池田屋騷動ト稱スル者コレ也
文久壬戌羽ノ偉人淸川八郎肥ニ入リ宮部ニ告テ曰ク「幕府不臣天子憂憤是レ豪傑袂ヲ投シテ起ツノ秋也」ト彼踊躍自ラ禁スルコト能ハス馳セテ京師ニ赴ク已ニシテ七卿ノ西ニ下ルヤ彼モ亦有志ノ士ト共ニ之ニ從ヒ尋テ又松田以下同志ノ士ト共ニ京師ニ入リ三條橋側池田屋ノ客舍ニ投シ將ニ大イニ爲ス所アラントシ急ニ新撰組ノ襲フ所ト爲ル同寓ノ志士多ク逃レ走リシモ彼レハ「丈夫辱ヲ奴輩ニ受ケジ」トテ刀ヲ引キ松田、北添、

大高、西川ノ四士ト共ニ自及ス吉田ハ圍ヲ脱シテ出テ變ヲ河原町ナル長州藩邸ニ報シ返リテ戰ヒ終ニ杉山、佐伯、廣岡、庄助ト同シク節ニ殉セリ新撰組ノ首領近藤勇ノ書中ニ「長人等祇園會ノ夜火ヲ親王ノ第ニ放チ會桑兵ノ入テ禁闕ヲ守ルヲ見テ會桑ノ邸ヲ焚キ其紛擾ニ乘シテ鳳輦ヲ擁シ去ンコトヲ謀ル新撰組諜シテ之ヲ知リ其未タ發セサルニ先チテ之ヲ捕フ」ト云ヘリ池田屋ノ事ハ之ヲ詳ニスル者ナシト雖蓋シ此等ノ密計アリシコトヽ思ハル

宮部鼎《マヽ》實姓ハ中原通稱ハ鼎藏田城ト號ス肥後ノ人彼ハ松陰ト交リ最モ密ニ曾テ共ニ東北ニ漫遊セリ松陰思友ノ詩ニ曰ク

西方田城子　別魂欲飛揚　寶劍脱相贈　重之以歌章
皇猷豈不顯　思之勿暫忘

松陰ノ踏海ヲ策スルヤ彼ハ其佩フル所ノ寶刀ヲ脱シ强テ松陰ノ刀ト相替ヘ又神鏡一面ヲ贈リ左ノ歌ヲ詠シテ曰ク

皇神のまてとの道を畏みて
思つゝゆけおもひつゝ行け

「寶劍脫相贈、重之以歌章」ト云フ所以マタ松陰カ彼ニ與フル書中ニモ

立誠於天地而不求效朽事功　存心於道義而不較驗於成敗　則其所貫徹　久而愈著遠而愈明　顧老兄爲諸君之先

ト云フカ如キ如何ニ彼ヲ推量スルカヲ察スルニ足ラン

松田範義通稱ハ重助宮部ノ門人勇ニシテ略アリ彼カ述懷ニ曰ク

一すちに思ひこめてし眞心は
神もたのます人もたのます

特立獨行の氣象ヲ見ルヘカラスヤ其實弟山田十郎ノ國許ニテ刑死ヲ聞テヨメル歌ニ曰ク

とても死る汝か命はおしま《れカ》ぬと
かくては歎く國の行くすゑ

國の爲めゐこそ盡すうち笑て

　手むけに母のあはれ一とこと

悲壯慘痛讀ムニ忍ヒス此山田十郎ハ後名ヲ信道ト稱ス即チ今ノ京都府知事山田信道タリ氏ハ一旦捕ハレタレトモ終ニ死セサルヲ得タリシ也北添正佶變名本山七郎土人大高又次郎ハ播人西川幸藏ハ京師ノ人

吉田秀實通稱ハ稔麻呂字ハ無逸初メ榮太郎ト稱ス長人年十六謁ヲ松陰ニ獄ニ執ル其名字ハ松陰ノ命スル所彼曾テ松陰ニ謂テ曰ク「同志中眞ニ國家ノ大事ヲ謀ルヘキモノハ入江一人ノミ」ト松陰已ニ獄ニ就キ入江亦之ニ坐セラル、ヤ彼ハ屛居シテ時事テ問ハス詩アリ曰ク

　竊得勤王報國君　雙刀先納匣中鳴

　家門禍福昇平事　依舊簾頭喧雀聲

諸友交モ之ヲ責メ彼ヲ起サントスルモ肯テ應セス松陰亦之ヲ疑ヒ乃チ「哭無逸心死」ノ詩ヲ作ル其小引及詩ニ云ク

古語曰　慘莫慘於心死　蓋身死而心未死者　古聖賢之從　不朽之人也　身不死而心死者　今鄙天（夫カ）之流　行屍之人也　世人以身死生　爲大事　而不知心之死生關係萬世其大更大　亦安知吾災無逸之哀痛哉　囑無窮無咎　代余焚好香一抹　率村塾諸生　往災送無逸　至痛至痛

無逸奇才覯最希　膏梁仁義久困饑
人間莫慘如心死　今日爲而双淚揮

彼乃チ名字ノ記ヲ却囘シテ曰「秀實心實ニ死セリ」ト恝然知ラサルモノヽ如シ是ヨリ先キニ藩主將ニ江戸ニ東覲セントス松陰獄中ニ在リ極メテ其非計ヲ論ス彼其行ハレサルヲ論シ後果シテ其言ノ如シ松陰復書ヲ寄セテ曰ク

諸友交謂　無逸心死　吾遂信之　今忽覺其不然　慚汗浹背　吾畢世

大過何以過　無逸蓋謂　松陰無眼　不足與謀焉遂　忍棄吾也　嗚呼
吾知悔矣　無逸其恕吾

別書ニ云ク

名字說　兩秀跋　見返　僕血涙不能收　因復却囘　不申意火之　足
下絶僕則絶之　僕益感足下　遂不忍絶也

其後松陰獄中ヨリ高杉東行ニ與フル書中ニマタ彼ノ事ヲ云ヘリ
榮太(秀實)ト天野ハ別物ナリ老兄深ク顧ミテ呉レタマヘ榮太ノ心中誠ニ可憐渠自曰ク不忍見慈母涙眼矣、其言甚可悲、而シテ又才智アリ唯小生一面シテ志ヲ言ハサルヲ殘念ナリ此間多少血涙ノ談アリ吾愛榮太如昔日榮太吾ノ愛スル所ト爲ルハ却テ禍根タルヲ洞シテ吾ヲ疎セント欲ス吾深ク榮太ノ心事ヲ知レトモ榮太遂ニ棄テ難シ舊臘廿四日「セウセン」ヲ一盃呑テ榮太ト別レシハ永訣カモ不知也
松陰ノ東ニ送ラルヽヤ門人諸友皆出テ之ヲ送リシモ彼ハ獨リ出テサリ

キ其死スルヤ亦往テ之ヲ弔セサリキ然カレトモ彼ハ反テ松陰ノ爲ニ心喪ヲ服セリ其後彼ハ志ヲ決シテ家ヲ辭スルヤ其隨フ所ノ物品ヲ擧テ悉ク之ヲ父母ニ遣リタ、其松陰ノ贈レル衣テ著テ亡命セリ彼カ心事ヲ察スルニ終始松陰ノ志アルヲ知ルノミ王家アルヲ知ルノミ區々タル形式的ノ事其問フ所ニアラサル也彼カ池田屋騷々ニ際シ身ヲ挺ジテ圍ヲ衝キ急ヲ藩邸ニ告ケ而シテ再ヒ藩邸ヲ出ツルニ當リ左ノ

結ひても又結ひても黒髮の
　みたれそめにし世を如何にせん

一首を口吟シテ節ニ殉シタルカ如キ其從容死ニ就クノ狀ヲ見ルヘカラスヤ彼死ス年僅ニ廿四

杉山律義モ亦長人土屋蕭海ノ門人ニシテ後松陰ノ門ニ入ル山縣千束(今ノ山縣大將ノ舊稱)ノ親友タリ佐伯鞆彥ハ長州佐波郡鈴屋村八幡宮ノ祠官廣岡ハ長州美禰郡大嶺村下領八幡宮ノ祠官庄助ハ吉岡氏名ハ篤之武

技ヲ善クス彼等ハ皆快ク吉田ト共ニ節ニ殉シタル者也

（第三十三）　松浦松洞

松陰吉田先生ノ罪ヲ得テ東ニ送ラレントスルヤ諸同志其別ヲ惜ミ松浦松洞ヲシテ其肖像ヲ寫サシム世ニ傳フル所ノ畫幅是レ也松陰云フ「無窮知吾者、豈特寫吾貌而已哉」ト彼ハ畫家ニシテ志士志士ニシテ畫家宜ナリ其之ヲ寫ス獨リ其狀貌ノミナラス亦能ク其精神ヲ寫スヤ彼ハ此点ニ於テ先生ノ知己也

品川子云フ松洞ハ元ト魚鹽ノ家ニ生レ幼ヨリ繪事ヲ喜ヒ年甫メテ十四潤西涯ニ從テ畫法ヲ學ヒ七八年殆ト一日ノ如シ又學ヲ好ミ先師松陰ノ門ニ遊ヒ久坂中谷及ヒ予等ト交リ厚シ其無窮ノ字モ亦松陰ノ説ニ由ルノミ卽チ先師ノ文稿中ニ

司邑松洞散人　松浦温古字知新　幼好繪事、已從余讀書　一日與諸友會松下塾　摺架上古法書閲之　偶過無窮二字　見其筆勢天矯騰驤、

群觀稱快　松洞即取以自號焉　後遂改其名字　以無窮自稱

トアリ彼ハ畫ヲ善スト雖畫人ヲ以テ自ラ居ラス故ニ先師ハ

吾與松洞交　三年矣　初也以爲畫師　已而知其好書喜歌詩　今則隱然有志士　以國家爲憂者矣　是吾三年之交　三易其品題　其中誠無窮而不可測耶　抑其學駸駸進益　無有窮極也

ト云フ亦以テ如何ニ彼カ松陰ノ推重スル所ト爲リシカヲ知ルヘシ

其後彼ハ松陰カ要駕ノ策ニ與ミセサルヲ以テ松陰ハ一旦之ヲ絶チ左ノ詩ヲ以テス

村塾舊盟吾肯渝　君方憂辱奈斯軀

穢土紅塵千萬丈　松洞翠色一朝無

然レトモ彼ハ他意ナカリシ也松陰之ヲ知ルヤ亦左ノ一詩ヲ賦シテ之ヲ贈ル

初則炳焉久則渝　丹青寧比丈夫軀

昨非汝已今朝覺　前怒於吾半点無

已ニシテ文久二年彼ハ久坂ト共ニ京師ニ奔リ長井雅樂ヲ刺サント欲シ人ノ諫ムル所ト爲リテ止ム彼ハ元ト魚鹽ノ家ニ生ルト雖憂時慨世ノ義氣勃々禁スヘカラス人ニ謂テ曰ク碌々時勢ト推移シ爲ス所無キ丈夫ノ愧ツル所何ヲ以テ故郷ノ人ニ見ヘンヤト一日粟田口ノ山頂ニ登リ自刄セリ彼ハ夙ニ粟田口宮ノ心ヲ欽ス是レ其攘夷ニ殉スルノ意ヲ寓スル所以ナリト云フ

高杉東行之ヲ聞キ詩ヲ以テ其靈ヲ弔シテ云ク

欲倒姦魁振臂起　誤機孤劍身先死
萩城城裡提刀人　嘗似松洞畫工否

蓋シ尊攘ノ論起リシヨリ身ヲ以テ國ニ殉シタルハ彼ノ自刄ヲ以テ始メト爲スタヽ其一死俗人ヨリ視レハ驚テ以テ狂ト爲スト雖其長防尊攘志士ノ氣ヲ鼓舞シタル功得テ云フヘカラサルモノアリ彼カ楠公ノ墓ニ謁

スル詩ニ「萬古數來少比偷《倫カ》」ト云ヒ屈原ヲ詠スル詩ニ「詩賦別傳救世篇」ト云ヒマタ其陶淵明ヲ詠スル詩ニ「晩節長存天地間」ト云フカ如キ其熱血國ニ許スノ本領此ニ在リトセハ彼ハ豈狂シテ此ニ至ルモノナラン哉東行ノ所謂「萩城城裡提刀人」嘗似松洞畫工否」トハ善ク彼カ心事ヲ寫シ出シタリト謂フヘク亦實ニ松陰先生ノ知己ノ士ニ負カスト謂フヘキ也

（第三十四）三條實萬公

憂國愛民　夙夜淬勵　忠猷嘉謀　寔朕良佐

ノ十六字是レ孝明天皇ノ三條實萬公ヲ賛シタル敕語中ノ一句ニアラスヤ而シテ實萬公ノ人ト爲リ此十六字實ニ之ヲ盡セリ

仁孝天皇公ヲ器トシ擢テ議奏ト爲ス一日上直ス天皇公ヲ御前ニ召シテ曰ク「乃祖著ス所ノ「愚味記」藏シテ内庫ニ在リ朕今出シテ之ヲ卿ニ與ヘ以テ其忠誠乃祖ヲ辱シメサルヲ賞ス卿其レ旃ヲ勉メヨ」ト孝明天皇即位以來其寵遇特ニ深シ蓋シ當時朝廷ノ大臣其志操確乎其器識卓然其德望之

ニ副フモノ公ノ右ニ出ツル無ク公モ亦身ヲ以テ重キニ任シ經營慘憺善ク其聖意ヲ躰セシ也

安政五年幕府米國ト仮條約ヲ結ヒ堀田備州入朝シテ勅許ヲ乞フ公公武乖離內乱隨テ生スルヲ憂ヒ上疏シテ幕府ニ令シ列藩ノ議ヲ徵シ以テ之ヲ聖裁セシメント言フ天皇之ヲ嘉納ス已ニシテ幕府米使ノ迫ル所ト爲リ擅ニ條約ヲ締結・〔セ脫カ〕シカハ天皇深ク之ヲ憂ヒ計テ公ニ問フ公曰ク「是レ實ニ國家ノ重事タリ然カレトモ公武乖離其患ノ大最トモ大ナリ今日ノ勢ヲ制スルハ公武ノ協和ヲ謀ルニ在リ公武協和シテ國躰保全スヘシ」ト是ニ於テ幕府ニ詔シ三家及大老ヲシテ入朝シ衆議ヲ奏シ以テ長計ヲ定メシム是時將軍薨シ井伊大老幼嗣ヲ挾ミ威權赫灼三家譴ヲ蒙テ屛居ス而シテ露英佛蘭相踵テ條約ヲ交換スル一ニ米國ノ例ノ如シ天皇震怒諸大臣ニ詔シテ曰ク「大統一系金甌無缺茲ニ二千五百年今ヤ朕ノ躬ニ至テ一朝之ヲ誤ラハ何ノ顏アリテ祖宗ニ奉センヤ朕宜シク位ヲ遜リ以テ其罪

ヲ謝スヘシ卿等其レ後圖ヲ畫セヨ」ト公色ヲ正ウシ之ヲ諫メテ曰ク「事此ニ至ル臣等ノ罪也聖諭至嚴言ハン所ヲ知ラス伏シテ願クハ少シク宸念ヲ寛クセンコトヲ臣等必ス身ヲ以テ力ヲ効サン」天皇意稍釋ケヽレハ公又進ミ奏シテ曰ク「幕府敕ニ違ヒ列藩心ヲ離ル憂外ニ在ラスシテ内ニ在リ宜シク更ニ戒飾セシムヘシ幕府及ヒ列藩心ヲ協セ力ヲ戮セ以テ内ヲ整ヘ外ヲ制スルノ策ヲ建テン德川齊昭ハ將家ノ遺老ナリ請フ別ニ齊昭ニ敕シテ幕府ヲ匡輔シ更ニ之ヲシテ列藩ニ傳諭セシメンコトヲ」天皇之ニ從フ幕府大ニ駭キ齊昭ニ命シテ其敕ヲ還サシメ遂ニ之ヲ幽ス同時ニ間部總州京ニ入リ公等ヲ彈劾スルニ齊昭ト謀ヲ通スルト云フヲ以テシ公ヲシテ其職ヲ解クノ已ムヘカラサルニ至ラシメタリ公遂ニ落飾シテ澹空ト號ス

公ノ忠誠天日ヲ貫キ大節山嶽ノ如キモノ固ヨリ言フヲ俟ス而シテ其善ク危機ニ處シテ善策ヲ畫シ百折撓マス終始其志ヲ變セサルニ至テハ當

時ノ公卿中唯公一人アルノミ聞ク外事ノ起リショリ其領スル所皆樞密ノ重事ニシテ召對スル毎ニ漏ヲ移ス數十刻献替規畫他ノ諸大臣知ラサル也而シテ詔敕制令亦公ノ手ニ出ツルモノ多シト云フ豈國家ノ長城ニ非スヤ而シテ其幽居スルヤ毎晨盥漱宮闕ヲ拜シ食シ畢リテ圖書ヲ左右ニシ古今ヲ商推シ諷詠懷ヲ寫シ公事アルニ遇ヘハ書ヲ實美公ニ贈テ利害ヲ指陳シ以テ之ヲ勗ム亦以テ夢寐モ其君ヲ忘レサリシヲ見ルヘシ公不幸ニシテ志ヲ得スト雖モ實美公アリ其遺志ヲ繼紹シテ中興ノ大業ヲ完成ス天ノ公カ家ニ眷スル亦宜ナラスヤ

聖上即位ノ二年十二月詔アリ

贈右大臣藤實萬公　憂乾綱之不振　國威之不宣　奉事先朝　書竭忠猷　慨然有匡濟之志　至子實美　以底有成　其謚曰忠成

大ナル哉皇ノ言ヤ公モ亦地下ニ安眠スヘキ也

(第三十五)　東湖藤田先生

幕府ノ末路經世家トシテ活眼五洲ヲ射ル象山先生ノ如キモノアリ大節天地ヲ動カス松陰先生ノ如キアリ雅量一世ヲ蓋フ南洲先生ノ如キアリ而シテ東湖先生藤田翁ニ至テハ亦自カラ獨擅ノ地歩ヲ占ムルノ經世家タル也

品川子尊攘堂ニ於テ維新俊傑ノ行事ヲ論シ談適マ東湖先生ニ及フ曰ク世或ハ東湖ヲ指シテ權略ノ士ト爲セトモ是レ決シテ然ラス先生ノ本領ハ策略ニアラスシテ大節義ニ在リ權術ニアラスシテ眞忠孝ニ在リ而シテ經世ノ眼識ト經世ノ手腕トヲ兼ネ至誠一以テ之ヲ貫クニ至テハ是レ先生ノ先生タル所以亦一世ノ俊傑タル所以ナラスヤ予嘗テ先生カ烈公ニ上リタル封書ヲ讀ミ未タ嘗テ毅然トシテ襟ヲ正ウシ其人ト爲リヲ想見セスンハアラス」ト其封事稿ヲ余ニ示セリ

　申上候迄モ無之候ヘトモ人君ノ下ニ臨ミ玉ヒ候儀廣ク衆ヲ御容レ被遊候儀乍恐御大切ト奉存候古ヨリ衆ヲ御スト申ス事御座候處御ハ馬

ヲ御スルノ義ヨリ起候ト相見ヘ甚面白キ字義ト奉存候

(註)蓋有非常之功　必待非常之人　故馬或奔踶而致千里　士或有負俗之累　而立功名　夫泛駕之馬　跅施之士　亦在御之而已云々右ハ漢ノ武帝ノ天下ニフレ出シ候文義ニ御座候處流石千載ノ英主ト申スホト有之實ニ感服仕候事ニ御坐候泛駕跅弛ニテスラ乘手次第ト奉存候況ンヤ之ヨリ泛駕跅弛ニモアラサルモノヲヤ

馬ニハ駿馬モ有之駑馬モ有之又種々ノクセ馬モ有之候得共上手ノ馬乘ハ夫々其馬ノ性ニ隨ヒ十疋ノ馬ヲ十様ニノリコナシ申候馬ヤウモ宜シクカン性モ宜シク足モ丈夫ニテ廐ノ扱ヒモ宜シク其外一ツトシテ申分無之馬ハ何程モ有之間敷候間ヒタスラ靜ナル馬ノミ撰候ハヽ馬場乘一通リノ儀ハ格別重キヲ負ヒ遠キヲ馳セ候實用ヲナシ申間敷奉存候乍恐君上ニハ非常ノ御才氣殊ニ廣大ノ御度量モ被爲在候

(註)先年先臣次郎左衞門(幽谷先生)龜ノ間ヘ罷出候節泰山不讓土壤

河海不擇細流ト御認被遊候御書拜領仕リ相引候後愚臣ヘ爲申聞候ハ今日御手酌ノ御酒等頂戴仕リ御談論ヲモ相伺ヒ候處武公樣ヘ御目見仕候心地仕リ殊ニ右御書ノ御寓意自然ニ人君ノ御度量被爲備候段難有御儀ニ候迚感服仕候ヒキ右ハ七年以前ニテイマタ御潛ミ被遊候御砌ニ御坐候處廣大ノ御度量モ御書ノ御寓意ニテ拜見仕候迄ニ候ヘ共只今ハ泰山河海ノ御度量乍恐御實用ノ上ニテ拜見仕度奉希望候

天下ノ人才御御シ被遊候儀モ御六ケ敷モ被爲在間敷況ンヤ一國ノ人才

(註)御家中數多ノ内人才ハ三四十ナラテハ有之間敷又其内ニ剛毅ノ人ハ十八人カ十五人之儀ニテ誠ニ少々ニ御座候

御御シ被遊候儀何程之御儀モ有御坐間敷奉存候尤モ鞭鐙手綱等モ馬ヲ御候道具ニハ御坐候得共上手ハ第一ニ心ト鞍トヲ以テ馬ヲコナシ

候由法令賞罰モ衆ヲ御シ候道具ニハ御坐候得共至誠ヨリ發候處肝要ト奉存候乍恐御至誠ヲ以テ衆ヲ御御シ被遊候ハヽ兩派ハ扠置キ五派十派御坐候迚モ何等御故障モ無之却テ夫々國家御中興ノ御用ニ相立可申奉存候

其氣宇磊々落々一世ヲ蓋フニ足ル所アルモ其歸著タヽ「御至誠ヲ以テ衆ヲ御御シ被遊候ハヽ兩派ハ扠置キ五派十派御坐候迚モ何等御故障モ無之」ト云フニ至テハ王道偏無キ黨無キノ大端ヲ洞破シタル眼識ト謂ハサルヲ得ス天下固ヨリ黨ナキ能ハスタヽ能ク至誠以テ之ヲ容レ權衡以テ之ヲ揣ル五派モ十派モ我握中ノ物タラサルハ無シ世ノ黨派ノ末ニ齷齪タル政治家ハ固ヨリ王道經綸ノ妙用ヲ知ラサルノミ

マタ云フ

一定ノ御見通シ御立被遊候ヘハ一統引立候儀指見申候前ニモ申上候通國家ヲ治メ候儀古來ヨリ宮室ヲ造ルニ譬候處創業ハ新規普請中興

ハ修覆ノ普請ニ似寄候様奉存候修復メ致シ様ニモ幾通リモ有之柱土台等ヨリハシメ總躰ノマカリヲ直シ新規同様ニ仕候モ修覆ニ御坐候大破ニテ無據分ノミ手ヲ入レ風雨之患無之候様仕候モ修覆ニ御坐候外面ノミ取繕ヒ當坐ノ間ニ合セ置候モ修覆ニ御坐候仍テハ普請取懸リ候ニハマツ諸職人ヘ積リヲカケ實ノ修覆ト歟外面ノ修覆ト歟日（目カ）當ヲ定メ諸職人ヘモ其振ニ不申付候テハ普請モ成就仕兼候半ト奉存候然ルヲ一定ノ計モ無之タタ修覆々々ト申候テ諸職人ヲアツメ爲取懸候ハヽ一方ニテハ大修覆ト見込ミ一方ニテハ小修覆ト心意折角出來懸リ候ヲ跡ヨリ廻リ打チコワシ候類ニテ懸リ合突中リノミ出來屋上ノ雨モリ有之處ヘ結構ナルタヽミシキコミ候モ無益ト存シタヽミ職人モ不張込柱ノマガリ候處ヘロクナル建物ヲ拵迄モ無益ト存シ建具師モ見合セ居表ムキハ一同働キ候マネヲイタシ作料ノミ貪リ實ハ手ヲ投居リ候様ニテハ何年カヽリ候迚普請成就可仕筈無之修覆ハ手後

レニ相成一旦風雨ノ變モ有之候ラハ、傾頽ノ患ニモ至リ可申奉存候御相續以來御政治向程ニ厚御世話ハ被爲在候得共乍恐實ニ御改正被遊候思召ニ被爲在候歟又當坐マカナヒノ思召ニ被爲在候歟下々ニテハ恐察仕カタク々々御改正々々々々トハ申候ヘトモ一統實ニ改正ノ心ニ不相成制度法令ノ大事ニ到候テハ舊弊依然トシテ少シモ改リ不申段右昔請ノ儀同樣ト奉存候尤制度法令等ノ儀學者ノ口クセニ相唱候事ニ御坐候間空論ト被思召候モ難計候ヘトモ愚臣ノ存寄ハ學者ノ如ク一概ニ廣メキ候制度ニモ無之又一概ニモ今ヲ非トシ昔ヲ是ト仕候説ニモ無之神州尙武ノ風俗ヲ本ト仕リ幕府幷ニ祖宗ノ良法美意ヲ酌諸藩ノ職掌ヲ正シ奸人俗吏ノ舊弊ヲ破リ行々士民ノ風俗相直リ不虞ノ御備相立東國ノ御シマリ天下ノ御强ミニモ被爲成樣仕度日夜ノ至願此事ニ御坐候

其綱維ヲ擧ケ節目ヲ詳ニスル恰モ醫ノ病ヲ視テ藥方ヲ進ムルカ如キ處

アルモ「一定ノ御見通シ御立被遊候ヘハ一統引立候儀指見申候」ト云フニ至テハ一國ノ國是ヲ確定シ經綸ノ大綱ヲ把持スル要領マタ餘蘊ナキニアラスヤ苟クモ其局ニ當ル政治家ニシテ經綸ノ本領確定セス朝令暮變紛々反覆セハ國家安ンソ其禍ヲ蒙ラサルヲ得ンヤ是レ先生ノ深ク憂フル所マタ此痛切ナル言アル所以ナラスヤ

先生ノ死スルヤ人アリ之ヲ守舊黨（當時奸黨ト稱セラレタル者）ノ首領結城寅壽ニ告ク寅壽時ニ囚ハレテ獄中ニ在リ之ヲ聞キ慘然トシテ泣テ曰ク「東湖ニシテ死スル耶吾亦餘命無シ吾ノ未タ死セサル所以ノ者ハ東湖アルカ爲メノミ」ト夫レ寅壽ナルモノハ鬼蜮ヲ以テ心ト爲シ烈公ヲ幕府ニ讒シ之ヲ幽閉セシメタルモノニ非スヤ先生ヲ以テ畢生畏ルヘキ敵ト看做シ之ヲ殺サンコトヲ謀リタルモノニ非スヤ而シテ先生ノ死ヲ聞テ泣涕スルモノハ何ソヤ豈先生心事ノ光明氣宇ノ宏恢度量ノ濶大彼ヲシテ覺エス其天良ヲ發スルニ至ラシメタルモノニ非ス哉斯心ヲ以テ一國

ニ對シ斯心ヲ以テ天下ニ對シ國民ニ對シ何ヲ爲シテカ成ラサラン亦何
ソ必スシモ經綸ト云ハン哉
久阪秋湖先生ヲ追懷スル詩ニ曰ク
壯烈正氣歌　慷慨囘天史　苟讀公遺篇　頑懦且奮起　名義明皇道
扶植張綱紀　定遠與嫖姚　蹉跎困葛藟　丹心貫白日　如公忠孝士
繼紹先親志　承順邦君美　吾心洵欽慕　夢寐有時覗　佘公在戊午
國事安至此
ト卽チ「名義明皇道　扶植張綱紀」トハ先生ノ本領ヲ寫シ出シタル句ニア
ラスヤ
先生ノ詠懷ニ曰ク
我有一片氣　軒昂而磊落　九重戀宸闈　萬里度朔漠
ト「九重戀闈」ハ尊王ニシテ「萬里度朔漠」ハ進取ニ非スヤ辭ヲ換テ之レヲ言
ヘハ「名義明皇道　扶植張綱紀」ノ本領亦之ニ外ナラス

青山伯卿先生ノ幕碑ヲ撰ンテ云フ「至於氣魄之大　智慮之明　遇盤錯而不挫　處紛擾而不亂　則不得不推君爲全才」先生ノ經世家タル此ニ在リ徒ラニ區々權詐策略ヲ以テ先生ヲ評ス是レ眞ニ先生ノ本領ヲ知ル者ニアラサル也

(第三十六)　僧月照

君か爲め法の爲めにはつゆの命
　たゝこのときそすてところなる
いく千代も御代はうこかし一すちに
　二こゝろなくきみし守れは

外難一タヒ起リシヨリ先帝孝明天皇深ク宸襟ヲ惱マサセ給フ此時僧ノ月照東山東福寺内卽宗院ノ山莊採薪亭ニ於テ鹽食ヲ斷ツコト五十日玉體安穩國家泰平外敵退攘ヲ祈ル先帝深ク其忠誠ヲ嘉ミシ賜フニ御衣ヲ以テス彼其天恩ニ感シ終身之ヲ其身ニ離サス「たゝこのときそすてとこ

ろなる」ト云ヒ「二こゝろあくきみし守れは」ト云フモノ彼カ胸中如何ニ立命安心ノ堅固ナルヤハ問ハスシテ知ルヘキノミ

戊午黨獄ノ起ルヤ彼ハ德望ヲ縉紳ノ間ニ有シ廟堂ノ機密ニ與ルヲ得タルヲ以テ幕府ノ指目スル所ト爲レリ其京師ヲ去ルニ及テ幕府ノ探索甚タ密ナリシカトモ終ニ敵手ニ陷ラサリキ

ふなひとのこゝろつくしに浪風の
　あやうきなかを漕きて出ぬる

都にてたれかあわれと思ふらん
　こゝろつくしのはてにこし身を

むくゆへきかきりはしらし不知火の
　つくしにつくすひとのなさけに

其心事ノ光明青天皦日ノ如き如何ニ其人性ノ高妙ヲ具スル彼ヲ見ルヘカラスヤ

人アリ幕吏ノ追捕甚タ急若シ其難ニ遭ハヽ如何ト云ヒケルニ彼ハ直ニ之ニ答テ曰ク

弓矢とる身にはあらねと一すちに

たてしこゝろの末はかはらし

其斷頭場裡ニ立テ從容自若毫モ動セサル處如何ニ彼カ成敗利鈍ノ外ニ超立スルヲ見ルヘカラスヤ

茫々タル蜻州丈軀措ク所ナク西郷南洲ト相抱キテ身ヲ雲濤杳渺海月玲瓏ノ底ニ投シタルモノ亦此僧ノ眞血至誠人ヲシテ死セシムルモノアルヲ知ラスヤ

大君の爲にはなにかおしからむ

薩摩のせとに身はしつむとも

くもりなき心の月のさつまかた

おきのなみ間にやかていりぬる

一面ハ靈心妙機氷ノ如ク一面ハ溫情眞淚玉ノ如キ一點ノ芥蔕ナキニアラスヤ

月照俗姓ハ玉井童名ハ宗久或ハ久丸出家シテ中將房ト字シ忍鐘ト名ク又忍介ト書ス後月照ト字シ忍向ト改名ス別ニ松間亭、無隱菴、菩提樹園等ノ號アリ彼曾テ金泥ノ兩界紺幣大曼陀羅ヲ畫カントス功半ニシテ難ニ遭ヒ又繼母幾圓尼ニ事ヘ孝養盡サヽルナシ好テ阿字觀ヲ修シ積年ノ功臍下鞠子ノ如クナリシト云フ佛畫ニ工ニ梵書ニ妙楷行草仮名ヲ善クシ和歌ヲ詠シ笙ヲ吹キ陶器ヲ製シ印章ヲ刻スル等其雜技人ノ意表ニ出ツルモノアリト云フ

彼カ弟信海モ亦義烈ノ士獄ニ下リテ病歿セリ辭世ノ歌ニ曰ク

西の海ひかしのそらとかはれとも
こゝろはおなし君か代の爲

吉田松陰之ヲ弔スルノ詩アリ曰ク

弟繋東獄死　兄投西海沒　雖各異其地　同是皇恩酬　嗟吾身未死
感慕涕泗流　昔聞鏡月坊　死國承久秋　今見公兄弟　眞箇古人儔

（第三十七）　高杉東行

余尊攘堂ニ於テ高杉東行ノ撮影ヲ見ル狀貌俊偉眉宇軒爽其眼光烱々人ヲ射ル彼自ラ其小照ニ賛シテ曰ク「欲全臣節　在降一身　生前死後　保斯實眞」ト小心ニシテ大膽彼カ本領亦此ニ在ルニアラスヤ

蓋シ秋湖ノ才學子遠ノ膽識東行ノ氣魄眞ニ松下村塾ノ三傑タルニ愧チス而シテ東行ハ秋湖ニ比スレハ其學疎ナリ子遠ニ比スレハ其識疋ラス然レトモ駿發凌厲勢ヲ視機ヲ決シ勇斷果決紛ヲ解キ難ヲ排キ好ク人ノ爲シ難キヲ爲スニ至テハ未タ曾テ彼カ獨歩ノ擅《マヽ》場タラスンハアラス松陰曰ク「玄瑞之才原諸氣　而暢夫之識發諸氣」又曰ク「暢夫議事　素多持重焉　近則振發凌厲　如專以氣行之者　蓋其識之有進也」又曰ク「至其精識則非余所及也」又曰ク「暢夫識見氣魄　他人莫及」ト是レ豈不易ノ評ニ非ス

哉

彼カ彼タル所以亦想フヘキ也

品川子云フ元治甲子長軍京師ニ敗衂セショリ幕府征長ノ師ヲ興ヌ俗論黨勢ヲ得藩主父子ヲ誘ヒテ萩ニ歸リ謹愼ト稱シテ之ヲ天樹院ニ幽シ三國老ヲ刑シ以テ其罪ヲ贖フ尊攘正義ノ徒往々其捕フル所ト爲リケレハ彼亦一時機ヲ視テ國ヲ脫シ九州ニ入ル彼カ「脫來狼虎穴　潜伏宿君家　莫奈二州裏　人心亂似麻」ト詠シタルハ十一月朔日赤間關ニ至リ俠客白石正一郎ノ家ニ潜伏シタル時ノ作ニシテ望東女史ノ平尾村山莊ニ於テ西鄕南洲ト相會シ天下ノ事ヲ論シタルモ亦此時ノ事ナリ尋テ彼ハ時事ノ日ニ非ナルヲ視テ蹶起シ將ニ爲ス所アラントス所謂「賣國囚君無不至　忠臣死義是斯辰　元祥高節成功略　欲學二人爲一人」トノ述懷ハ當時ノ決心如何ヲ知ルニ足ルヘキ也

彼カ馬關ニ歸ルヤ游擊隊ノ軍監高橋熊太郎御楯隊ノ總督太田市之進ニ

就キ急ニ馬關新地ノ官署ヲ襲ハントシ約スルニ今夜ヲ以テス太田乃チ陣ニ歸リ之レヲ告ケ且ツ彈藥糧食等ノ備ヲ爲サシム時ニ奇兵隊並ニ諸隊ノ總督皆之ヲ危ミ交モ之ヲ止メントス太田乃チ予(品川子ヲ指ス)ヲシテ彼ノ所ニ赴キ其擧ヲ止メンコトヲ請ハシム彼固ク執テ聽カス山縣狂介(今ノ山縣大將)亦其力ヲ分ツノ不可ヲ論セシモ彼ハ終ニ聽カサリキ野村靖之助(後靖ト改ム今ノ内務大臣)時ニ諸隊ニ客ト爲リ居リシカ來リ彼ニ說テ曰ク「今ヤ我正義ノ士大艱ニ遭遇シ諸隊合同一致スルモ猶其危キヲ免レサルニ君ニシテ本隊ト遊擊隊トヲ率キテ事ヲ馬關ニ擧クルハ所謂勢ヲ分チ力ヲ殺クモノナラスヤ若カス速ニ衆議ヲ一決シ諸隊合從シテ大ニ爲ス所アランニハ」彼毅然色ヲ正ウシテ曰ク「卿等亦赤根武人(奇兵隊ノ總督ニシテ陰ニ兩端ヲ持シ欵ヲ俗論黨ニ通ス)ノ賺スル所ト爲ルヲ免レサルカ抑モ武人ノ大島郡ノ一土民何ソ曾テ國家ノ大事藩主ノ危急ヲ知ラン僕ハ毛利家三百年來ノ世臣ナリ豈武人ノ比ナラン哉僕決シテ

此擧ヲ止ムルコト能ハス然カレトモ卿等合同シテ之ヲ止ムルトキハ僕亦事ヲ擧ケ難シ願クハ從來ノ高誼ニ對シテ一匹ノ馬ヲ僕ニ借セ僕之ニ騎シテ君公ノ難ニ赴クヘシ一里ヲ行テ斃ル、モ國ニ殉スル也十里ヲ行テ死スルモ毛利家ニ盡ス也願クハ僕ノ爲ニ之ヲ借セ」ト毛髮逆マニ立チ目眦皆裂ケ辭氣極メテ厲、鋒當ルヘカラス斯クテ此夜事終ニ成ラス彼遂ニ去テ伊藤俊輔(今ノ伊藤侯)ノ寓ニ至ル太田総督髮ヲ斷チテ之ヲ送リ其違約ヲ謝セリ越テ二日彼ハ遂ニ遊擊隊及ヒ伊藤ノ統ヘタル馬關市勇隊ヲ統ヘ馬關新地ノ官署ヲ襲ヒ其官吏ヲ追ハントシテ事先ツ洩ル太田之ヲ野村ニ謀ル野村曰ク「人各見ル所アリ强テ止ムヘキニアラス若カス快ヨク之ヲ送ランニハ」ト依テ其言ニ從フ彼ハ卽夜長府ノ功長寺ニ赴キ急ニ三條公ニ謁セント謂フ時ニ公已ニ寢ニ就ク大事ナリト聞キ出テ、之ヲ見ル彼甲ヲ被リ兜ヲ頸ニ約シ跪テ曰ク「某今夜事ヲ馬關ニ擧ケントス今ニシテ始メテ某ノ節ヲ盡スヲ得謹テ訣ヲ請フノミ」ト言終テ飄然走リ出ツ明日公人ヲシテ親書ヲ彼ニ到サシメテ曰ク「男子一タヒ事ヲ擧ク必ス其終ヲ全ウセサルヘカラス」ト彼カ五卿ノ舘舍ヨリ下ルヤ隊兵意氣凛々軍伍肅々與ヲ取テ之ヲ待テリ彼馬ニ上リ將ニ進マントス適々奇兵隊ノ軍監福田良輔之ヲ止メントシ馬ヲ馳セテ來リシカ直チニ馬ヨリ下テ大雪ノ下ニ跪坐シ彼ヲ見テ疾ク叫テ曰ク「東行ヨ汝既ニ獄中ノ苦ヲ忘レタルカ」蓋レ彼カ事敗レテ再ヒ囚ニ就クヘキヲ言フナリ彼曰ク「兄弟何ノ爲ニ來ル」福田曰ク「軍ノ首途ヲ祝スルカ爲メナリ」ト因テ其攜ヘ來レル樽酒ヲ酌ム彼之ヲ見テ馬ヨリ下ル福田問フテ曰ク「此進軍ヲ止メ得サルカ」ト彼杯ヲ擧ケ俚謠ヲ唱ヘテ曰ク

わしとおまへはやけ山かつら
　うらはきれても根はきれぬ

一笑シテ別カレヌ彼ハ終ニ此夜ヲ以テ馬關ヲ略セリ實ニ慶應元年乙丑正月二日ニテアリキ彼カ機ヲ見ルニ敏、策ヲ決スルニ勇ナル此ノ如シ卽チ彼ノ諸隊諸帥ヲシテ勇往直前一大決心シテ山口ヨリ萩城ニ逼リ直ニ藩主父子ノ擁蔽ヲ解キ僅ニ二旬餘日ヲ出テスシテ防長ノ俗論黨ヲ一掃スルヲ得セシメクルモ其首倡ノ功彼ニ歸セサルヲ得ス

彼ハ藩論ノ一變シタルト同時ニ嫌疑ヲ避ケテ政務ニ與ラス脱然トシテ馬關ニ歸リ形ヲ變シテ商賈ト爲リ名ヲ春山花助ト改メ詩酒悠々豪遊自ラ適ス

詩酒悠々宜送日　男兒成事豈無時
任地《他カ》市井呼游徒　一片丹心來《未カ》敢差

ノ詩ハ當年ノ作ナルヘシ幕府長州再征ノ師ヲ出スヤ彼ハ自若トシテ驚カス詩ヲ賦シテ曰ク

赫赫東藩八萬兵　襲來屯在浪華城
我曹決死果何日　笑待四隣起砲聲

ト彼ハ蹶起奇兵隊ヲ率キテ大ニ幕軍ヲ破ル其小倉ヲ擊ツヤ彼身ニ直衣

ヲ服シ烏帽子ヲ戴キ胡床ニ踞シテ諸軍ヲ指揮シタルカ如キ其足立山ニ戰フヤ手ニ名古屋扇ヲ搖シ便服ヲ著シテ之ヲ指揮シ「鼠輩ヲ破ル是ニテ足ル」ト言フカ如キ馬關攘夷ノ役綺服ヲ纒ヒ錦袴ヲ著ケ手ニ蛇目傘ヲ持シ高履ヲ穿チ紅妓數人ヲ拉シ浩歌舞踏シテ陣中ノ人々ヲ驚カシタルカ如キ其神出鬼沒指揮談笑、智、風雲ヲ羅ネ氣、宇宙ヲ呑ム處亦彼ノ彼タル所以ヲ知ラスヤ

品川子又云「東行ノ奇兵隊ニ總督タルヤ駿發凌厲往々人ノ意表ニ出ツ今ノ長藩先輩誰一人トシテ彼ニ對シ頭ノ昂カルモノアラサリキ日柳呑象樓カ彼ニ贈レル詩ハ即チ彼ノ小傳トシテ誦スヘキ也其詩ニ曰ク

剛之神州男子儺　英雄氣象帶風流
夜鞭名馬雪中陣　朝擁美人花外樓
學自虎兒傳一脉　節欽鹿介也千秋
孱兵八萬今何畏　孤劍曾橫五大洲

彼曾テ西郷南洲ノ「齊遇沽之己　同功賣之人」ノ詩ヲ視直ニ筆ヲ把テ「不沽又不賣　唯要思無邪　誰知昨《夜カ》來雨　櫻桃共落花」ノ詩ヲ賦セリ人之ヲ南洲ニ示セシニ南洲ハ「マタ高杉ニ一棒ヲ喫セラレタリ」ト云ヘリ南洲ノ彼ニ推服シタル此ノ如シ彼ノ彼タル風岸氣骨亦想見スヘカラスヤ

（第三十八）　金子重輔

今夜不知何處宿　平沙萬里絕人烟」トハ大日本無二游生金子重輔カ平生愛誦セル句ニアラスヤ彼カ奇氣斗牛ヲ貫キ雄心朔漠ノ翔《チカ》ルノ面目問ハスシテ知ルヘキニアラスヤ

彼ハ吉田松陰ヨリ少キコト僅ニ一歳松陰カ航海ノ雄圖ヲ賛シ一奇ヲ域外ニ策セントセリ初メ松陰ノ西下シテ長崎ニ至ルヤ彼ハ蹤シテ之ニ從ハントセシモ果サス松陰江戸ニ返ルニ及ヒテ始メテ松陰ヲ見其學ヲ爲スノ方ヲ問ヘリ松陰彼カ奇氣奇骨稜々トシテ人ヲ襲フモノアルヲ知リ之ヲ奇トシ曰ク「地ヲ離レテ人無ク人ヲ離レテ事無シ人事ヲ論セント欲

セハ先ツ地理ヲ審ニセサルヘカラス」ト彼其言ニ從ツテ地誌ヲ讀ム旬日ニシテ其要領ヲ識得ス松陰曰ク「已ニ其大ヲ觀ル宜シク其細ニ及フヘシ」乃チ禹貢及ヒ項羽本紀ヲ授ク曰ク「以テ漢土ノ大勢ヲ觀ルヘシ」ト彼ハ心念默識自ラ得ル所アリ松陰推シテ以テ益友ト爲シ之ニ語ルニ蹈海ノ雄志ヲ以テス彼ハ固ヨリ亦其志ヲ同フスルモノ米艦ノ浦賀ニ來ルヤ松陰ヲ促シテ曰「前策ヲ決セサルヘカラス」ト倶ニ共ニ米艦ニ投センコトヲ謀レリ彼ハ蹈海ノ策跌キテ捕ニ就キ松陰ト同シク江戸傳馬町ニ下リ居ルコト數月國ニ送ラレ松陰ハ野山獄ニ彼ハ岩倉獄ニ繫カレ空シク二豎ノ侵ス所ト爲リテ死ス彼カ心胸面目ハ宛然タル斑定遠其人ナルモ其壽命ノ短縮ナル雄圖ノ十分ノ一ヲモ伸フルヲ得ス空シク不歸ノ客ト爲レルハ是レ松陰ノ痛惜痛悼スル所也

松陰生前ニ於テ彼ヲ奇トス彼モ亦松陰ニ服セリ其肝膽相吐キ意氣相投スルモノ亦奇也

松陰死後ニ於テ如何ソ彼ヲ悲マサランヤ

松陰カ彼ヲ祭ルノ文ニ曰ク

往歳癸丑　我在東武　與君相逢　肝膽交吐」　甲寅之春　將軍和虜

君曰大事已去　蓋觀洲五」　無二遊生　非子孰伍　蹶然相隨　事覺上

簿」　獲病囹圄　君歸冥府　吾獨偷生　涙下如雨」　其後五年　國難蜂

午　身囚才弱　形憔心苦」　時或思君　如鼓斯舞　曰吾不振　君謂吾

腐」　人謂幽明　忽成千古　君靈耿耿　相隨仰俯」　嚴似兄長　威如鈇

斧　感事祭君　文出肺腑」　嗚呼哀哉　尚饗」

彼カ心胸面目躍々筆尖ニ上ル奇男子ノ本領自カラ朽チサルモノアルヲ覺ユ

丈夫慷慨過憂君　成病遠遊垂白雲

一束生芻猶可致　數聲隣笛豈堪聞

讀書醫國平生志　決戰攘夷絶命文
憐汝忠魂瞑不得　邊陲未撲滅妖氛

天籟名ハ眞一名ハ靜通稱ハ玄機彼ハ蘭學家ニシテ亦蘭醫ヲ業トス而シテ慷慨國ヲ憂ヒ自ラ主張有リ曾テ蘭醫某アリ某月日彼ノ正朔ニ當ルヲ以テ酒ヲ酌テ之ヲ祝センカ爲ニ彼ヲ招ク彼聞テ罵テ曰ク「痴漢吾安ク彼ノ正朔ヲ奉センヤ吾洋書ヲ讀ムモ之ヲ內ニ取テ之ヲ外ニ取ラス病痴子安ソ我ヲシテ彼ノ正朔ヲ賀セシムルヲ得ンヤ」ト直ニ筆ヲ把テ之ヲ辯駁シ毫モ仮借セサリキ

彼ハ尊攘家ト雖彼ヲ知ラス己ヲ知ラサル尊攘家ニ非ス曾テ演砲法律ノ飜譯成ルヤ彼詩ヲ賦シテ曰ク

一篇飜譯腐爛文　投筆嗟難當献芹
顧憶廟堂無漏算　猶將結草斃胡軍

世ノ海寇論ヲ聽クノ作ニ曰ク

嘗誦紅毛碧瞳文　一嗟一笑有誰聞
海防諸策紛紛在　說至夷情似隔雲

彼ハ平生僧ノ月性ト交リ厚シ曾テ鍛工ヲシテ劍ヲ作ラシメ之ヲ佩ヒ自ラ豪トス酒酣ニシテ月性其ノ劍ヲ拔テ起舞シ彼放吟シテ快ト叫フ米艦ノ浦賀ニ入ルヤ藩主彼ヲシテ海防ヲ策セシム彼時ニ病篤キモ腕ヲ扼シテ起チ對策萬言ヲ作ル寢サルモノ數夜之カ爲ニ病益ス劇シク遂ニ歿スルニ至ル月性ノ所謂「決戰攘夷絕命文」トハ之ヲ指シテ言フ也

（第三十九）　長谷川峻阜

諫草萬言論虜禍　先皇知遇比龍川
潛行入洛君休咎　要盛本朝薦衆賢

品川子曰ク「是レ高松ノ勤王家長谷川峻阜ノ詩ナリ峻阜名ハ秀芳字ハ邦傑通稱ハ宗右衛門後名ハ秀驥ト改ム先師ノ「留魂錄」中ニ
讃ノ高松ノ藩士長谷川宗右衛門年來主君ヲ諫メ宗藩水家ト親睦ノコ

トニ就キテ苦心セシ人ナリ東奥揚リ屋ニアリ其子速水余ト西奥ニ同居ス其父子ノ罪科何タル未タ知ルヘカラス同志ノ諸友切ニ紀念セヨ

余始テ長谷川翁ヲ一見セシトキ獄吏左右ニ林立ス法隻語ヲ交フルコトヲ得ス翁獨語スルモノヽ如クシテ曰ク「寧爲玉碎　勿爲瓦全」ト吾甚其意ニ感ス同志其レ之ヲ察セヨ

トハ即チ是也是ヨリ先キ安政四年峻阜高松ニ屛居セラル其江戸ヲ去ルニ臨ミ友人巖名善溪贈ルニ被ヲ以テシ其裏ニ左ノ詩ヲ題セリ

今古英雄有屈伸　豈知寒谷忽囘春
天南地北双輪月　照此丹心白髮人

途京都ニ過キル同志梁川星巖、頼三樹、梅田雲濱ト共ニ三本木ノ吉田樓ニ會シ時事ヲ縦論ス三士各善溪ノ韻ヲ賡キテ之ニ贈ル

尺蠖由來有屈伸　乾坤何處不陽春
一官纔脱無羈束　便是東西南北人

英雄勿嘆志無伸　一氣通天萬物春
珍重丹心一輪月　飜雲覆雨任佗人」
方今時事一無伸　今我傾杯纔喚春
三樹之姬丹釀酒　醉中猶有太平人

彼已ニ國ニ歸リシヨリ屛居人事ヲ謝ス是時天下方ニ多事尊攘ノ論益ス熾ンニ幕府之ヲ壓スル愈ヨ急朝廷終ニ内敕ヲ水藩ニ賜フニ至ル彼乃チ蹶起書ヲ留メテ亡命シ先ツ京都ニ入テ梁川、頼、梅田ノ諸士ト再ヒ事ヲ謀リ途ヲ東山ニ取リ信州ニ出テ伊那郡洞巖寺ノ僧某ヲ訪ヒ密ニ同志ヲ募リ江戸ニ入リ將ニ水戸ニ赴カントス適マ幕吏日下部伊三次ヲ捕フ彼身ヲ脫シテ水戸ニ赴キ高橋多一郎ノ家ニ潛ム此際水戸ノ志士井伊大老ノ專權ヲ憤リ之ヲ刺シ同時ニ閣老安藤及ヒ高松藩主ヲ刺サントス彼其主ノ爲ニ回護スルモ勢制スル能ハサリケレハ潛ニ脫シテ京都ニ入リ有馬西鄉等ヲ求メテ之ト謀ル所アラントセシモ皆在ラス剩サヘ梁川、頼、梅田等皆捕ニ就キタルヲ聞キ大坂ニ至リ其藩邸ニ自首シ諫疏ヲ封シテ之ヲ其主ニ傳ヘンコトヲ求メ終ニ捕ニ就キ其子速水ト共ニ江戸ニ檻致セラレ傳馬獄ニ下リヌ適マ先師亦獄ニ在リ速水之ト舍ヲ同シクシ易學ヲ授カリケリ當時峻阜詩アリ云フ

名譽狀貌共絕倫　目擊即知豪傑眞
玉碎相期君勿怪　比蹤黨錮傳中人

先師カ玉碎瓦全ノ言ニ感シタルハ即チ此時ナリシ也其後速水ハ獄中ニ於テ節ニ殉セシカ彼ハ文久壬戌幽囚ヨリ解カケ《レカ》又力ヲ王事ニ竭ス事ヲ得タリ

彼ハ維新ノ後病ニ罹リ京都ニ至リ宮闕ヲ拜セント欲シ扶ケラレテ船ニ上リ播州ノ海上ニ至リシカ病益ス劇シキヲ以テ舞子濱ニ泊シ終ニ歿セリ實ニ明治三年九月二十五日ナリキ

峻阜ノ事蹟未タ世ニ傳ハラサルハ予ノ深ク惜ム所之カ功勞ヲ顯彰スル

今日ノ任ニアラサランヤ

（第四十）平野國臣

余「尊攘堂」ニ於テ筑前ノ俊傑平野國臣幽囚捻紙ノ書幅ヲ見ル其人ト爲リ軀幹小ニ髗骨高ク眼烱風姿颯爽凜々人ヲ襲フモノアルヲ覺ユマタ其幽囚紙ヲ捻リテ製スル所ノ和歌ヲ讀ミ其胸襟落々一世ヲ蓋フヲ想ヒ深ク其人ト爲リヲ偉ナリト爲ス

但馬ノ擧跌キ國臣ノ擒ニ就キ筑前ニ護送セラレテ幽囚ニ處セラル丶ヤ歌アリ曰ク

うらめしやたしましかけてあたにちる
　紅葉みんとは思ひこさしを

生野ヲ過キ歌テ曰ク

いさきよく消はてもせす露の命
　殘りいくの丶身こそつらけれ

血アリ涙アリ彼ハ此ノ如クニシテ但馬義擧ノ參謀將師《帥カ》タルニ愧チス

尋テ彼ハ京師ニ送ラル途櫻山茲俊ノ元弘古戰場ヲ望ミテ

くさの下みたまもあらはうけよかし
　時こそかはれたつるまことを

ト詠シ湊川ヲ過キテ

なきたまもあはれと思へ湊川
　きよきなかれのすへわたる身は

ト詠スルモノ感慨淋漓人ヲ泣カシム

彼カ幽因ニ在ルヤ筆硯ナキヲ以テ其懷抱ヲ寫スコト能ハス因テ紙ヲ捻リテ縷ト爲シ之ヲ塵紙ニ貼糊シテ歌ヲ製セリ

人やより出んともせすかひなれて
　猫はうしとや思はさるらん

獄中ニテ迷ヒ來リタル猫ヲ飼ヒタル無我ノ心事想ヒ見ルヘシ

あまの子の友よひつとふこゑすなり
今やあらつに網引すらしも
鐵窓漁夫ノ舟ヲ操ル聲を聞クノ心事彼カ道念靜遠天ト合スルモノアリ
よみかへり消かへりても盡さはや
七たひ八たひやまとたましひ
所謂「凝魂化神護皇宮」テフ彼ノ詩ト相照ラシテ其至誠潔烈ヲ見ル
たま〳〵ますらたけをとあれし身を
つくさてたゝにくたしはてめや
國運ノ革新ヲ謀ル精神死猶奪フヘカラサルモノアルニ非スヤ
元治甲子七月廿日即チ眞木和泉久坂玄瑞入江九一ノ諸傑京師ニ敗衂シタル翌日彼ハ三條ノ獄舍ニ殺サレタリ絶命ノ歌ニ曰ク
今さらに何を惜まん大丈夫の
もとより君に捧けぬる身を

彼ノ本領精神皦トシテ天日ノ如キモノ固ヨリ言フヲ待ス初メ彼ハ但馬ヨリ敗走セルトキ其必ス免ルヘカラサルコトヲ知ルヤ其著「神武必勝論」ヲ以テ義民太田仁衛門ニ與ヘテ遺物ト爲サシメヌ「神武必勝論」ハ即チ彼カ前年幽囚ニ處セラレタルトキ同シク捻紙ヲ以テ起草セシモノナリ明治二十年二月我　皇ノ西京ニ幸セラル、ヤ義民ノ孫吉川増太郎外數名彼ノ遺物歳月ト共ニ湮滅ニ歸センコトヲ慮カリ相謀リ之ヲ行在所ニ献シテ乙夜ノ覽ニ供シ奉リシニ　天顏麗シク宮内省ニ命シテ漆板ヲ以テ本書ヲ印シ文字ヲ紙上ニ隆起セシム是ニ於テ紙縷ノ点畫歴々トシテ窺フヘク併セテ彼カ忠誠苦節ノ程ヲモ想ヒ見ルヘシ且ツ數本ヲ白字シ榻シ伊藤春畝題スルニ「道理貫心肝　忠義塡骨髓」ノ十字ヲ以テシ其榻本ハ縉紳ノ間ニ分附セラレタリト云ヘリ其論中ニ云フ

今ヨリ遠征ニ決シ憤發勉强シテ必勝ヲ制セスンハ有ヘカラス今日イマタ攘夷ヲタニ決セサル天下ノ勢ナルニ決征ノ説ハ高邁大膽ニ過タ

ルニ似タリトイヘトモ斷スルニ至テハ出テ外ヲ征スルモ居ナカラ内ニ禦クモ戰ハ同シク戰ナリ僅ニ砲艦ヲ製スルモノ多少勞費ノ大小有ノミニシテ其功ノ成ルニ及ンテハ万々載ノ武威ハ海外ニ輝キ皇統ノ神脉中興シ永ク万國ヲ制馭セン又愉快ナラスヤ是千載ノ一時也

此論ノ精神ハ久坂ノ「解腕痴言」「回瀾條議」及ヒ高杉ノ持論ト相闇合ス而シテ「神武必勝」ノ策行ハレテ王政復古ニ復シ遠征ノ計行ハレテ清國地ヲ割ク嗚呼俊傑ノ見ル所烱々千古ヲ照ラス炬ノ如キモノアリ

わき出る心の衣《マヽ》はあさくとも
　いはまのしみつ汲む人もかな

(第四十一)　入江子遠

「防長絶無眞尊攘之人　雖吾不得復言尊攘也　然則防長唯汝一人而已矣切勿自輕焉」トハ松陰先生カ松下村塾三傑ノ一人タル入江子遠ニ語ル所ノ語ニ非スヤ子遠ノ重キヲ防長尊攘派ニ有スル亦以テ想ヒ見ルヘシ

松陰ノ曾テ野山獄ニ投セラル、ヤ書ヲ大原三位《脱アルカ》・スルノ策アリ此時藩主將ニ東覲セントスルヲ以テ駕ヲ伏見ニ要シ之ヲシテ京師ニ朝シ勤王ノ首倡者タラシメントス有志ノ士相顧ミテ狐疑シ松陰ヲ以テ狂セリト爲シ一人ノ起テ之ニ應スルモノナシタ、子遠奮然身ヲ挺シテ起ント誓フ是レ實ニ子遠ノ好漢タル所以亦松陰カ「防長タヽ汝一人ノミ」ト言フ所以ナラスヤ

彼ハ高杉東行ニ比スレハ機略及ハス久坂秋湖ニ比スレハ才學淺シ然レトモ氣宇宏濶膽識絶倫意志ノ精確ナル運籌ノ周透ナル自ラ獨歩ノ檀場ヲ有セリ故ニ松陰ハ云フ汝識高膽大　吾所愛敬也　恨才不足學不足」ト又云フ吾所甚貴于杉藏者　其憂之切　策之要　吾有不能及者也」ト左レハ彼カ要駕ノ策ニ賛スルヤ松陰云フ

遺朱亥　則侯嬴刎　薦荊軻　則田光刎　今更有玄與軻　吾與公爲侯田　不亦奇乎　然侯田刎頸在今日爲徒死　其爲哭闕陳歐可乎　而吾

囹圄無可爲者　侯田陳歐擧歸公一身
其推重モ亦至レリト謂フヘシ
子遠ハ純忠ノ人又純孝ノ人奔テ爲スアラントスルモ家貧ニ母老テ妹尙
幼忠セントセハ孝ナラス孝ナラントセハ忠ナラス彼ノ心腸ハ千折
万斷セリ因テ之ヲ阿弟野村和作(今ノ野村内相)ニ謀ル和作年僅ニ十八慨
然トシテ將ニ代リ往ントス松陰聞テ之ヲ壯トシ其子遠ノ和作ヲ送ル叙
ニ跋シテ曰ク
此行子遠　讓諸和作　和作宜往也　大義吾與子遠論極熟　至于處置
其在和作哉　其在和作哉
マタ其和作ヲ送ルノ叙中ニ
北宮黝無嚴諸侯　孟施舍視不勝猶勝也　二子之勇　無不皆是矣　然
吾謂北宮黝爲優也
ト云ヒ其子遠ニ與フル書中ニモ

足下留　而乃弟往　甚適機宜　僕喜可知也　僕與足下諸書　擧陶之乃弟可矣

ト云ヒ其和作ノ韻ニ次クノ詩ニ

男兒一死落花輕　去死就生憐汝誠
孝子忠臣兄及弟　千秋双美姓名明

ト云フカ如キ子遠ノ子遠タル所以松陰ノ松陰タル所以亦想見スヘカラスヤ

已ニシテ事覺ハレ子遠捕ニ就キ和作途ニ四ハル子遠詩ヲ賦シテ曰ク

天敕親書墜地空　胡塵忽地起颶風
八州路塞居無處　思意保身岸獄中

マタ其弟ヲ憶フノ作ニ曰ク

客夢浮沈去國船　今宵何處著愁眠
可憐弟也幾分袂　已是阿兄在倒懸

彼ノ心事タル亦悲ムヘカラスヤ

品川子當時ノ實況ヲ語リ且ツ云フ「入江兄弟已ニ囚ニ就キ其家殆ト飢渴ニ迫リ親戚マタ之ヲ省ミルモノナクレハ松陰深ク之ヲ悲ミ屢ハ書ヲ獄中ヨリ上リテ其寃ヲ訴テ曰ク某ト和作トハ實ニ其罪アリ死モ亦敢テ辭スル所ニアラスト雖モ子遠ニ至テハ老母アルカ爲ニ抑テ發セサルモノ亦何ノ罪アランヤ」ト子遠ノ母ハ村上氏年已ニ六旬有餘賢母ナリ女丈夫ナリ其兒ノ囚ハル丶ヲ以テ少シモ志ヲ屈セス季女ト共ニ紡織自ラ給シ意氣自若タリ松陰予ヲシテ屢ハ子遠ヲ慰問セシム子遠當時予ニ贈ルノ詩アリ曰ク

幅幅何能泣鬼神　疎狂已被棄於人
両懲忠孝兄與弟　唯何故人托慈親」
嘗期報國事都非　及哺飜思與母違
不孝不忠有誰憫　滿襟感涙向君揮

マタ予ニ贈ルノ歌アリ曰ク

言の葉ニ盡さぬ君かまこゝろを

　こほすなみたのうちに見る哉

悲惻慘痛今日之ヲ讀ムモ猶涙痕斑々タルヲ覺ユ當時彼ハ陳情表ヲ上レリ其中ニ云フ

去職兄弟幽囚于家　深感母之愛戚　兄弟乃相語曰　忠孝難兩取　然國恩不可不報　而母亦不相捐　於是兄弟各分忠孝焉　臣實欲一慰母心　和作則盡力計所以報國　是臣區區之微衷也　和作之脫走　臣不强抑之者亦出于此意　而今則忠孝齟齬　兄弟岸獄　哀夫哀夫

マタ云フ

臣誠哀老母煢々　日饋于岸獄　兄弟之事　寧一日忘之　且家素貧乏艱苦不一　墳墓之洒掃　及舂米園耘　母皆親之　昔者楚王英之獄吳郡陸續　對食以截肉斷葱　知母來而悲泣　光武聞狀乃赦之　臣之

悃誠　雖万万不及續　而兄弟之獄　則母之憂戚　其過于陸母　可知也　臣每思之　食實不能下咽矣　臣伏惟今公仁德廣大　百姓皆無不得其所　殊憐寡獨　臣非敢望兄弟獲全　但爲老母憂戚故　以兄弟一人　其罪稍輕者　特赦還家　聽事老母　則願洗心改慮　不復踰越分業　因以慰老母今日之憂戚　重恩大德　賤臣宜何如報乎

一字一涙李密ノ陳情表ヲ讀ムカ如シ讀テ泣カサル者ハ孝子ニ非サル也

松陰ノ幕譴ヲ蒙テ東行セラルヽヤ子遠之ヲ送テ曰ク

久唱尊攘只此行　聊當畿道拜皇京
燕趙多士一貫高　楚國深憂獨屈平
宿昔丹心不朽志　祇今青史百年名
孤懷雖痛寧須泣　知己生離万古情

「燕趙多士一貫高　楚國深憂獨屈平」ノ二句是レ豈松陰ノ眞本領ヲ寫シ出シタル句ニアラスヤ而シテ其後ニ書シテ

日月照臨　倫理昞然　今日對先生　而無復言　聊一律以奉送　今日斷琴之感頗切　今互以更韻相送焉　聊可終身廢此韻矣

ト云フニ至テハ人ヲシテ感涙ノ迸シルヲ禁スル能ハサラシム松陰云フ「終身誓廢此韻矣　其言最可泣也」ト其韻ニ和スル詩アリ

臣罪如山今日行　檻輿何面拜皇京
上林陰雨愁難霽　東海風波險未平
無補蜻州千歲業　空偷蠹簡百年名
極知汝痛如人痛　眞涙神交隔世情

眞知神交、志士國ニ報スル面目亦常ニ此ノ如クナルヘシ子遠マタ松陰ヲ送ルノ歌アリ

死の一字誠に失言々々先生へ死といふは實にも愚かなることにあ
ん先生を知らぬ人のいふにてあらめさ有れと別れは餘程に名殘惜
しくて死の字か我限にてそあれ是も眞情かも知らぬ今月日の歌と

ゝのひける

吾妻人長門の武士もの問はゝ

　月日をさして敎へたまへる

此道か誠なりすは大八洲

　月日はいまに照らすなりけん

其松陰ノ刑死ヲ聞クヤ

嗟君不負知　美矣畢其義　思莫愧吾師　蓋棺非容易

ト云フカ如キ両心相照シス處亦以テ彼カ滿腔眞摯ノ人タルヲ知ルニ足ラン

品川子語テ甲子ノ變ニ及ヒ子遠當年ノ事ヲ言フ涙先ツ下ルヲ覺ヘス「彼ハ始メヨリ無謀ノ戰ヲ主トスル者ニアラサリキ彼ハ眞木和泉、來島又兵衞等ノ如ク直ニ京師ヲ掃蕩スルノ說ニ反對シタリキ」ト云ヒ且ツ云フ當時眞木翁來島翁ヲ始メトシ其他ノ諸士益田右衞門ノ男山陣ニ在テ最終ノ軍議アルヤ彼ハ久坂ト共ニ急ニ京師ニ入ルノ不利ヲ論シ先ツ要地ヲ占メテ本據ト爲シ條公及ヒ世子ノ著陣ヲ待チ然シテ後之ヲ謀ルヘキノ要ヲ說ケリ來島翁之ヲ聞キ憤涙泫然トシテ下リ久坂ヲ叱シテ進擊ヲ論ス其意ハ條公及ヒ世子ノ著陣ニ先チテ一戰以テ京師ヲ掃蕩セントスルニ在リ眞木翁亦之ニ同意ス來島ハ當時ノ元老ニシテ久坂ヲ始メトシ皆翁ヲ以テ之ヲ目スル人タリ眞木ハ當時尊攘黨ノ首領トシテ齒德共ニ邵キ人タルヲ以テ終ニ進擊ニ決セリ彼ハ乃チ久坂等ト共ニ此夜ヲ以テ永訣ノ期ト爲シ歸途溪水ヲ小椀ニ盛テ路傍ニ堆積シタル木材ノ上ニ踞シ水杯ヲ獻酬ス悲歌感慨怒髮衝冠ノ概アリ已ニシテ我軍利アラス來島斃レテ蛤御門ノ軍敗レ彼及ヒ久坂ノ率キタル境町御門ノ軍モ亦敗レタリ彼乃チ久坂寺島ト共ニ鷹司邸內ニ於テ善後ノ策ヲ議シ久坂寺島ハ國家ノ爲ニ死シテ臣子ノ本分ヲ盡シ彼ハ圍ヲ衝テ再ヒ天王山ニ集マリ再擧ヲ謀ルヘキニ決セリ久坂別ニ臨ミテ悲憤自ラ禁スル能ハス涙數行下ル

彼之ヲ見テ笑ヲ含ミ甲冑ノ間ヨリ一ノ櫛ヲ取リ久坂ニ向ヒ「君ノ髮・《乱脱カ》ル僕
請フ之ヲ理セン」ト云ヒ其鬢髮ヲ櫛リテ起テリ意氣從容平生ニ異ナラス
彼ハ終ニ久坂ト別レテ兵士ト共ニ圍ヲ衝カントスルモ敵兵已ニ鷹司
邸ヲ圍ミタレハ我軍依違シテ進マス彼ハ之ヲ見命シテ後門ヲ開カシメ
手ツカラ鎗ヲ執リ吶喊シテ先ツ進ミ敵兵ヲ刺セリ彼ハ此時眼球ヲ傷ケ
ラレシカ我軍此機ニ乘シテ均シク出ルコトヲ得タリ然レトモ彼ハ重傷
ヲ蒙リ退キテ邸内土柵ノ側ニ坐シ終ニ自刃セリ年二十七

解題

藤井貞文

一

日本史籍協会叢書の再版第一三六巻には、『尊攘堂書類雑記』一冊を充てる。同書に収める所は㈠『尊攘堂書類雑記』六巻、㈡『尊攘堂巻物写』一巻、㈢『尊攘堂叢書』四巻とを合輯した。その公刊は大正八年十月であるが、原本は孰れも京都大学の尊攘堂に現蔵している。

即ちその一の『尊攘堂書類雑記』六巻は、文久二年五月より慶応三年十二月に至る間に於ける朝廷の御沙汰書、幕府の達書、宮・公卿・諸侯が朝廷並に幕府に提出した建白書・届書、或は時事に関する諸種の文書を蒐集し、略〻編年に輯録している。勿論、その間に欠けた年代も存する。

その二は『尊攘堂巻物写』一巻であって、その内容は尊攘堂所有屏風に張り交ぜた書状十四通及び巻物三通の二種類より成る。

その三は『尊攘堂叢書』四巻である。この四巻は明治二十九年に子爵品川弥二郎が尊攘堂に所蔵する維新志士の遺墨に就いて品騰を試み、『中央新聞』に連載したものを輯録したのである。

以下に細説する。

二

『尊攘堂書類雑記』六巻は、各冊の扉紙に「雑記文久二壬戌年」の如く書し、右側に「尊攘堂書類」と記したが「雑記」が原題であり、「尊攘堂書類」の五字はこの書冊が尊攘堂の所有に帰した後に記したものと思われる。編者は固より明かでない。六巻の内容は次の如くである。

第一巻　文久二年五月より閏八月迄、
第二巻　同年閏八月より同十二月迄、
第三巻　文久三年四月より同五月迄、
第四巻　同　三年八月より同十月迄、
第五巻　慶応二年正月より同五月迄、
第六巻　同　三年十二月迄

即ち第一巻は、文久二年五月一日に山口藩世子毛利元徳が江戸より帰国の途次、京都に祗候した際、朝廷より国事に周旋すべき御沙汰を拝したが、その御沙汰書を巻頭に掲げた。御沙汰書の冒頭には、「元来其家之儀者、元就卿被重朝廷候儀共は、今更御沙汰も事新候、右等御由緒も有之」云々と仰せられたが、この藩祖毛利元就の由緒と云う事が山口藩の光栄とする所であり、同藩の尊攘運動の元気となった所である。以下に公武一和より尊王攘夷へ飛躍する過程を語る書類を収めて第二巻を終る。文久三年は正月より同三月迄を欠くが、第三巻は同年四・五の二ヶ月分である。即ち石清水社行幸より攘夷運動の極盛期に於ける朝廷・幕府・諸侯の動向を示す史料が主である。而してその六・七の二ヶ月分を欠き、第四巻は同年八月より同十月迄のもの、即ち攘夷政変に依て尊攘派が京都より一掃され、再び公武合体の時代となる。同年十一月より慶応元年十二月迄の十四ヶ月分の書類を欠き、第五巻は同二年正月より同五月に至る謂ゆる第二次征長役への道程を示す史料である。而して同年六月より翌三年十一月迄を欠き、第六巻は同年十二月の史料である。

右の『尊攘堂雑記』が含む内容は以上の如くである。これはその成立当初から右の如くであったか否か、俄には判らないが、併し欠如の年代は略〻山口藩の最も苦境に在った時代であり、多忙に過ぎた当時であった。為に或はその収拾が困難であったのかも知れない。固より同書に収録する史料は他の書類にも散見するが、一書に纏めた点が利用するに便が多い。

三

『尊攘堂巻物写』中の一は、尊攘堂所蔵の屏風に張り交ぜた志士の書翰等十四通である。即ち、

一、大久保利通書翰。慶応三年十二月二十一日。『大久保利通文書』には『岩倉家文書』として所収しているが、文字に多少の異同がある。

第一行　弥は尚、被為仕候ニ付、

第二行　通知申上、承り候御承、為御越、

第三行　無之候故、被成下、

第四行　有之間敷

第五行　御返詞、申上候ニ付、

第六行　此段帋面を以、

第七行　頓首、

尚ほ文中に見ゆる別帋はこれを逸失している。

一、大村益二郎書翰。明治二年六月二十一日か。益二郎は諱を永敏、初め村田蔵六と称した。

一、山田顕義書翰。慶応三年四月二十三日。橋本八郎は品川弥二郎の変名。市之允は顕義の通称。号は空斎。文中の「山狂」は山県狂介、即ち有朋である。

一、森清蔵書翰。明治二年四月十一日、同年四月六日参謀山田顕義は箱館征討軍を指揮して青森を発し、九日には江差の北方の乙部に上陸したが、森清蔵は陸軍副参謀、品川弥二郎は山口藩の整武隊を率いてその軍に従った。当時、清蔵は進んで鶉村に本陣して箱館進撃に備えていた。

一、某書翰。文久二年九月二日。筆者の弘致は明かでないが、萩にいた人物の様である。宛所の思父は品川弥二郎の字で、吉田松陰の与うる所。尚ほ弥二郎の諱は日孜、号は思甫、後には扇洲・苦談楼、或は念仏庵とも謂った。文中の浦大夫は浦靭負、秋良氏は貞温、勅使は大原重徳、島津は久光、俊輔は伊藤博文、中谷君は正亮、尾川氏は不詳。

一、青森口惣督府参謀賞詞。明治二年五月朔日。湾を距てた箱館の対岸が茂辺地・矢不来であり、大鳥圭介が守備していた。四月二十九日征討軍は海陸より攻撃し、激戦の後これを敗走させたので、翌五月朔日参謀は参加の諸藩兵に酒肴料を与えて、戦功を賞した。惣督は清水谷公考、参謀は山田顕義であった。

一、森清蔵書翰。明治二年四月十九日。清蔵は品川弥二郎と共に箱館戦争に従軍中であった。因に弥二郎は箱館が陥落した後、麾下の整武隊を率いて七月二十日に三田尻に帰着、同二十四日に山口に凱旋した。

一、某書翰。明治元年八月二十七日。署名の武輔は山口藩士であるが、未詳。京都より藩地の弥二郎に寄せた書翰の様である。文中の御堀君は耕助、諱は直方、初め大田市之進と云った。木圭は木戸孝允の号、野靖は野村靖。

一、別府某書翰。慶応二年正月五日か。別府某は鹿児島藩士別府新介であろう。品川弥二郎が橋本八郎と変名したのは、慶応元年十二月二十七日以降の事である。

一、酔菴楽生書翰。明治元年四月二十二日。酔菴は未詳だが、整武隊の一員であろう。五盟洲は品川弥二郎の事。彼の号を扇洲と言うに因るか。文中の田村氏・小倉氏も明かでないが、大田・野村二氏は大田市之進・野村靖ではなかろうか。

一、飛虎子書翰。明治二年某月二十一日。飛虎子は箱館戦争に在陣中の者だが、不詳。山田君は山田顕義か。野田君及び太次郎は不明。

一、毛利敬親上書。元治元年三月二十八日。山口藩は前年八月十八日の謂ゆる攘夷政変に依り、堺町御門の警衛を解かれ、三条実美以下の七卿を擁して藩地に引上げた。翌元治元年三月二十八日藩主毛利敬親はこの上書を朝廷に奉呈して藩主父子の中、一人を京都に召されん事を請うた。全文は敬親の直筆であり、四月八日京都留守居が執奏家の勧修寺家にこれを致したのである。文章は『防長回天史』所載のものと多少の異同がある。尚ほ文久三年十月朔日にも敬親は全藩に諭書を発して勤王の大義を示したが、内容には一脈相通ずるものがある。

一、世良脩蔵書翰。明治元年正月十五日。世良脩蔵は毛利内匠の軍に従って伏見鳥羽の戦に出陣し、敗敵を追うて大坂城に入り、市中の警戒に当った。この書翰は大坂より在京の品川弥二郎に贈ったもの、文中に備前人アメリカ云々と言うのは、同年一月十一日神戸に於ける岡山藩兵と外国兵との衝突、謂ゆる神戸事件の事。久世殿は東久世通禧、岩下は岩下方平、い藤は伊藤博文、広沢は真臣、楫取は素彦、寺内は暢三、徳山世子君は毛利元功。その他は未詳。

一、山県有朋書翰。明治元年四月二日。素狂は有朋の号。同月三日彼は関東視察の為に京都を出発した。五明洲は品川弥二郎の号。

『尊攘堂巻物写』の二は三通の書翰を収めた。その一は、山県有朋の復命書。即ち慶応三年五月有朋は藩命を受け、鹿児島藩士桐野利秋等と京都に潜行し、薩長聯合を図った際の復命書草案である。明治二十五年五月二十四日有朋は自らこれに識語を加えた。

その二は、久坂玄瑞が万延元年五月十九日附で前原一誠・入江九一に宛てた書翰。後に楫取素彦が朱注を加えた。当時、玄瑞は江戸に在って諸藩の志士と交ったが、江戸の事情、横浜の外国人、咸臨丸の帰国、吉田松陰の祭祀、英学の学習やその江戸に於ける木戸孝允・寺島忠三郎・有吉熊十郎・品川弥二郎・大楽源太郎・中谷正亮・尾寺新之允・野村靖・前田孫右衛門・来島又兵衛・長井雅楽・久保断三等の近情を報じた。

その三は土屋矢之助の上書。嘉永六年十一月十六日。同年六月米艦の来航に依り、矢之助は海防の策を草して藩主に献呈した。安政二年四月吉田松陰はこれに批評を加えている。

四

『尊攘堂叢書』四巻は、曽て品川弥二郎が維新志士の遺墨を極力蒐集して尊攘堂に保存した中から四十篇を撰び、解説を加えて明治二十九年に『中央新聞』に掲載したものである。

品川弥二郎その人は、夙く吉田松陰の感化を受け、曽ては維新の志士として活躍し、多数の先輩・同輩と相共に死生の巷を潜り抜けて来た。従てその語る所は、或は回想的な点もあるが、史実を補うべきものがあり、その実験談に至っては往々真に迫り、或はその逸話、或は人物の月旦の如きは、尋常には聞き得ぬものもあって、大いに史家の参考となる。就中、地名・人名・変名・綽名等の如きには大いに参考すべきものがある。その二三を挙げて言えば、孝明天皇の御製に、

澄まし得ぬ我が身は水にしづむとも濁しはせじな万国民

彼は外に二首の御製を挙げているが、これ等の御製と云うものは、当時の志士を大いに感泣せしめた所であって、孰れも筆記して懐中したのである。吉田松陰も右の御製を伊藤静斎・山田七兵衛に報じて感泣し、鳥取藩の志士沖剛介もその日記に書き留めているが、弥二郎も亦その日記の中に書き記していた。

元治元年七月十一日佐久間象山は京都に於て横死を遂げたが、その罪状は鳳輦の彦根奉遷を企てた

と言うに在った。果して象山がかかる企を為したか、一部では疑問視されているが、木戸孝允が人をしてその事実を質すと、象山は毅然として天子を弾火の中に投ずべきでないとて奉遷の意ある事を答えたと謂う。

高杉晋作と西郷隆盛とが密に相会して薩長聯合の事を講じたのは、普通には下関と言う事になっているが、弥二郎は野村望東の筑前の平尾山荘と言っている。望東は両雄の会合を喜び、

くれなゐの大和にしきといろ〳〵の糸まじへねば綾はおられず

と詠じ、隆盛は詩を賦して、

嶋鴿鷲雄戛々声　頻呼朋友励忠貞　翕然器量邦家宝　景仰尊攘万古名

と言った。

元治元年七月二十一日真木保臣は天王山で自刄した。その翌日、建仁寺の僧梧菴がその戦迹を通り、血痕淋漓、屍累々として草木の色を変ずるを見た。而して梧菴は一個の団扇を得て持ち帰ったが、それには保臣が歌を書いていた。この団扇は後に梧菴が弥二郎に贈ったと言うが、その歌には何とあったろうか。有名な「大山の峯の岩根に埋めにけり」云々の辞世は三条実美に遺したものであるが、近年三条家から久留米の真木神社に納められた。

更に品川弥二郎の人物評を見るに、象山に就ては「文武ノ全才タルヲ知ル、絶世ノ卓識ヲ有スルヲ

知ル、抱負ノ大ナルヲ知ル、芸術才技ノ俊敏無比ナルヲ知ルヤ久シ」と言った。野村望東に対しては「実ニ尚ブベキ女丈夫」と評し、村田清風に対しては「一国ノ俊傑ニアラズ、実ニ天下ノ俊傑也、其見識ト規模ヨリスレバ、則チ先生ハ釈迦モ孔子モ眼中ニ置カザル人物」と言った。真木保臣に就ては「文武ノ全才ヲ有シ、歯徳共ニ隆ンニ、雅量人ヲ容ル」云々と。非常に高く評した。

坂本龍馬に対しては曰う、「経世的眼識ニ於テハ武市瑞山ニ譲ルニ拘ラズ、其機略出没、其風采雄偉、其言論痛快、固ヨリ以テ一世ニ逸出ス」と記し、海防僧月性に対しては「彼レ善ク詩ヲ作ル、而シテ此詩時事ニ関スルモノ多ク、悲歌感慨、鬼神為ニ哭ス、彼レ善ク酒ヲ飲ム、而シテ酔ヘバ則チ劔ヲ抜テ掀舞放吟、旁ラ人無キガ若シ、弊衣破衲、頭髪栗茨ノ如ク、数旬剃ラザルニ至ル、而シテ憂国ノ誠、天良ヨリ発シ、護国扶宗ヲ以テ自ラ任ズ」云々と。その性行をよく物語るものと謂えよう。来島又兵衛は山口藩の快男児である。「長州ノ飛将軍タリ、彼ハ剣技、馬術ニ長シ、傍ラ経済ニ通シ」云々と言う。又兵衛は曾て怠け武士を罵って「議論より実を行へ、なまけ武士、国の大事を余所に見ずして」と詠んだ。又兵衛は禁門の変に突込み、戦死した。後に桐野利秋は当時の模様を品川弥二郎に語って曰く「十九日御藩ノ兵、会桑ノ兵ヲ破テ来ル、我等馳セテ之ヲ援ク、一人馬ニ跨リ、日ノ丸ノ鉄扇ヲ揮テ進ム、軀幹長大、顔色陽々、重棗ノ如ク、怒髪逆ニ上リ、目眦皆裂ク、部兵奮進、馳驟縦横、其勇其悍、一以テ十ニ当ラズト云フコト無シ、我兵為ニ披靡シテ退ク、是レ即チ来島ナリシ也、彼ノ死セザルマデハ我到底其鋒ニ当ルベクモアラザリキ」云々と言ったと謂う。

英雲公重就は毛利家十代の藩主、支藩の長府より入りて宗家を襲ぎ、中興の英主と称せられた。併しその事績は山口藩でも多くは知られていない様で、僅に香川政一氏・三坂圭治氏の研究があるのみで、この一文はその伝記に加うものである。

吉田松陰は弥二郎が最も忠実に師事した人。「先生ハ眼光常ニ人物ニ注ゲリ、実物ニ注ゲリ、活世界ノ人物ヲ把テ直ニ之ヲ子弟ニ説キ、活世界ノ実物ヲ捉ヘテ当世ヲ論ズ」と述べ、最も恭敬を捧げた。而して世人は松陰を目して慷慨悲歌の人と称するが、弥二郎は「快シテ然ラズ、徳行ノ人ナリ、静慎ノ人也、自ラ知ルヨリ明カナルハ無シ」と言っている。松陰の真面目を知る真の弟子の言と言うべきであった。

藤田東湖に就ても世の中には権略の人と言うが、弥二郎は「快シテ然ラズ、先生ノ本領ハ策略ニアラズシテ大節義ニ在リ、権術ニアラズシテ真忠孝ニ在リ、而シテ経世ノ眼識ト経世ノ手腕トヲ兼ネ、至誠一以テ之ヲ貫クニ至テハ、是レ先生ノ先生タル所以、亦一世ノ俊傑タル所以ナラズヤ」云々と言った。東湖は地下に於てわが知己として謝するであろう。

高杉晋作は真に山口藩の奇傑である。弥二郎は「秋湖（久坂玄瑞）ノ才学、子遠（入江九一）の胆識、東行（高杉）ノ気魄、真ニ松下村塾ノ三傑タルニ愧ヂス、而シテ東行ハ秋湖ニ比スレバ其学疎ナリ、子遠ニ比スレバ其識足ラズ、然レトモ駿発凌厲、勢ヲ視、機ヲ決シ、勇断果決、紛ヲ解キ、難ヲ排キ、好ク人ノ為シ難キヲ為スニ至テハ、未ダ曾テ彼ノ独歩ノ壇場タラズンバアラズ」云々と評した。入江九一に就ては純忠、純孝の人と言っている。これ等の評言は師松陰の言と同じく、真に防長尊攘派の傑物と言うにあった。

品川弥二郎の月旦は右にて尽きないが、その多くは曾て面識があり、親しく交友した人々であって、その評言は評し得て妙、至言であった。

その他に伏見寺田屋に横死を遂げた九士、徳山藩殉難の七士、膳所藩殉難の十一士、金沢藩の殉難二十二士、池田屋殉難の十士、或は三好清房、長谷川峻阜等の経歴を知り得るのも、その特色の一であろう。

五

尊攘堂に所蔵する史料は、以上に尽きるものではない。曾て昭和の初頭、筆者も赴いて金子正道翁に倚って調査した多数の維新史料を披閲した事であったが、その手帳を失った。幸にも京都大学図書館の『尊攘堂誌』に所蔵目録が掲げてあるので、次に掲げて解説文の不備を補う事とする。

掛物之部

吉田松陰画像　松浦松洞画　松陰自賛　一幅
吉田松陰書翰　品川弥二郎宛　萩野山獄中にて認めしもの　一幅
吉田松陰書翰　堀江克之助宛　江戸伝馬町獄中にて認めしもの　一幅
吉田松陰詩稿　松柳詩　一幅
吉田松陰筆　日孜字思父説、書翰及詩稿　一幅
品川弥二郎筆　吉田松陰遺訓　二幅
高杉晋作筆　弔吉田松陰詩　一幅
高杉晋作筆　三田尻港船問屋の角行燈に書せし詩　一幅
久坂玄瑞筆　文天祥正気歌　一幅
久坂玄瑞筆　送松浦松洞之序　一幅
久坂玄瑞筆　七絶詩　一幅
入江弘毅筆　吉田松陰留魂録写　一幅
梅田雲浜和歌　さくら咲　一幅
土屋蕭海筆　擬誠諭従駕衆士文及書翰　一幅
村田清風筆　七絶詩　一幅
吉田稔麿筆　毛利家よりの賞詞並に同人遺墨　一幅
周布政之助筆　題梅林図詩　県小玻梅林図　一幅
松浦松洞筆　寿老人図　一幅
松浦松洞筆　源実朝那須篠原之図　一幅
益田右衛門介筆　万山不重云々の語　一幅
真木保臣筆　述懐之句　一幅
天王山殉難十七士図　僧梧庵画　僧天章題詩　一幅
同　藤原玉雲画　一幅
伴林光平筆　医業のことを記せるもの　一幅
高杉晋作 武市瑞山 筆　五言古詩扇面山水扇面合装　一幅
高山彦九郎和歌　墓前唱和之一　一幅
佐久間象山筆　題那波利翁像詩　一幅
佐久間象山筆　山水図自賛　一幅
佐久間象山筆　七絶詩　一幅

梁川星巌筆　安政甲寅元旦之詩二首　一幅
徳川斉昭書翰　三木幾右衛門宛　一幅
藤田東湖筆　江戸小梅水哉舎記　一幅
藤田東湖筆　人生在于勤云々の語　一幅
中山愛親和歌　浜千鳥　一幅
三条西季知和歌　寒松　一幅
中山忠光書翰　大庭伝七宛　一幅
三条実美筆　道天地将法　長州集義隊之旗甲子の戦に用ひしもの　一幅
大原重徳筆　訓語　入江弘毅叙辞　一幅
玉松操和歌　都月及銭林擷英序　一幅
藤森弘庵筆　七絶詩　偶成　一幅
藤本鉄石絵入書翰　忠兵衛宛　一幅
松本奎堂筆　芳野懐古之詩　一幅
三好監物筆　山水図　一幅
高島秋帆筆　富士山之図　大槻磐渓賛　一幅
宇喜多一蕙筆　大原女之図　一幅
木戸孝允筆　遊子函嶺思亡友詩　一幅
大久保利通筆　薩長芸三藩盟約書草按　一幅
山県有朋筆　今様歌　一幅
伊藤博文筆　七絶詩　一幅
長谷川強庵筆　醉癖之吟五首　鈴木惕軒識語　一幅
小原鉄心筆　踰函嶺詩二首　一幅
八田知紀和歌　児島高徳　一幅
森寛斎筆　賀茂行幸図　八田知紀題詠　一幅
森寛斎筆　人体約異人図　一幅
中岡慎太郎筆　吉田松陰之詩　一幅
間崎哲馬筆　題八幡公詠落花図詩　一幅
元治元甲子七月十九日京焼之図　木版　一幅
松下村塾記　吉田松陰撰並書　石摺　一幅

烈士遺墨張交　但死生の悟云々は吉田松陰○今日の事云々は久坂義助○御喉風奉驚入候は松浦松洞○千早振は水戸の女丈夫於登機の作、寺島忠三郎の書、昨夜帰宅云々は松浦松洞の書　一幅

同　寒さはげしくは清水清太郎○三宅緝明謁楠公墓詩序は入江九一○小田彦太郎其外の歌は広田精一○途中より一封は寺島忠三郎　一幅

同　秦国は山田顕義○徳佑は有吉熊二郎○節旄は所郁太郎以上三詩ともに吉田松陰の作　一幅

同　疾苦云々は前田孫右衛門○今さらには吉田松陰○御両殿様は杉山松介○蘭は松浦松洞○高牘は入江九一○別れの心は藤村正臣　一幅

平野国臣肖像　神坂雪佳画　一幅

武市瑞山肖像　自画賛並獄中書牘石版摺　一幅

奇兵隊其外各隊将士寄合書　維新前山口諸隊会議所に於て　一幅

葉山愷軒筆　七絶　一幅

井上馨筆　祝対露軍詩　一幅

村田清風筆　弟子入則云々　一幅

鳥尾得庵筆　杖黎云々七絶　一幅

平井隈山筆　梅之図　一幅

梅田雲浜筆　鎮静云々　一幅

富岡鉄斎筆　畝傍山御陵図　一幅

堀織部正筆　函館之詩　一幅

本居宣長筆　尺牘　一幅

佐久間象山筆　釈氏習寂静　一幅

森寛斎筆　千鳥図　一幅

佐久良東雄筆　長歌　一幅

巻物之部

佐久間象山書翰　懼堂（松代藩士寺常山）並に楽真（同上三村晴山）宛　一巻

吉田松陰書翰　第一巻復来原良三書及古詩佐久間象山、毛利倹、横井小楠の評あり第二巻與治心気斎山田先生（宇右衛門）第二書○與治心気斎先生第三書○送中村百合三（士恭）序　二巻

吉田松陰文稿　織田豊臣時代の史論草稿　一巻
吉田松陰時事上書草稿　一巻
久坂玄瑞書翰　前原一誠入江九一宛　楫取素彦朱註　一巻
久坂玄瑞軍中日記　天王山に於ける陣中日記の断簡　日柳燕石識語　一巻
坂本龍馬書翰　印藤聿宛四通　品川弥二郎識語　一巻
武市瑞山書翰　島村衛吉宛　一巻
藤田東湖外四名書翰　東湖の外会沢恒蔵、山国喜八郎、金子孫二郎、田丸稲之右衛門各一通　一巻
三条実美書翰　山県有朋及品川弥二郎宛六通　一巻
岩倉具視書翰　品川弥二郎宛三通　一巻
木戸孝允書翰　品川弥二郎宛二通　一巻
木戸孝允書翰　品川弥二郎宛二通　一巻
西郷隆盛書翰　品川弥二郎宛三通　一巻
山県有朋復命書草案　薩長聯合の件藩主へ復命書　一巻
入江弘毅外二名書翰　弘毅の外杉山松介、時山直八各一通　一巻

烈士遺墨　伴林光平、藤本鉄石、嵩真斎、松浦八郎、清川八郎の書翰各一通　一巻
松下村塾一燈銭申合帳　一巻
甲子兵燹図　前川五嶺原画、森雄山模写　二巻
英傑遺墨　津崎村岡、頼三樹、藤本鉄石、平野国臣外二十余人の筆蹟　一帖
来島又兵衛筆　尺牘喜多村藤馬宛　一巻
佐久間象山 紅蘭女史 書　合作　一巻

額面之部

吉田松陰筆　萩藩主へ建言の草案　一面
吉田松陰筆　史論草稿　一面
吉田松陰筆　與品川弥二郎詞　一面
品川弥二郎肖像　松岡寿画　一面
品川弥二郎筆　元治甲子二十五年祭殉難士遺墨展覧会の際作れる俚謡　一面
山県有朋筆　尊攘堂の三字額　一面
頼山陽筆　勤王の二字額　一面
松平春嶽筆　光霽風月処　一面

成就院月照筆　くもりなき云々の歌外数首　一面

高杉晋作肖像　木炭画　一面

森　寛斎筆　十万堂女人形記　一面

越後妙見山戦場見取図　山県有朋題詠　一面

長州遊撃軍高札　高杉晋作案文　伊藤博文書　一面

書籍之部

李氏焚書抄　吉田松陰自筆　二冊

愚論其他数篇　吉田松陰自筆　一冊

在京日記　高山彦九郎京都滞在中の自筆　一冊

江月斎日乗　久坂玄瑞江戸滞在中の自筆　一冊

思廼儘　久坂玄瑞自筆漫録三巻合　一冊

日鑑　藤本鉄石自筆草稿　一冊

野史　自巻五十一至巻六十四　飯田忠彦自筆　三冊

孫子正文　吉田松陰自筆　一帖

いろは帖　西郷隆盛書　一帖

奇兵隊日記　自文久三年六月至明治二年十一月　附地図四十八葉　二十九冊

尊攘堂稿本　品川弥二郎手校　二冊

尊攘堂蔵品目録　品川弥二郎手録　一冊

尊攘堂志士伝記　品川弥二郎編　三冊

尊攘堂志士履歴書　品川弥二郎編　二冊

欧洲新聞　御堀耕助自筆　欧洲新聞を抄録和解せしもの　一括

江戸錦絵交張　二冊

品物之部

蒔絵硯箱　明治天皇より品川弥二郎へ御下賜品　一個

陣笠　錦旗の遺片を以て製せしもの品川弥二郎着用　一蓋

楽焼文匣　有栖川宮家より徳川斉昭へ御下賜品　一個

刀　梧庵和尚より品川弥二郎へ所贈　一振

短刀　奥羽征討軍参謀世良修蔵所持　一振

小刀　維新前品川弥二郎の佩用せしもの　一振

肩印　元治元年京都池田屋事変の節闘死せし松田重助所用　一個
肩印　湯浅五郎兵衛所用　一個
軍扇　真木和泉守所用　一個
紙捻襦袢　武田耕雲斎の孫金三郎獄中にて作りしもの　一枚
大瓢　宍戸左馬之介の遺愛品　一個
酒瓶　勤王諸士の使用せしもの　一対
歌かるた　水戸藩主徳川斉昭の選　一箱
地震計　佐久間象山の考案　一個
軍用鍋　天王山陣中にて真木和泉守の使用せしもの　一個
石火矢砲丸　下関砲撃の際用ひしもの委しくは箱に記文あり　一個
写真　二十二枚
佐久間象山　自ら写真術を研究し他人に写さしめしもの　木戸孝允　明治六年英京倫敦にて写
同上　周布政之助
毛利忠正公　慶応二年写　広沢真臣　明治三年頃写

高杉晋作　中御門経之
三条実美　所郁太郎
大原重徳　明治十一年写　時山直八
山県有朋　明治廿九年米国にて写　御堀耕助
品川弥二郎　慶応二年京都にて写　森清蔵
同上　明治廿八年写　加屋軍太
旧尊攘堂表座敷　高倉通錦小路上ル
同上庭園
松下村塾旧跡
仏国軍艦下関砲撃図

屏風之部

屏風二曲折　僧月照僧、信海、小林良典、伴林光平等外二十数人ノ短冊及書翰其他　一隻
同二曲折　武市瑞山朱、墨ノ竹図　一隻
同六曲折　大久保利通、大村益次郎、世良修蔵、山田顕義等外二十数人ノ書翰　一隻

同　六曲折　広沢兵助、井上馨、伊藤博文其他十数人ノ書翰　一隻　同　六曲折　松本鼎、木戸孝允、大久保利通、黒田清隆、山田顕義外十数人ノ書翰　一隻

屏風六曲折　毛利敬親、三条実美、徳川斉昭、美玉三平、田中綏猷、鵜飼吉左衛門等百数十人の短冊　一隻　同　六曲折　木戸孝允、前原一誠、川村純義、広沢兵助、山田顕義外十数人ノ書翰　一隻

同　六曲折　大楽源太郎、伊藤博文、御堀耕助、入江九一、大久保利通等外十数人ノ書翰　一隻　同　六曲折　鍋島直正、八田知紀、山県有朋、長三洲等十数人の遺墨　一隻

尚ほ右の目録は、所蔵する遺墨遺品の全部ではない様である。

六

最後に尊攘堂そのものに就て聊か解説を加えて置きたい。今日、尊攘堂は京都市と下関市との二ヶ所に存する。即ち京都の尊攘堂は京都大学の構内に在って現在は同大学の附属図書館が管理している。それには沿革があった。

元来、右の尊攘堂は子爵品川弥二郎がその師吉田松陰の遺志を紹ぎ、明治二十年三月に京都市高倉通錦小路に建てたに創まる。松陰が尊攘堂創設の志を抱いたのは、何時の頃か明かではないが、安政六年五月十五日附で萩の岩倉獄に在った入江九一が野山獄の松陰に致した書翰の中に「先生どうぞ尊攘堂の位牌に成り給ふな」云々と言っている。これに依れば、曽て松陰は尊攘堂の構想を九一に語り、

尊攘堂には殉難者の亡魂を祭る意図であったと思われる。松陰はこの書翰を一読して涙を流し、これを品川弥二郎に与えた。同年十月十二日江戸の獄中で松陰は、小林良典に書翰を発して天朝の学問を民間にも弘布すべき意を述べ、同月二十日既に刑死を覚悟した松陰は一書を九一に与えて、「兼て御相談申し置き候尊攘堂の事、僕は弥々念を断ち候、此の上は足下兄弟の内一人は、是非僕が志成就致し呉れられ候事と頼母敷く存じ候」云々と、尊攘堂の創設を九一及び弟の靖に遺托し、「尊攘堂の事は中々大業にて速成を求めては、却って大成出来申さず」と言って、九一が出獄したならば、先づ慈母を慰め、学問をすべしと言った。而して彼は「京師に大学校を興し、上天子・親王・公卿より下武家・士民まで入寮寄宿等も出来候様致し、恐れながら天朝の御学風を天下の人々に知らせ、天下の奇材英能を天朝の学校に貢し候様致し候へば、天下の人心一定仕るに相違なし」と言い、而して当世にては急に大学校を興す事は困難なので、尊王攘夷の四字を眼目として学習院を大いに振興し、院中には天下の有志の出席を許し、天下有用の書物を蒐め、尊攘の人物の神牌を祀り、史局を設けて六国史以下の欠を補うべしと言った。又同月二十五日に松陰は『留魂録』を書いて同志に遺したが、その中にも同様の事を記した。

右に依て松陰の構想を見ると、彼は京都に大学校を興し、それを尊攘堂と称し、天朝の学風を弘布する所と為し、堂中には尊攘の為に殉じた諸霊を祀ると言うにあった様である。或は孔子廟を頭に描き、後の招魂場・招魂社の如き事を構想していたかと考えられる。この精神は山口藩に生き、最も多くの招魂社を建て、同藩の尊攘運動の基軸となった事は、大いに注目すべき事であった。

而してこれ等の書翰は不幸にも入江九一の手に達せず、九一自身も元治元年七月の禁門事変に忠死し、松陰の遺托は空しくなった。然るにその後二十数年の歳月を経た後、品川弥二郎が偶然にもこの書翰を水戸から入手し、感慨に堪えず、師松陰の遺志を果そうと決心するに至った。偶然と言うのは、或は右の書翰は江戸の獄中に於て記し、同囚の堀江克之助に托したのではなかろうか。克之助は水戸藩士で安政四年十月米国の初代惣領事ハリスの登城を憤り、襲撃を企てたが果さず捕えられ、獄中でも松陰が親しくしていた。明治二十年三月品川弥二郎は駐独公使を辞して帰朝し、京都に静養したが、前記の高倉通錦小路に在った元典薬頭三角氏の別邸約七百余坪を購入して別荘と為した。この地は源頼政の邸址と称せられ、幽邃なる庭園、瀟洒たる建物、閑雅なる泉石等があったが、彼はこれに修理を加え、増築して尊攘堂と称し、邸内の一室を劃して尊攘志士の神牌を祭った。而して自ら祭神名簿を作って志士の事蹟に関する史料、遺墨遺品等を極力蒐集して所蔵し、その数は千数百点に及んだ。毎年日時を定めて祭典を営み、所蔵品を展覧して一般にも公開した。

その後、貴重な史料は次第に増加したが、彼はこれを一家の私有となすを屑しとせず、明治二十九年三月には同志の協賛を得て尊攘堂保存委員を設けて永久保存の方法を講ずる事となった。然るに同三十三年二月二十六日彼は病の為に薨じた。これに於て委員松本鼎等は嗣子の弥一及び子爵野村靖等と協議し、所蔵品を挙げて悉く京都帝国大学に寄贈し、且つ尊攘堂を新築して寄附する事に決した。翌三十四年二月、尊攘堂は京都大学の所属となり、松陰が京都に大学を建ると言う遺志が果されたのである。斯くて同年六月には品川弥一・野村靖・松本昇・山県伊三郎・山根正次・中村精男・平田東助・島地黙雷・阿武素行等は京都帝国大学に請願し、毎年松陰忌の十月二十七日及び弥二郎忌の二月二十六日に尊攘堂に於て先賢烈士の祭典を営み、且つ所蔵品の陳列公開する事になり、委員会は基金を設けてその利息を以てこの祭典に充てる事となった。

尋いで同三十六年四月になって京都帝国大学の構内に新築の尊攘堂が竣工し、洋式五十三坪の建物で、奥に祭壇を設け、吉田松陰及び品川弥二郎の座像を安置した。かくて所蔵品の千二百余点をこれに移した。平時はこれを附属図書館の貴重書庫に収め、必要に応じて堂内に陳列した。昭和十二年は尊攘堂の創立五十周年に当るので、盛大なる祭典を行い、祭典委員は資金を京都帝国大学に寄附し、爾後、大学に於て適当の方法に依て祭典を継続する事となった（尊攘堂誌・品川弥二郎伝）。

その二は下関市の尊攘堂である。この尊攘堂は長府の人桂弥一翁が品川弥二郎の意を受けて私財を提供し、毛利家その他の援助を得て長府町の功山寺境内に京都の尊攘堂に模して鉄筋コンクリート造を建て、昭和八年十月二十日に完成した。同じく維新の志士や先賢等の遺品を展観し、その遺風を偲ばせたが、昭和敗戦の後財団法人長府博物館と改称し、近代的な博物館となし、時々の趣好に適した遺墨・絵画・彫刻等を陳列する事となった。今日では維新の史料と共に和田コレクション・佐藤治コレクション及び乃木将軍の遺品を所蔵する事が有名である（尊攘堂誌・下関市史）。

尊《そん》攘《じょう》堂《どう》書《しょ》類《るい》雜《ざっ》記《き》

日本史籍協會叢書 136

大正 八 年十月二十五日發行
昭和四十七年八月 十 日覆刻

編　者　日本史籍協會
代表者　森谷秀亮
東京都三鷹市大澤二丁目十五番十六號

發行者　財團法人　東京大學出版會
代表者　福武　直
一一三　東京都文京區本鄉七丁目三番一號
振替東京五九九六四電話(八一一)八八一四

印刷・株式會社 平 文 社
本文用紙・北越製紙株式會社
クロス・日本クロス工業株式會社
製函・株式會社 光陽紙器製作所
製本・有限會社 新 榮 社

日本史籍協会叢書 136
尊攘堂書類雑記（オンデマンド版）

2015年1月15日 発行

編　者　　日本史籍協会
発行所　　一般財団法人　東京大学出版会
代表者　渡辺　浩
〒153-0041　東京都目黒区駒場4-5-29
TEL 03-6407-1069　FAX 03-6407-1991
URL http://www.utp.or.jp

印刷・製本　株式会社 デジタルパブリッシングサービス
TEL 03-5225-6061
URL http://www.d-pub.co.jp/

AJ035

ISBN978-4-13-009436-8　Printed in Japan